Über dieses Buch Von der sogenannten »Machtergreifung« der Nationalsozialisten in Deutschland 1933 auf einer Vortragsreise durch Nordamerika überrascht, kehrte Lion Feuchtwanger nicht mehr nach Berlin zurück. In England und Amerika waren seine Bücher weit verbreitet, in Frankreich nicht in diesem Maße, aber er liebte gerade dieses Land –, deshalb zog er an die Riviera, nach Sanary-sur-Mer, einen durch viele Exilierte seither berühmt gewordenen Ort. Er fühlte sich sicher. Aber Anfang Juni 1939 erklärte Frankreich als Antwort auf Deutschlands Überfall auf Polen den Krieg – nach sechs Wochen war auch sein Widerstand gebrochen, ein Teil seines Gebietes besetzt. Als daraufhin Mitte Mai 1940 die französische Regierung unter Marschall Pétain anordnete, daß alle in Frankreich ansässigen deutschen Staatsangehörigen oder in Deutschland geborenen Staatenlosen im Alter von siebzehn bis fünfundfünfzig Jahren sich zur Internierung melden müßten, vertraute Feuchtwanger auf die Gastfreundschaft dieses Landes und meldete sich. Was er dann in den Lagern von Les Milles und Nîmes erlebte, verglich er, ins Negative gewendet, der Redensart, wenn einer gut lebe in Europa, so lebe er »wie Gott in Frankreich«; der Grund liege wohl darin, »daß man dort lebe und leben ließ, daß das Dasein dort leicht und bequem hinfloß. Doch wenn es Gott gut hatte in Frankreich, dann hatte es, gerade infolge dieser saloppen Weltauffassung, der Teufel dort auch nicht schlecht...«

Der Autor Lion Feuchtwanger, geboren am 7.7.1884 in München, gestorben am 21.12.1958 in Los Angeles, wurde nach vielseitigem Studium Theaterkritiker und gründete 1908 die Kulturzeitschrift »Der Spiegel«. Im ersten Weltkrieg in Tunis interniert, gelang ihm die Flucht. Er wurde vom Militärdienst beurlaubt, um für das Militär Stücke zu inszenieren. Von München ging er 1925 nach Berlin. Bei einer Vortragsreise durch die USA wurde er vom nationalsozialistischen Umsturz überrascht, lebte 1933–40 in Sanary-sur-Mer (Südfrankreich) und besuchte 1937 die Sowjetunion. 1940 wurde er in einem französischen Lager interniert, floh und gelangte über Portugal in die USA. Bis zu seinem Tode lebte er in Pacific Palisades (Kalifornien).
Von Lion Feuchtwanger sind außerdem im Fischer Taschenbuch Verlag erschienen: ›Erfolg‹ (Bd. 1650), ›Jud Süß‹ (Bd. 1748), ›Goya oder Der arge Weg der Erkenntnis‹ (Bd. 1923), ›Exil‹ (Bd. 2128), ›Die Geschwister Oppermann‹ (Bd. 2291) – Fernsehfilm ›Die Geschwister Oppermann‹ von Egon Monk (Bd. 3685) –, ›Simone‹ (Bd. 2530), ›Die Füchse im Weinberg‹, Band 1: ›Waffen für Amerika‹ (Bd. 2545), Band 2: ›Die Allianz‹ (Bd. 2546), Band 3: ›Der Preis‹ (Bd. 2547), ›Die häßliche Herzogin Margarete Maultasch‹ (Bd. 5055), ›Narrenweisheit oder Tod und Verklärung des Jean-Jacques Rousseau‹ (Bd. 5361), ›Der falsche Nero‹ (Bd. 5364), ›Die Brüder Lautensack‹ (Bd. 5367), ›Der jüdische Krieg‹ (Bd. 5707), ›Die Söhne‹ (Bd. 5710), ›Der Tag wird kommen‹ (Bd. 5711), ›Jefta und seine Tochter‹ (Bd. 5730), ›Die Jüdin von Toledo‹ (Bd. 5732), ›Ein Buch nur für meine Freunde‹ (Bd. 5823), ›Panzerkreuzer Potemkin‹ (Bd. 5834); ›Heinrich Heines ‹Rabbi von Bacharach›‹ (Bd. 5868).

Lion Feuchtwanger

Der Teufel in Frankreich

Ein Erlebnisbericht

Mit einem Nachwort
von Marta Feuchtwanger

Fischer Taschenbuch Verlag

›Der Teufel in Frankreich‹ erschien erstmalig 1942
unter dem Titel ›Unholdes Frankreich‹

11.–16. Tausend: Juni 1987

Ungekürzte Ausgabe
Veröffentlicht im Fischer Taschenbuch Verlag GmbH,
Frankfurt am Main, März 1986
Durchgesehene Ausgabe: Juni 1987

Lizenzausgabe mit freundlicher Genehmigung
der Albert Langen · Georg Müller Verlag GmbH, München, Wien

Umschlagentwurf: Jan Buchholz / Reni Hinsch
Gesamtherstellung: Clausen & Bosse, Leck
Printed in Germany
980-ISBN-3-596-25918-5

INHALT

DIE ZIEGEL VON LES MILLES

Und die Ägypter knechteten die Kinder Israel mit Härte. Und sie machten ihr Leben bitter mit harter Fron in Mörtel und in Ziegeln. Und die Kinder Israel bauten dem Pharao die Schatzstätten Pithom und Ramses.

Ich kann mir nichts Rechtes vorstellen unter den Schatzstätten Pithom und Ramses, und ich weiß nicht, ob die Bibelwissenschaftler erkundet haben, was es damit für eine Bewandtnis hat. Für mich haben die beiden feindlich, fremd und großartig klingenden Namen eine Bedeutung gewonnen, die keine noch so wohlbegründete wissenschaftliche Analyse wird ändern können.

Das kam so. Wir waren, die politischen Flüchtlinge aus Deutschland, Österreich und der Tschechoslowakei, die in Südostfrankreich wohnten, während des Krieges von den französischen Behörden eingesperrt worden in der großen, verlassenen Ziegelei von Les Milles bei Aix in der Provence. Wir waren unser über tausend, einmal waren wir beinahe dreitausend, die Ziffer wechselte, ein großer Teil von uns waren Juden.

In einem Ziegelbau waren wir untergebracht, und die Ziegel waren das Merkmal dieser Zeit. Ziegelmauern, durch Stacheldraht gesichert, schlossen unsere Höfe von der schönen, grünen Landschaft draußen ab, zerbröckelnde Ziegel waren überall gestapelt, sie dienten uns als Sitze und als Tische, auch dazu, das Strohlager des einen von dem des andern abzutrennen. Ziegelstaub füllte unsere Lungen, entzündete unsre Augen. Lattengestelle für die Ziegel liefen die Wände der Säle entlang und nahmen uns noch mehr weg von dem spärlichen Raum und von dem spärlichen Licht, und wenn uns kalt war, dann mochte wohl der eine oder andere von uns hineinkriechen in einen der leeren, großen Öfen, die zur Herstellung der Ziegel bestimmt gewesen waren, und sich wärmen an den Assoziationen des Wortes Ofen.

Wir mußten die Ziegel herumtragen, bald stapelten wir sie hier, bald dort. In Schubkarren fuhren wir sie herum, und dann, unter dem Kommando eines Sergeanten, warfen wir sie von Hand zu Hand und schichteten sie in bestimmter Ordnung. Die Arbeit war nicht eben schwer. Das Ärgerliche, Empörende daran war ihre vollkommene Sinnlosigkeit; denn sie war uns nicht aufgetragen zu einem vernünftigen Zweck,

man wollte uns lediglich beschäftigen. Wir wußten, wir würden morgen oder übermorgen oder spätestens am dritten Tag die schon errichteten Ziegelstapel wieder zerstören und anderswo neu aufbauen müssen.
Da nun, eines Tages, während unter dem groben Kommando des Sergeanten die Ziegel von Hand zu Hand flogen, während wir, Professoren, Anwälte, Ärzte, Landwirte, Arbeiter, statt uns mit unsern Büchern, Akten, Diagnosen, Wettervorhersagen, Maschinenteilen zu beschäftigen, die Ziegel stapelten, die wir am nächsten Tag wieder niederreißen würden, da, mit einem Mal, kam mir der Text jenes Bibelverses von den Kindern Israel, die für den Pharao von Ägypten Ziegel zu backen hatten für die Schatzstätten Pithom und Ramses. Ich stellte allerlei abwegige und wohl auch widerspruchsvolle Betrachtungen an. Unsere Vorväter hatten es schlechter gehabt als wir, denn sie hatten arbeiten müssen unter der Peitsche des Fronvogts; andernteils aber war es ihnen besser ergangen, denn ihre Tätigkeit war wenigstens sinnvoll gewesen. Dann wieder überlegte ich, daß es dem Sklaven, der helfen mußte, für den feindlichen Pharao eine jener »Schatzstätten« zu errichten, ziemlich gleichgültig war, ob er eine sinnvolle Tätigkeit ausübte oder eine sinnlose. Nach einer Weile gab ich es auf, darüber nachzudenken. Mechanisch aber, während ich meinen Ziegel empfing und dem Nachbarn zuwarf, dachte es in mir weiter: Pithom – Ramses – Pithom – Ramses.
Seither also hat für mich der Bibelvers eine bestimmte Färbung angenommen, einen bestimmten Tonfall. Er wird mir immer verbunden bleiben mit der Vorstellung von Staub und heißer Sonne und Stacheldraht und mit der Vorstellung eines gleichgültigen Sergeanten in rotem Fes, der mit grober Stimme kommandiert: »un, deux, un «, und mit der Vorstellung von Männern in abgetragenen, zerlumpten Kleidern, die mit stumpfen, verstaubten Gesichtern einander Ziegel zuwerfen und die einstmals, vor gar nicht langer Zeit, gut angezogene Herren gewesen waren und eine ziemlich sinnvolle Tätigkeit ausgeübt hatten.
Pithom – Ramses – Pithom – Ramses.

Wenn ich von meinem New Yorker Hotelfenster über den Central Park hinausschaue auf die Turmhäuser, die ihn rechts und links umgeben, und auf die riesige, lebendige, friedlich tätige Stadt, dann, häufig, frage ich mich, ob ich denn wirklich hier bin und wieso. Vor neun Jahren saß ich in meinem Haus in Berlin, im Grunewald, meine Bücher rings um mich, ein kleiner, friedlicher Kiefernwald stieg sanft von meinem Garten hinunter zu einem kleinen, friedlichen See, ich fühlte mich wohl, ich hatte keineswegs die Absicht, dieses Haus aufzugeben. Vor sechs Jahren saß ich in meinem weißen, stillen Haus in Sanary, in Südfrankreich, meine Bücher rings um mich, Olivenbäume stiegen hinunter zu dem sehr blauen Meer, ich fühlte mich wohl, ich hatte keineswegs die Absicht, dieses Haus aufzugeben.

Gewiß könnte ich hundert gescheite Gründe anführen, warum die Ereignisse vom Beginn des ersten Weltkrieges an bis heute genau so verlaufen mußten, wie sie verliefen, und warum also auch ich, getrieben von diesen Ereignissen, genau das Schicksal erfahren mußte, das ich erfuhr. Ich könnte hundert wohlklingende Erklärungen zustande bringen, warum ich im Anfang des ersten Weltkrieges in einem französischen Gefängnis in Tunis interniert und warum ich später in eine deutsche Uniform gesteckt wurde, warum ich in die Wirbel der kurzen deutschen Revolution und der langen deutschen Gegenrevolution hineingeriet, warum ich beschloß, von nun an aber die Welt nur mehr von meinem Berliner Schreibtisch aus zu betrachten, warum ich dann gleichwohl nach Frankreich verschlagen wurde und warum ich schließlich den zweiten Krieg zu einem großen Teil in einem französischen Konzentrationslager mitmachen mußte. Gewiß, für das alles, für den besondren Verlauf dieser meiner eigenen kleinen Erlebnisse nicht minder als für den Ablauf der großen Begebenheiten, die sie bedingten, gibt es eine Reihe rationell zureichender Gründe. Kluge Leute können sie aufzählen, diese Gründe, wirtschaftliche, biologische, soziologische, psychologische, allgemein philosophische. Ich selber könnte ein Buch darüber schreiben und die Zusammenhänge mit scharfer Logik darlegen.

In meinem tiefsten Innern aber weiß ich, daß ich nicht das Geringste weiß von den Ursachen des barbarischen Wirrwarrs, in welchem wir alle uns drehen. Ich bin wie ein Mann aus dem Urwald, der ein System von Telegrafendrähten sieht, aber keine Ahnung hat, warum man das errichtet hat, wozu es gut sein soll und wie es funktioniert. Und ich weiß ferner, daß niemand auf der Welt, auch der bestinformierte Staatsmann nicht, das Warum, Wieso und Wozu dieses Krieges wissen kann. Und selbst wenn einmal alle Akten vorliegen, auch dann wird man höchstens ein wenig mehr wissen über die unmittelbaren Ursachen und Zusammenhänge einzelner Fakten, das Urteil aber über den Gesamtverlauf wird immer einzig und allein von der geistigen Beschaffenheit des Betrachters abhängen und nur über ihn etwas aussagen. Tausend kundige Geschichtsschreiber weisen mit geistreichen, zwingenden Gründen nach, warum das Römische Reich zugrunde ging, warum das Christentum die heidnische Welt ablöste, warum die Französische Revolution entstand, warum das alles so kommen mußte und gar nicht anders kommen konnte: nur sind die zwingenden Gründe jedes Geschichtsschreibers andere. »Geschichte ist die Sinngebung des Sinnlosen«, hat ein gescheiter deutscher Professor gesagt, der dann von den Nazis erschlagen wurde.

Wenn ich also auf den folgenden Seiten berichte, was mir in Frankreich während des Krieges zugestoßen ist um die Wende von meinem sechsundfünfzigsten zu meinem siebenundfünfzigsten Lebensjahr, dann werde ich gar nicht erst den Versuch machen, Ihnen, Leser, meine Meinung aufzudrängen über die letzten Gründe, warum gerade dieser Mensch, der Schriftsteller L. F., in gerade diese Situation geriet. Nennen Sie diese Gründe, wie Sie wollen: Zufall oder Notwendigkeit oder göttliche Vorsicht. Ich, Leser, werde Sie nicht behelligen mit meinen eigenen Ansichten über die Gründe, warum ich, ein im Grunde kontemplativer Mensch, der nichts andres anstrebt, als in Ruhe zu leben, zu lesen und zu schreiben, warum gerade ich ein so bewegtes, aufgeregtes Dasein zu führen habe. Ich werde mich darauf beschränken, darzustellen, was ich erlebt habe, so ehrlich, das heißt so subjektiv wie möglich und ohne den Anspruch, objektiv zu sein.

Es begann an einem Abend, Mitte Mai, nach Sonnenuntergang. Im Erdgeschoß meines Hauses in Sanary, in dem kleinen Zimmer, wo der Radioapparat stand, war es dämmerig, aber noch nicht so dunkel, daß ich Licht gemacht hätte.

Ich war allein, lag auf der Ottomane und hörte die Meldungen des Rundfunks. Es stand nicht gut, weder in Belgien noch in den Niederlanden. Ich überdachte die spärlichen Nachrichten, mit geschlossenen Augen auf der Ottomane liegend, und ich hörte mit halbem Ohr auf die Bekanntmachungen, die im Anschluß an die Nachrichten verkündet wurden. Da, auf einmal, hieß es, alle im Bezirk von Paris ansässigen deutschen Staatsangehörigen oder in Deutschland geborenen Staatenlosen im Alter von siebzehn bis fünfundfünfzig Jahren, Männer und Frauen, hätten sich an dem und jenem Tage da und dort einzufinden, um interniert zu werden.

Ich rührte mich nicht, ich blieb liegen. Ich befahl mir: »Keine Panik, denke ruhig nach.« Ich sagte mir, höchstwahrscheinlich werde die Maßnahme auf die Stadt Paris beschränkt bleiben und sicherlich nicht werde sie auf den vom Krieg nicht bedrohten Süden ausgedehnt werden. Aber ein inneres Wissen sagte mir gleichzeitig, daß diese vernünftigen Erwägungen Unsinn seien. Vom Beginn dieses Krieges an war immer das Schlechte eingetroffen, das man befürchtet, nie das Gute, das man gehofft hatte.

Das Radio sprach längst von anderem. Ich lag immer noch auf der Ottomane, geschlossenen Auges. Ich stand auf und sah mit Verwunderung, daß es vollends Nacht geworden war. Ich fühlte mich auf einmal schrecklich müde. Ich ging hinaus in den Garten, ging zwischen den Beeten herum, stieg die kleinen Terrassen hinauf und wieder hinunter und bedachte dies und jenes.

Es war schon niederträchtig. Seit dreiviertel Jahren jetzt saß ich hier in dieser Mausefalle Frankreich und konnte keine Erlaubnis zur Ausreise kriegen. Und jetzt werde ich also ein zweites Mal das Konzentrationslager schmecken müssen.

Die Landschaft rings um mein Haus ist schön und voll tiefen Friedens. Berge, Meer und Inseln; eine herrlich geschwungene Küste; Ölbäume, Feigenbäume, Pinien; ein paar verstreute Häuser. Eine große Stille war, ein kleiner Wind ging. Eine unserer Katzen lief spielend um mich herum, vor, wieder zurück, wieder vor, und miaute auffordernd. Ich streichelte sie, und sie schnurrte. Es war nicht warm, doch auch nicht kalt, ich fror auf einmal.

Ich ging zurück ins Haus und suchte meine Frau. Das große

Haus lag leer, das Ehepaar, das uns bediente, war wohl ausgegangen. Ich fand meine Frau in der Küche, sie bereitete Futter für die Katzen. Sie nickte mir zu. »Willst du noch was trinken?« fragte sie. »Ein Glas Grapefruitsaft?« »Danke«, sagte ich, »vielleicht später.« Sie sagte irgendwas Belangloses, daß Leontine – das war das Mädchen – dem Fleisch für die Katzen immer zuwenig Reis und zuwenig Milch beimische, oder dergleichen. Ich saß auf einem Küchenstuhl, schaute ihr zu und dachte: Soll ich es ihr noch heute abend sagen? Aber sicher haben sie es auch im Ort gehört, und wenn ich es ihr nicht sage, dann sagt es ihr Leontine. Es ist besser, ich sage es ihr. Ich schaute ihr zu, wie sie das Futter in einen großen Teller goß und es den Katzen hinstellte, und beide schauten wir zu, wie die Katzen gierig fraßen, schnurrend, vergnügt. Ich dachte: Jetzt ist ihre größte Sorge, daß die Katzen mehr Reis und Milch bekommen. Ich will ihr noch diese Minute lassen, und noch diese, und noch diese letzte.

Dann sagte ich es ihr.

Sie schaute mich an, und ich schaute sie an. Schließlich sagte sie: »Wir müssen gleich nach Paris schreiben oder besser depeschieren.« »Gewiß«, sagte ich, »morgen in aller Frühe. Wenigstens gibt es jetzt keine Fröste mehr«, sagte ich. Die französischen Konzentrationslager waren nicht geheizt, und im Winter war es vorgekommen, daß Internierten ein Finger abgefroren war oder eine Zehe.

Wir hatten schon zu Abend gegessen, doch auf einmal spürte ich wieder Hunger. »Gib mir doch noch etwas zu essen«, bat ich.

Während ich aß, klopfte es erst an der einen Tür, dann an der andern. Es war ungewöhnlich, daß um diese Zeit Besucher kamen, die nicht gemeldet waren. »Wer ist da?« fragten wir. Es waren unsre Nachbarsleute, ein deutscher Maler und seine Frau. Wir sahen einander selten, wir mochten uns nicht besonders leiden, jetzt fanden wir es natürlich, daß sie kamen.

»Haben Sie es gehört?« fragte er. Wir besprachen die Nachrichten hin und her. Ein vernünftiger militärtechnischer Grund, uns hier unten im Süden einzusperren, lag wohl nicht vor. Daß wir Gegner des Naziregimes waren, war in wiederholten, scharfen Untersuchungen festgestellt worden. Aber hat man denn die in Paris deshalb eingesperrt, weil man sie für gefährlich hielt? Vermutlich geht man doch nur deshalb gegen sie vor, weil man die Bevölkerung glauben machen will, es geschehe irgend etwas. Und wenn das der Grund ist, warum dann soll man es hier unten anders halten? Ein einziger kleiner Trost bleibt: bei der französischen Schlamperei wird es eine gute Weile dauern, ehe man eine entsprechende Verordnung auch hier unten erläßt.

Wie ich die nächsten Tage verbracht habe, kann ich genau nicht sagen. Ich habe Tagebuch geführt über jene Zeit in Frankreich, doch habe ich diese Aufzeichnungen nicht an der Hand und weiß nicht, ob ich sie je wieder erhalten werde.

Vielleicht ist es ein Vorteil, daß ich nun so ganz auf mein Gedächtnis angewiesen bin. Gewiß, das Gedächtnis fälscht. Mein Gedächtnis, wie wohl das Gedächtnis der meisten, weigert sich häufig, Dinge zu behalten, die ich gerne aufbewahren möchte, während es ungeheißen Dinge aufbewahrt, die mir gleichgültig sind. Es drängt Wichtiges zurück und Unwichtiges in den Vordergrund. Es handelt nach Gesetzen, die mein Bewußtsein nicht erklären kann, die aber sicherlich mit meinem innersten Wesen zu tun haben.

Ja, ich denke, diese Willkür des Gedächtnisses ist ein Vorteil für den Schriftsteller. Sie nötigt ihn zu jener unbedingten Ehrlichkeit, welche die Voraussetzung aller Dichtung ist, sie nötigt ihn, nur solche Visionen zu geben, die wirklich seine Visionen sind. Im besondern Fall zwingt mich der Verlust meines Tagebuchs, der Mangel an objektiven Notizen, nur von solchen Dingen zu erzählen, die mich innerlich angingen. Es wird so vielleicht manchmal objektiv Wesentliches fehlen, aber meine Darstellung wird subjektiv ehrlich sein, dichterisch wahr, nicht verzerrt von Akten, von minutiösen Daten der Realität. Ob ich will oder nicht, ich muß infolge des Verlustes meiner Aufzeichnungen ein Bild geben, nicht plumpe, fotografierte Wirklichkeit.

Bin ich sehr hochmütig, wenn ich gestehe, daß ich mich darüber freue? Bin ich sehr hochmütig, wenn ich mich grundsätzlich zu dem Glauben bekenne, daß ein fotografisch sachlicher Bericht nicht sehr viel beiträgt zur Erkenntnis dessen, was an einer Begebenheit wesentlich ist? Aber ich bin nun einmal der Meinung, daß sich eine Begebenheit ändert jeweils nach der Erlebniskraft des Erlebenden. Ja, ich bin steif und fest überzeugt, daß es bei der Wiedergabe eines Erlebnisses auf die Person des Erlebenden nicht weniger ankommt, sondern mehr als auf das Erlebte.

Die meisten Menschen sind nicht sehr erlebnisfähig. Sie sind zu tief beeinflußt von den Wertungen anderer. Sie glauben, sie müßten bestimmte Dinge als groß und wichtig, andere als klein und belanglos empfinden, weil »Kompetente« in ähnlichen Fällen so empfunden haben. Nicht nur das Verhalten, auch das Fühlen der meisten ist von der Konvention, von der Mode vorgeschrieben. Der Durchschnittsmensch kann Erlebnisse nicht anders katalogisieren als nach den paar üblichen Normen. Magazin, Radio, Film tragen das ihre dazu bei, diese wenigen Normen noch tiefer in die Hirne zu hämmern, und verengen dadurch die Fähigkeit eigenen, gesonderten Hörens, Sehens, Fühlens, Wertens noch mehr. Die Erlebnisfähigkeit des Durchschnittsmenschen ist gering, das Register seiner Empfindungen klein. Geschehnisse, auch wenn er mitten darin ist, fließen an ihm ab, dringen nicht in ihn ein, machen ihn nicht reicher. Wenn man in einen kleinen Becher noch soviel Flüssigkeit hineingießt, der Becher nimmt nur ein bestimmtes Maß auf.

Ein Mensch mit einiger Phantasie hat vor den andern das voraus, daß eine erwartete Wirklichkeit an Intensität fast immer zurückbleibt hinter seiner Erwartung. Das tatsächliche Erleben des Schlimmen bereitet ihm beinahe immer weniger Schmerz als die Angst davor, wie ihm freilich auch das Erleben des Glückes fast immer weniger Erhebung bringt als die Hoffnung und die Freude darauf.

Wie ich die letzten Tage in meinem schönen Haus in Sanary verbracht habe, das kann ich also, wie gesagt, nicht im einzelnen angeben. Aber das weiß ich, daß es keine angenehmen Tage waren, daß ein Rahmen von Unbehagen um alles war, was ich in jenen Tagen sah, hörte, sprach, dachte, lebte.

Ich habe während der sieben Jahre meines Aufenthalts an der französischen Küste des Mittelmeers die Schönheit der Landschaft und die Heiterkeit des Lebens dort mit allen Sinnen genossen. Wenn ich etwa, von Paris mit dem Nachtzug zurückkommend, des Morgens das blaue Ufer wiedersah, die Berge, das Meer, die Pinien und Ölbäume, wie sie die Hänge hinaufkletterten, wenn ich die aufgeschlossene Behaglichkeit der Mittelmeermenschen wieder um mich fühlte, dann atmete ich tief auf und freute mich, daß ich mir diesen Himmel gewählt hatte, unter ihm zu leben. Und wenn ich dann den kleinen Hügel hinauffuhr zu meinem weißen, besonnten Haus, wenn ich meinen Garten wiedersah in seiner tiefen Ruhe und mein großes, helles Arbeitszimmer und das Meer davor und den launischen Umriß seiner Küste und seiner Inseln und die endlose Weite dahinter und wenn ich meine lieben Bücher wieder hatte, dann spürte ich mit all meinem Wesen: hier gehörst du hin, das ist deine Welt. Oder wenn ich etwa den Tag über gut gearbeitet hatte und mich nun in der Stille meines abendlichen Gartens erging, ich welcher nichts war als das Auf und Ab des Meeres und vielleicht ein kleiner Vogelschrei, dann war ich ausgefüllt von Einverstandensein, von Glück.

Von dem Augenblick an indes, da ich damit rechnen mußte, ein zweites Mal interniert zu werden, verlor mir die Landschaft ihre Farbe, mein ganzes Leben seinen Geschmack. Es war dabei noch gar nichts entschieden, aber innerlich wußte ich, daß alles entschieden war, und die peinigende Erwartung dessen, was da kommen wird, zerstörte die Fähigkeit, das, was da war, noch zu genießen. Wohl arbeitete ich. In jahrzehntelangem Training hatte ich mir die Fähigkeit erworben, mich, was immer geschehen mochte, während meiner Arbeit auf diese Arbeit zu konzentrieren. Gemeinhin waren überdies, wenn ich mit einem Werk beschäftigt war, nicht nur die Stunden der Arbeit, sondern mein ganzes Leben erfüllt von diesem Werk, dergestalt, daß ich automatisch alles, was ich sah, hörte, las, lebte, auf das Werk bezog. Jetzt aber verließ mich der Gedanke an meine Arbeit in dem Augenblick, da ich zu arbeiten aufhörte, und statt meines Werkes war die Erwartung wieder da dessen, was da kommen wird.

Ich habe oft meine Katzen beobachtet, während sie fraßen. Sie kauerten und schleckten gierig, aber sie waren immer auf der Hut, niemals verließ sie das ererbte Gefühl, von Gefahren umgeben zu sein. Ganz tief innen steckt wohl in uns allen ein solches Gefühl ständigen Bedrohtseins; wir haben es nur verdrängt, wir haben uns die Angst abgewöhnt. Damals indes, in jenen Tagen der Erwartung, fühlte ich wie meine Katzen. Wenn ein Wagen den kleinen Hügel herauffuhr, wenn jemand kam, immer glaubte ich: jetzt kommen sie, jetzt holen sie dich.

Meine Sekretärin konnte sich nicht enthalten, zu klagen: »Ach, warum sind wir nicht rechtzeitig nach Amerika gegangen.« Gemeinhin hasse ich solche Erwägungen, Grübeleien darüber, was man hätte tun und was man hätte lassen sollen, sie führen zu nichts. Immerhin war ein solcher Ausbruch gerade in unserm Falle erklärlich.

Seit Kriegsbeginn zwar war es nicht mehr in meinem Belieben gestanden, das Land zu verlassen; die französische Regierung hatte es mir nicht erlaubt. Aber ich hatte ja den Krieg schon lange vorher kommen sehen. Im Februar 1938, unmittelbar nach der Annexion Österreichs, hatte ich mich ernstlich mit dem Gedanken getragen, in ein Land zu übersiedeln, das mehr Sicherheit bot als Frankreich. Meine Sekretärin hatte ganz recht, wenn sie jetzt darüber jammerte, daß ich damals meine Absicht nicht wahrgemacht hatte.

Was waren eigentlich die Gründe gewesen, die mich in Frankreich gehalten hatten? Da war zum Beispiel dieses. Seit 1933 hatte ich öffentlich erklärt, Hitler bedeute Krieg, ohne Krieg werde man die Nazis nicht los werden. Durfte ich jetzt, nun endlich dieser Krieg in Sicht kam, in dem, wenn irgendwer, ich Partei war, ausreißen, mich in Sicherheit bringen? Nein, ich hatte zu bleiben. Ich glaubte ernstlich, ich könne helfen. Ich hatte schließlich Millionen Leser in Deutschland gehabt; noch immer hörten dort viele auf mein Wort, noch immer, trotz der Gefahr, ließen mir viele aus Deutschland Botschaft zukommen und wollten Rat. Ich glaubte, gerade während eines Krieges könnte ich den Feinden Hitlers von Nutzen sein.

Des weiteren hielt mich schriftstellerische Neugier. Ich hatte es mir zeitlebens zum Grundsatz gemacht, Erlebnisse zwar nicht zu suchen, ihnen aber auch nicht aus dem Weg zu gehen. Dazu kam noch ein weiteres: ich wollte die Arbeit an meinem Roman »Exil« nicht durch eine umständliche Umsiedlung unterbrechen.

Gleich zu Beginn des Krieges freilich war ich dann darüber belehrt worden, wie falsch ich es gemacht hatte. Nicht nur wollten die Franzosen von einer Mitarbeit von uns deutschen Antifaschisten nichts wissen, sie sperrten uns vielmehr schon damals alle ein. Mich hatten englische Proteste schon nach wenigen Tagen aus dem Konzentrationslager befreit, und die französische Regierung hatte sich damals bei mir entschuldigt und meine Internierung als einen Mißgriff subalterner Organe bezeichnet. Aber das Ausreisevisum, das ich nach dieser üblen Erfahrung verlangt hatte, war mir nicht bewilligt worden.

Ich muß hier ein Bekenntnis einschalten oder eigentlich zwei Bekenntnisse.

Erstes Bekenntnis. Wenn ich heute darüber nachdenke, was mich seinerzeit, im Jahre 1938, wohl in Frankreich zurückgehalten hat, dann waren es wahrscheinlich doch andere, tiefer in meinem Wesen liegende Gründe als die, von denen ich gerade sprach. Was mich hielt, war die innige Behaglichkeit des Lebens dort, die Schönheit des Ortes, mein wohleingerichtetes Haus, meine geliebte Bibliothek, der vertraute, in allem Kleinsten mir und meinen Methoden angepaßte Rahmen meiner Arbeit, die hundert Einzelheiten des dortigen Daseins, die mir zu lieben, schwer mißbaren Gewohnheiten geworden waren. Ich bin – ich glaube, ich sagte es schon – gegen meinen Willen immer wieder aus der Umgebung herausgerissen worden, die ich mit Liebe und Sorgfalt meinen Wünschen und Bedürfnissen gemäß gemodelt hatte. Immer wieder umgab ich mich mit Dingen, die ich gern hatte, immer wieder stellte ich einen sehr großen Schreibtisch vor einen Ausblick in eine schöne Landschaft, immer wieder zog ich ein paar Katzen groß und glaubte, sie hingen nun gerade an mir, immer wieder schaffte ich mir zwei oder drei Schildkröten an und schaute ihren langsamen, urweltlichen Bewegungen zu, immer wieder legte ich mir ein paar Flaschen ausgesuchten Weines in einen kellerigen Raum. Und wiewohl mich immer wieder äußere Umstände zwangen, dieses mein mit soviel Mühe eingerichtetes Gebäude zu verlassen, ich ließ mich nicht belehren. Immer von neuem baute ich es mir auf, immer von neuem klammerte ich mich daran, innerlich und äußerlich, und glaubte, diesmal müsse es mir erhalten bleiben. So

war es wohl auch die Liebe zu meinem Haus in Sanary und zu allem, was darin und was darum war, die mich hielt. Mit andern Worten und ohne viel Umschweife, es war innere Trägheit, Hang zur Bequemlichkeit, Mangel an Phantasie.
Zweites Bekenntnis. Ich habe eine große Scheu vor Behörden. Der Beamte ist der Vertreter des Staates, er repräsentiert viele Millionen: wie soll da ich, ein einzelner, gegen ihn aufkommen. Vielleicht ist diese Schüchternheit ein Erbteil aus der Zeit, da meine Vorväter in deutschen Ghettos vor den Behörden bangten. Wahrscheinlich haben auch Gründe solcher Art mitgespielt und mich verhindert, mich rechtzeitig um ein amerikanisches Einwanderungsvisum umzutun. Ich ließ es genug sein mit der Beschaffung eines Besuchervisums; die Beschaffung eines Einwanderungsvisums stellte ich mir übertrieben schwierig vor. Einmal, in Paris, nahm ich einen Anlauf, und als ich in der Nähe der amerikanischen Botschaft war, ging ich kühn hinein, Erkundigungen über die Modalitäten der Einholung eines solchen Einwanderungsvisums einzuziehen. Ich hatte Empfehlungen an den Konsul, ich hatte auch gelegentlich den Botschafter in Gesellschaften getroffen, doch ein Gemisch aus Hochmut und Schüchternheit hielt mich davon ab, mich direkt an einen dieser Herren zu wenden. Ich ging vielmehr an einen anonymen Tisch, an dem »Information« stand, ein gleichgültiges Fräulein gab mir gleichgültig einen schnellen Bescheid, aus dem ich heraushörte, daß, wenn ich ein Einwanderungsvisum begehrte, mein Besuchervisum hinfällig werde. Im Grunde kam mir dieser Bescheid sehr zupaß, und befriedigt aufseufzend verließ ich die Botschaft. Ich fühlte mich lästiger weiterer Schritte überhoben; die Auskunft des gleichgültigen Fräuleins war ein Wink des Schicksals, daß ich mich mit einem Besuch Amerikas begnügen, daß ich nicht übersiedeln solle!
Wie ich mich denn überhaupt gern schicksalsgläubig nenne, so meiner Liebe zur Bequemlichkeit einen kleidsamen Mantel umhängend.
Nein, so primitiv ist mein Fatalismus nun doch nicht. Er ist vielmehr die logische Folge schlechter Erfahrungen mit der konsequenten Anwendung des Verstandes. Ich habe es nämlich zu oft erlebt, an mir und an andern, daß bestberechnete

Erwägungen Folgen hatten, die den gewünschten genau entgegengesetzt waren. Da schlugen zum Beispiel finanzielle Sicherungsmaßnahmen, auf welche meine Frau und meine Sekretärin gedrängt hatten, infolge grotesker Schicksalswendungen ins Gegenteil um. Ich deponierte Geld in jenen Ländern, die vor dem Kriege am meisten gesichert schienen, in Schweden, in Holland, in Kanada; gerade dort wurde es mir konfisziert oder blockiert. Mein Freund Brecht wählte sich das sichere Schweden zum Aufenthalt. Als der Krieg ausbrach, schien es, als ob die Ereignisse bestätigten, er habe klug daran getan: in der Folge ist gerade dieses Land ihm zur Falle geworden. Meine in Deutschland geborene Sekretärin war glücklich, die Schweizer Staatsangehörigkeit zu erwerben: die einzige Folge war, daß die Franzosen sie gleichwohl als Deutsche ansahen und in ein Konzentrationslager sperrten, während die Amerikaner sie infolge ihres Schweizer Passes für gesichert genug erklärten, um ihr ein Gefahren-Visum zu verweigern.

Nach solchen Erfahrungen kann ich mich nicht tadeln, wenn ich meinen Kahn gelegentlich treiben lasse und nicht allzu angestrengt versuche, ihn zu steuern. Es rührt mich wenig, wenn mir jemand Vorwürfe macht: »Siehst du, ich hab's dir immer gesagt, das hättest du tun sollen oder jenes und warum hast du's nicht getan?« Ich weiß, daß man in Zeiten wie den unsern ebensoviele Gründe für jede Handlung anführen kann wie gegen sie und daß alles Tun und Lassen Spiel geworden ist.

Ich zuckte also die Achseln, wenn meine Sekretärin klagte: »Ach, warum sind wir nicht rechtzeitig nach Amerika gegangen.« Ich bereute nichts. Ich bereute auch nicht, als schließlich die Bestätigung kam, daß ich wirklich wieder ins Lager mußte.

Die mir diese Bestätigung brachte, war unser Stubenmädchen, Leontine. Sie kam aufgeregt, wichtig, jetzt sei die Bekanntmachung am Bürgermeisteramt angeschlagen, und zwar hätte ich mich wieder im Lager von Les Milles einzufinden. Der Anschlag spreche von allen in Deutschland geborenen Staatenlosen, welche am 1. Januar noch nicht sechsundfünfzig Jahre alt gewesen seien.

Ich habe ziemlich viele schlechte Nachrichten hören müssen und mir eine gewisse Routine erworben, in solchen Fällen den Gefühlsmotor abzustellen und kalt und ruhig zu denken. So fuhr mir auch diese Meldung, zumal da ich sie erwartet hatte, nicht sehr in die Glieder. Ich überlegte, ob ich es nicht angesichts der Tatsache, daß ich in allernächster Zeit sechsundfünfzig wurde, vielleicht doch erreichen könne, von der Internierung befreit zu werden. Ganz bestimmt weiß ich, daß ich, noch während Leontine sprach, daran rumrechnete, wieviele Tage mir noch fehlten bis zur Vollendung des sechsundfünfzigsten Lebensjahres. Es muß damals der 18. oder 19. Mai gewesen sein, und sechsundfünfzig wurde ich am 7. Juli. Ganz bestimmt auch weiß ich, daß ich innerlich zur Kenntnis nahm die Mischung von Gefühlen, wie sie sich in Leontines Gehabe zeigte, auf ihrem Gesicht, in der Wahl ihrer Worte, in ihrem Tonfall, in ihren Bewegungen. Leontine ist eine hübsche, füllige Person nahe den Dreißig, sie war, wie ihr Mann, seit sechs Jahren in unserm Dienst, ich bin überzeugt, daß beide uns ergeben waren und wahrscheinlich noch sind. Auf Leontines Gesicht war denn auch ehrliches Bedauern; gleichzeitig war darauf aber auch die Freude an der Sensation, die Nachricht überbringen zu können, die Neugier, wie ich sie aufnehmen würde, die Sorge, was aus ihr selber werden mochte, wenn wir beide, meine Frau und ich, ins Lager kämen, und schließlich auch, trotz aller Ergebenheit, ein klein bißchen Schadenfreude, daß nun auch ich, der »Patron«, der »Herr«, die Bitternis des Krieges zu spüren bekäme und sogar schlimmer als sie selber.

Achtundvierzig Stunden blieben mir für Vorbereitungen.
An Gepäck mitnehmen durfte man dreißig Kilogramm. Nach den Erfahrungen, die ich während meiner ersten Internierung gesammelt hatte, mußte das Gepäck vor allem gut tragbar sein. Man mußte gewärtigen, es manchmal auf weite Strecken selber schleppen zu müssen, in Reih und Glied marschierend; so war es mir das letzte Mal ergangen. Eifrige Erörterungen begannen, was man am besten mitnehme. Das Wichtigste waren Decken für die Nacht, sehr wichtig auch war ein kleiner Klappstuhl, denn Sitzgelegenheiten gibt es nicht. An Kleidern und Wäsche nahm man am besten das Derbste mit, was

man besaß; denn alles zerlumpte sehr rasch. Bei der Mitnahme von Büchern spielten Format und Gewicht eine beinahe größere Rolle als der Inhalt, handliche Dünndruckbände sind da das praktischste. Ich entschied mich für einen Dünndruckband Balzac, der auf kleinstem Umfang sechs Romane enthielt.

Am nächsten Tag wurde ich telefonisch auf das Bürgermeisteramt beschieden, wo mir für die Reise ins Lager ein Passierschein sollte ausgestellt werden. Es war nämlich uns Nichtfranzosen verboten, uns von unsern Wohnorten ohne besonderen Geleitschein wegzubewegen; auch für die Reise ins Konzentrationslager bedurfte es eines solchen besonderen Erlaubnisscheines.

Der Beamte auf dem Bürgermeisteramt, ein Mann, mit dem ich in den Jahren meines Aufenthalts in Sanary sehr oft zu tun gehabt hatte, war gefällig, ja beflissen. Doch zeigte er, wie die meisten Einheimischen, eine gewisse Verlegenheit, eine Mischung von Neugier, von echtem Bedauern und von Scheu, sich mit Leuten, die von der Regierung eingesperrt werden, also die anrüchig sind, zu tief einzulassen. Geschäftig betrieb er die Beschaffung des Passierscheines. Während man sonst auf die Ausstellung eines solchen Passierscheines etwa zum Zwecke eines Besuches beim Zahnarzt in der acht Meilen entfernten Stadt manchmal vierzehn Tage warten mußte, erklärte sich diesmal der Sergeant der nächstgelegenen Gendarmeriestation telefonisch ohne weiteres bereit, sogleich herüberzukommen und die notwendige Schreiberei vorzunehmen.

Es waren noch drei andere Deutsche aus Sanary herbeordert worden. Wir warteten in einem Raum im Erdgeschoß des Bürgermeisteramts, der gewöhnlich als provisorischer Gewahrsam diente für Verbrecher, bis die Polizei käme, sie abzuholen. Auch der Veterinärarzt benutzte den Raum, wenn er allwöchentlich kam, die kranken Kleintiere zu behandeln. Jetzt also warteten wir hier. Wir waren unser viere, die morgen nach Les Milles abzugehen hatten: jener Maler R., mein Nachbar, dann sein Sohn, der gerade siebzehn geworden war und also auch daran glauben mußte, dann ich, schließlich noch der Schriftsteller K., ein Deutscher, der in Spanien auf seiten der Republik gefochten hatte.

Wir standen und warteten. Wir hatten es uns alle anders vorgestellt, als wir nach Frankreich gekommen waren. Liberté, Egalité, Fraternité stand riesig über dem Portal des Bürgermeisteramts, man hatte uns gefeiert, als wir, vor Jahren, gekommen waren, die Zeitungen hatten herzliche, respektvolle Begrüßungsartikel geschrieben, die Behörden hatten erklärt, es sei eine Ehre für Frankreich, uns gastlich aufzunehmen, der Präsident der Republik hatte mich empfangen. Jetzt also sperrte man uns ein. Wir nahmen es hin mit einer Art bittern Gleichmuts, diese Jahre hatten uns die Unbeständigkeit menschlichen Verhaltens sehr anschaulich vor Augen geführt, wir ergingen uns nicht in Klagen, wir besprachen Sachliches, wie man am besten nach Les Milles gelange, wieviel Geld man mitnehmen solle, und ähnliches.
Dann endlich kam der Gendarm. Er hatte unterwegs einen Vagabunden aufgegriffen. Der Vagabund war betrunken, der Gendarm selber war betrunken, er war an diesem Tage befördert worden, das hatte er, wie er uns erzählte, feiern müssen. Der Vagabund und der Gendarm schlugen sich auf die Schulter, und der Gendarm schlug uns auf die Schulter und erklärte, er habe gar nichts gegen uns. Der Raum roch stark nach Schnaps.
Die Formulare waren umständlich wie alle Amtspapiere in Frankreich; es mußte darauf vermerkt sein der Name des Vaters und der Mutter und viele ähnliche Details, ohne das ließen einen die Franzosen nicht passieren. Der betrunkene Gendarm kam mit dem Ausfüllen der Papiere nicht zu Rande. Aus unsern Ausweisen hatte er ersehen, daß sich unter uns Vater und Sohn befanden. So fragte er dann mich, den Fünfundfünfzigjährigen, ob ich der Sohn des achtundvierzigjährigen Malers R. sei, er konnte die Zusammengehörigkeit nicht herausfinden, er konnte überhaupt nichts herausfinden, er plagte sich ab. Schließlich riefen wir den Sekretär, daß er ihm helfe.

Am nächsten Tag dann fuhren wir ins Lager, in einem Taxi.
Ich erinnere mich genau des unsentimentalen Abschieds von meiner Frau. Wir waren alle beschäftigt, in der schäbigen, alten Droschke das Gepäck zu verstauen; meine Frau erklärte, sie müsse noch Papier holen, um irgend etwas besser

einzuwickeln, und lief ins Haus zurück; mit solcher Geschäftigkeit waren die letzten Minuten ausgefüllt.
Unterwegs wurden wir von Gendarmen angehalten und mußten unsere Passierscheine vorweisen. Der Sekretär und der betrunkene Gendarm hatten auf diesen Formularen die Frage nach dem »Zweck der Reise« beantwortet: »Ausführung eines Regierungsauftrags«. Die kontrollierenden Gendarmen schauten uns an, schauten sich an, merkten, was das für ein Regierungsauftrag war, sagten bedauernd: »Aha«, grüßten mit verlegenem Mitleid und wünschten uns viel Glück.
Wir kamen nach der Stadt Aix, nach dem Orte Les Milles, wir durchfuhren ihn, wir fuhren die niedrige Mauer der Ziegelei entlang, die uns aufnehmen sollte, hielten auf der staubigen Landstraße vor dem großen Tor. Unmittelbar hinter dem Gitter war ein kleines Wachgebäude. Einige Uniformierte standen und hockten herum. Ich lohnte den Chauffeur ab und trug ihm Grüße an meine Frau auf.
Die Uhr auf dem Hauptgebäude der Ziegelei zeigte fünf Uhr zwei. Ich notierte innerlich, daß also die erste Minute nach fünf Uhr am 21. Mai die letzte Minute war, die ich in Frankreich in Freiheit verbracht hatte.
Ich schickte mich an, mein Gepäck über den Hof zur Anmeldestelle zu schleppen. Ich bin nicht sehr gewandt in diesen Dingen, und ich wußte einfach nicht, wie ich es anstellen sollte, den großen Koffer und den kleinen und die Decken und den Klappstuhl die fünfzig oder sechzig Meter zu tragen. Ich klemmte den Klappstuhl unter den linken, die Decken unter den rechten Arm, nahm den großen Koffer in die linke, den kleinen in die rechte Hand. Aber da fielen die Decken herunter, ich mußte alles abstellen, um sie von neuem unter den Arm zu nehmen, und als ich glücklich alles wieder beisammen hatte, fiel der Klappstuhl herunter. Die Soldaten schauten zu, ernsthaft, stumpf, ungerührt. Der Sergeant sagte: »Also los endlich, allez hop.« Ich war recht unglücklich. Das war um fünf Uhr zwei.
Um fünf Uhr drei aber war ich sehr glücklich. Über den Hof nämlich auf mich zu kamen ein paar Burschen, ich erinnerte mich nicht ihrer Namen, wohl aber ihrer Gesichter, sie waren mit mir hier in Les Milles gewesen, als ich das erste Mal einge-

sperrt gewesen war, sie ließen sich nicht abschrecken von den Wachen, die ihnen zuriefen: »Zurück, zurück«, und die Wachen nahmen es wohl auch nicht so ernst. Die Burschen aber sagten: »Hallo, sind Sie wirklich wieder hier? Das hätten wir uns auch nicht träumen lassen«, und sie bemächtigten sich meines Gepäcks und trugen es zum Anmeldebüro.

Dort gab es zunächst einige Schreiberei. Dann wurde das Gepäck untersucht, nicht sehr ernst. Der Leutnant, der das Büro befehligte, ein Industrieller aus Lyon, ein eleganter Herr mit angegrauten Haaren, gewöhnlich etwas müden Gesichtes, begrüßte mich höflich, bat mich ins Büro, befragte mich um meine Meinung über die politische und militärische Lage, bedauerte, daß die Umstände die Regierung zwängen, uns von neuem einzusperren, hoffte, daß es auch diesmal nicht lange dauern werde.

Dann, wieder am Anmeldeschalter, wurde ich gefragt, wieviel Geld ich bei mir hätte. Ich zögerte ein wenig. Der Sergeant sagte: »Geben Sie ruhig den richtigen Betrag an. Wir funktionieren hier lediglich als Bank, Sie können jederzeit wiederhaben, was Sie wollen. Es wird in einem solchen Lager viel gestohlen. Sie deponieren Ihr Geld besser bei uns, statt es immer mit sich herumzuschleppen.« So machte ich es dann auch. Das war falsch, wie sich später erwies; denn man bekam von seinem Gelde nur jeweils kleine Summen zurück, in großen Zeitabständen und nur nach Eingaben und vielerlei Bemühungen.

Dann, dies alles erledigt, bekam ich eine Nummer zugewiesen, ich war No. 187. Das blieb ich von da an.

Der kleine Ort Les Milles ist häßlich, doch die Landschaft ringsum ist sanft und lieblich; hügeliges Gelände, blau und grün, kleine, sanfte Flüsse, alte Landgüter, Ölbäume, Reben, viel Rasen, der sonst in dieser Gegend spärlich ist, ein kühner, hoher Aquädukt, weithin sichtbar. Inmitten dieser schönen Landschaft lag unbeschreiblich häßlich unsere Ziegelei.

Das weite, niedrige Hauptgebäude war umgeben von kahlen, weißen Höfen. Ein paar kleine Nebengebäude dienten als Schreibstube, Wachstube, Krankensaal, Küche, Remise. Das Gesamtareal war auf zwei Seiten von einer Ziegelmauer, auf den beiden andern von einer Böschung abgeschlossen, alles

war ausgiebig mit Stacheldraht und mit Wachsoldaten gesichert. An dem Stacheldraht des rückwärtigen Hofes hatten gewöhnlich Internierte ihre Wäsche aufgehängt, bunt flatterte sie im Wind, vor dem Stacheldraht schlenderten gelangweilt die Wachsoldaten auf und ab, und es war ein seltsames Gefühl, dort hinauszublicken in die liebliche, gewellte, sanft grüne, so nahe und unerreichbare Landschaft.
Schaute man dagegen vom Hof aus durch eines der großen Tore ins Hauptgebäude, so sah man nichts als ein riesiges, schwarzes Loch. Immer von neuem, wenn man dieses Hauptgebäude betrat, mußte man sich an die Dunkelheit gewöhnen. Vor allem im Erdgeschoß stolperte man immerzu. Düstere Korridore, welche an den für die Ziegelöfen bestimmten Nischen entlang führten, machten hier den Durchgang an den Strohlagern vorbei besonders eng. Das Ganze hatte etwas Katakombenartiges.
Eine primitive Holzstiege, schmal, schmutzig, gebrechlich, führte hinauf in den ersten Stock. Dort waren zwar die Säle weit; doch die Fenster waren mit Holz verschalt, und der kleine Teil, der unverschalt geblieben, war dunkelblau gestrichen, wegen der Fliegergefahr, damit kein Licht hinausdringe. Es lag also auch dieser erste Stock immer im Halbdunkel, und an Lesen war nicht zu denken. Des Abends gab es ein paar schwache Glühbirnen, welche die Dunkelheit mehr unterstrichen als behoben.
Da die Höfe die meiste Zeit des Tages in greller Sonne lagen, wirkte das Innere des Gebäudes zwiefach dunkel. Überdies war es erfüllt von Ziegelstaub. Verdickter, festgetretener Ziegelstaub machte den Boden uneben, zerbröckelnde, sich in Staub auflösende Ziegel lagen in Massen herum, Staub, Staub war überall.
In diesem Innern des Gebäudes hatten wir einen großen Teil unserer Zeit zuzubringen. Hier aßen und schliefen wir, auf diese Räume waren wir angewiesen, wenn es regnete oder wenn, was in dieser Gegend häufig ist, der Wind die Höfe zu einer einzigen Staubwolke machte. Und selbst bei stillem, strahlendem Wetter flüchteten viele in das Gebäude, da die Höfe schattenlos waren und die sommerliche Sonne der Provence auf die Dauer unerträglich ist. Einen sehr großen Teil unserer Zeit also verbrachten wir in Staub und Dunkelheit.

Die Räume des ersten Stockes waren eingeengt durch Lattengestelle, welche, für die Ziegel bestimmt, die Wände entlangliefen und, Nischen bildend, in den Raum hineinragten. Die Nischen waren indes zu eng, als daß sie zum Beispiel als Raum zum Schlafen hätten benutzt werden können. Man konnte das Lattenwerk zur Unterbringung von Gegenständen verwenden. Doch nur mit Vorsicht, kleinere Gegenstände fielen zwischen den Latten durch, und zur Aufstellung von größeren waren die einzelnen Schichten zu niedrig.
Im übrigen war der Raum völlig kahl. Man gab uns ein wenig Stroh und überließ uns alles weitere. Sitzgelegenheiten gab es nicht, keine Bank, keinen Tisch, nur zerbröckelnde Ziegel. Aus diesen versuchte man sich Sitze zu bauen, Tische, doch sie brachen immer wieder zusammen.
Wiewohl also dieser erste Stock nichts anderes war als ein weites, kahles Loch, freute ich mich, wieder hier untergebracht zu sein; denn hier hatte ich »gewohnt«, als ich das erste Mal interniert gewesen war, hier kannte ich jede Fensterverschalung, jede Latte, jeden Ziegel. Es ist seltsam, wie rasch der Mensch eine Bindung herstellt zwischen sich und seinem Rahmen, er teilt dem Unbelebten, mit dem er in Berührung kommt, sogleich etwas vom eigenen Wesen mit, so daß es fortan zu ihm gehört und zu einem Teil seines Wesens wird. Der dunkle, niedrige Raum mit seinem Staub und Dreck und Stroh hatte, da ich einmal in ihm gelebt, seine Schrecken für mich verloren, Beziehungen waren entstanden zwischen den Dingen und mir; dieser Pfeiler, an dem ich mich immer wieder stieß, war mir Feind, jene breite, ausgebuchtete Ecke mir beinahe Freund geworden.
Die jungen Menschen, die mir vom ersten Augenblick beigestanden waren, halfen mir, wo sie konnten. Sie suchten die hellste, vor Zug am meisten geschützte Stelle des Raums, sie war in der Nähe des Lattenwerks. Dort schütteten sie einiges Stroh auf und breiteten meine Decke aus. Sie brachten aus meinem Gepäck in den Gestellen des Lattenwerks unter, was sich dort verstauen ließ. Sie boten mir zu essen an, und wir teilten, was ich an Eßbarem mitgebracht hatte. Zu trinken freilich gab es nichts. Das Wasser war spärlich, selbst die Lagerleitung bezeichnete das Wasser nur eines Hahnes als trinkbar, und auch dieses Wasser war bedenklich.

Einer unter meinen Helfern, Karl N., ein Österreicher, betrachtete sich als mein Gehilfe. Er hatte etwas Langsames, Verschlafenes, war aber dabei anstellig, gutmütig, hilfsbereit und mir außerordentlich ergeben. Sein ganzes Interesse gehörte dem Sport. Der große, schwerfällige, lethargische Bursche belebte sich, wenn er vom Boxen sprach, noch mehr, wenn vom Schwimmen die Rede war; er war selber ein guter Schwimmer. Beim Boxen hatte er, wie es schien, einmal eine ernsthafte Verletzung abbekommen, die wohl auch seinen Geistes- und Gemütszustand verändert hatte. Natürlich erwartete er sich von mir Bezahlung; doch es war sicher nicht allein die Rücksicht aufs Geld, die ihn an mir mit Treue hängen und mich mit Beflissenheit umsorgen hieß.
Am Abend dieses ersten Tages war ich sehr müde, und ich freute mich darauf, mich auf dem Stroh und der Decke auszustrecken. Aber hier begannen die kleinen Schwierigkeiten, aus denen sich mein Leben während der nächsten Monate zusammensetzen sollte. Es ist nicht ganz einfach, sich auszuziehen und sich für die Nacht zurechtzumachen, wenn man keinen Stuhl hat und kein Bett und keinen Tisch und kein Wasser, nur ein bißchen Stroh, und wenn man zusammen ist mit vielen andern in einem dunklen Raum. Man weiß nicht, wo man seine Dinge hinlegen soll; der Boden ringsum ist furchtbar schmutzig, was ihn berührt, ist sogleich verdreckt. Und was soll man mit der Uhr anfangen, was mit der Brille? Am besten legt man das wohl in die Schuhe. Aber wo soll man die Schuhe hintun? Karl half mir nach Kräften, aber gemütlich war es nicht. Einem sechsundfünfzigjährigen Herrn, der gewohnt ist, ein Schlafzimmer für sich und ein sauberes Bett zu haben, fällt es nicht ganz leicht, auf der Erde und auf schmutzigem Stroh zu schlafen, er weiß zunächst nicht, wie er das technisch am besten machen soll.
Allein am Ende siegte die Ermüdung des bewegten Tages über die mannigfachen, kleinen Hindernisse, und als des Morgens um halb sechs das Signal zum Aufstehen ertönte, riß es mich aus tiefem Schlaf.
Am nächsten Tag – wir dürften da unser etwa siebenhundert gewesen sein – wurde zum erstenmal eine Art Appell abgehalten, und wir wurden in Gruppen eingeteilt.
Der Mann, der diese Einteilung leitete, war ein Sergeant oder

vielleicht auch etwas Höheres; ich kann die militärischen Rangabzeichen nicht recht unterscheiden. Unsere Wachsoldaten, wiewohl sie keine Araber waren, trugen rote Fes, und wenn sie in dieser leuchtenden Kopfbedeckung und mit dem blitzenden Bajonett auf der schanzenartigen Böschung standen, davor der grellweiße Hof, dahinter die sanftgrüne Landschaft, so wirkten sie sehr malerisch. Aber gar nicht soldatisch. Sie waren keine Soldaten, sie waren Bauern und kleine ländliche Handwerker, die man in Uniformen gesteckt hatte. Auch der Sergeant, der den Appell abhielt, ein stattlicher Mann mit buschigem Schnurrbart, fleischigem Gesicht und mächtiger Stimme, war bei allem martialischem Gehabe ein gutmütiger, keineswegs kriegerischer Bursche.
Er sonderte uns zunächst in drei Gruppen: Deutsche, Österreicher, ehemalige Fremdenlegionäre.
Denn man hatte groteskerweise nicht einmal die früheren Fremdenlegionäre mitteleuropäischer Abstammung von der Internierung ausgenommen. Es gab unter ihnen solche, die zwanzig und dreißig Jahre für Frankreich Militärdienst getan hatten. Viele hatten in französischen Schlachten gefochten, einige im Kampf für die Sache Frankreichs einen Arm verloren oder ein Bein, fast alle besaßen sie militärische Auszeichnungen. Nun stampften sie grimmig herum, die Brust übersät mit Bändern und Medaillen, der Ärmel schlotterte um den Armstumpf, die Prothese klapperte über den schmutzigen Boden der Ziegelei, der Höfe. Manche schauten recht verwegen aus und so, daß man ihnen nicht gern des Nachts allein begegnet wäre. Viele konnten kein Wort Deutsch mehr, sie sprachen nur Französisch. Selbst die Wachsoldaten waren erbittert darüber, daß Frankreich diesen Männern die geleisteten Dienste nun so vergalt.
Wir wurden also eingeteilt in Deutsche, Österreicher, Fremdenlegionäre. Dies bedeutete, daß ich von meinem Karl und den andern hilfsbereiten Österreichern getrennt wurde. Dann hatten wir Aufstellung zu nehmen in Gruppen von je zwanzig Mann. Und diese zufällige Aufstellung war entscheidend für die nächsten Wochen, ja Monate; denn der einzelne war nun mit seiner Gruppe in bezug auf Unterkunft, Zuteilung des Essens, der Arbeit, in bezug auf sein gesamtes tägliches und nächtliches Leben für immer verbunden. Die Mit-

glieder seiner Gruppe waren seine Schlaf- und Eßkameraden, Zeugen aller seiner Leibesfunktionen, er war in hundert kleinen Dingen des Alltags von ihnen abhängig. Ja, man war ständig aufeinander angewiesen, auf die Nachbarn, auf die Mitglieder der Gruppe, und der Zufall dieser ersten Aufstellung schuf Freundschaften und Feindschaften auf lange Zeit.

Nach vollzogener Einteilung wurden wir wieder in den ersten Stock geführt. Während wir an unserm ersten Tag hatten aussuchen können, wo wir unser Stroh aufschütten wollten, wurde jetzt jeder einzelnen Gruppe ihr Platz zugewiesen. Meine Gruppe bekam keinen günstigen Platz. Wir mußten uns lagern in der Mitte des Saales, fern von den Fenstern und vom Lattenwerk, dort, wo es am dunkelsten war. Außerdem standen wir oder lagen wir jedermann im Weg, und man trampelte wohl oder übel über unser Strohlager. Auch war der uns zugewiesene Raum besonders eng; als wir ausmaßen, traf auf einen jeden von uns eine Breite von siebenundsiebzig Zentimeter. Einen Durchgang zwischen der Reihe unserer Strohschütten und der hinter uns gab es nicht, so daß wir also nicht nur Seite an Seite, sondern auch Scheitel an Scheitel lagen.

Die andern schütteten ihr Stroh auf, mein Karl war nicht sichtbar, er konnte nicht los von seinen Österreichern, denen ein anderer Saal zugewiesen worden war. Für mich war kein Stroh mehr übrig. Da stand ich, ziemlich hilflos. »Kommen Sie her, kommen Sie zu mir«, sagte schließlich einer, und dieser eine war von nun an mein Nachbar. Er war Arbeiter, Mechaniker, ein kleiner, gutmütiger, ziemlich jähzorniger Mensch, Mitte der Vierzig. Er sprach so stark saarländischen Dialekt, daß ich ihn manchmal nur mit Mühe verstand.

Er war ein sehr angenehmer Nachbar, gewandt und gefällig. Sofort half er mir, durch Aufstellung meines Koffers eine Scheidewand zwischen mir und meinem Hintermann zu errichten, damit wir nicht mit den Köpfen aufeinanderstießen. Auch gewann ich auf diese Art eine Ablage für meine Schuhe; in ihnen konnte ich nachts über Uhr und Brille verwahren; damit sich diese Dinge nicht im Stroh verlören und zerbrächen. Auch in der Folgezeit erwies mir mein Nachbar mancherlei Dienste. Er wurde, zusammen mit französischen

Arbeitern, in der Werkstatt beschäftigt, er bekam besseres Essen als wir, des Abends brachte er mir immer allerlei gute Sachen mit, häufig auch Wein, dazu die Nachrichten, die er von seinen französischen Kameraden gehört hatte. Ich hätte schwerlich einen bessern Nachbarn finden können. Er hatte nur eine unangenehme Eigenschaft, eine, an der er vollkommen unschuldig war: des Nachts, nach der Arbeit, roch er nicht gut.

Gestern hatte mir das Lattenwerk zur Unterbringung meiner Sachen gute Dienste getan. Jetzt war ich von dort vertrieben worden und hatte dadurch ungeschriebenen Gesetzen zufolge meinen Anspruch auf Benutzung der Gestelle verloren. Allein die neuen Inhaber meines früheren Raumes erlaubten mir ohne weiteres, den Teil des Lattenwerks beizubehalten, den ich benötigte. Sie waren, wie auch ein großer Teil meiner Gruppenkameraden, Proletarier. Sie behandelten mich mit freundschaftlicher Achtung. Aus den Gestellen rissen sie, obgleich das verboten war, einige Latten heraus und zimmerten für mich in der Nähe der Fensterluke etwas wie eine Bank und einen Tisch. So gewann ich schräg gegenüber meiner Schlafstätte Gelegenheit, zu sitzen und sitzend zu essen, zu schreiben, zu lesen. Bald empfand ich mein Strohlager und die Nische schräg gegenüber mit den Tisch- und Sitzlatten als Wohnung, als meinen natürlichen Rahmen, als etwas, das durchtränkt war von meinem Wesen.

Es waren unter den Arbeitern meiner und der Nachbargruppe vier, mit denen ich mich besonders gern unterhielt, Saarländer allesamt. Es waren überhaupt viele Saarländer unter uns. Jenen Leuten, die sich während der Abstimmung, ob das Saarland deutsch oder französisch werden solle, durch Agitation für Frankreich kompromittiert hatten, war wohl nichts andres übrig geblieben, als nach Frankreich zu flüchten. Frankreich hatte ihnen besonderen Schutz versprochen, jetzt verwahrte es sie im Konzentrationslager.

Von den vier saarländischen Arbeitern, mit denen ich mich anfreundete, war einer Maschinenheizer, einer war in einer Möbelfabrik angestellt gewesen, dann war da mein Nachbar im Stroh, der Mechaniker, und ein zweiter Mechaniker mir schräg gegenüber. Französisch sprachen alle vier wie ihre Muttersprache, drei waren mit französischen Frauen verhei-

ratet. Mir halfen sie mit Vergnügen und mit Erfolg, und sie waren immer bereit zu einem guten Schwatz. Ich habe von ihnen viel erfahren über das Leben der Arbeiter im Saarland und in Südfrankreich.
Dann war da in meiner Nachbarschaft ein lustiger sächsischer Schneider, der immerzu Hunger hatte und sich zum Küchendienst zu melden pflegte, weil dabei für ihn etwas abfiel, ferner ein Friseur, zwerghaft klein, etwas habgierig, immer auf der Lauer, und schließlich ein jovialer, weltkundiger Kneipwirt aus Toulon. Auch diese Leute waren umgänglich, doch äußerten sie im Gegensatz zu den Arbeitern keine politische Meinung, legten vielmehr Gewicht darauf, nicht etwa als Flüchtlinge zu gelten, sondern als Auslandsdeutsche, die zwar nicht zu den Nazis hielten, aber das Reich mit ordentlichen Papieren und mit Erlaubnis der Behörden verlassen hatten.
Gruppenführer war der Kneipwirt aus Toulon. Das Amt des Gruppenführers brachte nicht etwa Vorrechte mit sich, sondern nur eine Menge Arbeit. Trotzdem wollten in jeder Gruppe mehrere Führer sein. Einige bewährten sich nicht und wurden wieder abgesetzt. Sie waren gekränkt. Es war überhaupt merkwürdig, wie viele das Bedürfnis hatten, sich zu organisieren, sich wichtig zu machen.

Paris hatte jetzt die Verfügung über die Internierung dahin erweitert, daß auch die österreichischen und tschechischen Flüchtlinge in die Konzentrationslager zu bringen seien, und so trafen in den nächsten Tagen Hunderte von neuen Ankömmlingen ein. Viele wurden in Polizeitransporten eingeliefert, gewöhnlich je zu zweien mit Handschellen aneinander gefesselt. An sich sollten nur Leute unter Sechsundfünfzig interniert werden, aber die Behörden nahmen es nicht sehr genau. Gefesselt eingebracht wurde zum Beispiel auch ein angesehener Herr von Marseille, geboren im Jahr 1882. Als er dem Polizeibeamten an Hand seines Passes erweisen wollte, daß er die Altersgrenze der zu Internierenden überschritten habe, hatte der Gendarm erwidert, er sei nicht da, um zu rechnen, sondern um zu verhaften.
Der Raum in unserer Ziegelei wurde nun sehr eng, in unserm Saal war bald jeder Winkel besetzt. Es gab jetzt unter uns

Männer jeden Alters und jeder Art. Von ihren Namen habe ich wenige behalten, wohl aber habe ich mir die Gesichter und die Besonderheiten vieler gemerkt.
Da war etwa ein Industrieller, ein Saarländer, auch er, ein ruhiger, ordentlicher Herr. Immer hatte er eine kleine Maschine auf den Knien und schrieb Briefe und Aufstellungen. Er fand tausend Wege, sich Nachrichten, Zeitungen, Lebensmittel einschmuggeln zu lassen. Er teilte davon reichlich den andern mit und schuf um sich eine gewisse Behaglichkeit.
Dann war da ein Mann, sehr bestimmt von Wesen, immer eine kleine Gruppe um sich, die auf ihn hörte. Er war Zahntechniker aus Monte Carlo und, wie sich später ergab, ein Nazi. Er kam mir von Anfang an sehr autoritär vor. Vielleicht aber auch deutete ich das Autoritative nur deshalb in ihn hinein, weil der Zufall ihm als einzigem eine Lagerstätte gegeben hatte, die, da sie zwischen zwei Zugängen zu dem Lattenwerk lag, von den andern Lagerstätten getrennt war. Der Mann, der peinlich auf Ordnung hielt, hatte diese Lagerstätte säuberlich mit Ziegeln umgrenzt. Da lag er nun des Abends und des Morgens inmitten seines Ziegelrahmens wie auf einem Katafalk, sehr eindrucksvoll.
Dann war da, etwa zwanzig Strohbreiten von mir entfernt, der Schriftsteller Walter Hasenclever, einer der Begründer des deutschen Expressionismus.
Es war dann weiter da ein stiller Herr, der vom ersten Weltkrieg in Indien überrascht und dort für die ganze Kriegsdauer interniert worden war. Er war geduldig, ein richtiger Philosoph, er hatte sich ein Klappstühlchen mitgebracht und war darauf gefaßt, nun auch diesen ganzen Krieg auf seinem Klappstühlchen in einem Konzentrationslager verbringen zu müssen.
Weiter war da ein Herr von mittleren Jahren, klein, dicklich, lustig, schlau und gefällig, ein seit vielen Jahren in Marseille ansässiger Kinobesitzer, der in weißen, immer unsagbar dreckigen Pyjamahosen herumlief, eine Zipfelhaube auf dem rundlichen Kopf und, gegen die ausdrückliche Hausordnung, einen kleinen Hund an einer Leine mit sich führend. Die Wachsoldaten und Sergeanten hatten alle den lustigen Mann gerne, und er schmierte sie, so daß sie seinen Hund duldeten. Der Hund schlief bei ihm im Stroh, manchmal

kläffte er, dann bemühten sich alle, ihn um Gottes willen zum Schweigen zu bringen. Kam ein Offizier in die Nähe, so riefen zwanzig Stimmen, Wachen und Internierte: »Weinberg, Ihr Hund, den Hund verstecken«, der Hund wurde beflissen bedeckt und versteckt, und die Offiziere trachteten, ihn zu übersehen.

Die weitaus meisten Menschen, die im Lager um mich waren, hätte ich unter andern Umständen niemals kennengelernt. Wenn sie mir untergekommen wären, hätte ich sie übersehen oder gleich wieder vergessen. Jetzt zwang mich der Ort und die Gemeinsamkeit unserer Bedingungen, mich mit ihnen abzugeben. Ein jeder verspürte den Drang, sich auszusprechen, von seinem Wesen und seinem Schicksal zu erzählen, von seinen Hoffnungen und Befürchtungen, sich Rat zu holen. Nun habe ich aber während meiner sechsundfünfzig Jahre mit Tausenden von Menschen jeder Art und jeder sozialen Lage zu tun gehabt, ich bin nicht mehr neugierig auf Menschen, und am schwersten erträglich im Lager war mir, daß man niemals mit sich allein sein konnte, daß immer, Tag und Nacht, bei jeder Verrichtung, beim Essen und beim Schlafen und bei der Entleerung, hundert Menschen um einen waren, schwatzende, lachende, schreiende, seufzende, weinende, fressende, schmatzende, schnarchende, furzende, stinkende, schwitzende, sich säubernde Menschen. Ja, jede Verrichtung geschah in der größten Öffentlichkeit, und selbstverständlich spürte keiner die geringste Scham vor dem andern.

Doch so heiß ich mir manchmal wünschte, die Menschen ringsum los zu sein, es ist mir gleichwohl nicht leid, daß diese neue Fülle von Gesichtern auf mich eindrang. Ich habe wieder einmal und sehr tief erlebt, wie verschieden von den andern, wie einzigartig jedes menschliche Gesicht ist, auch das glatteste, wie einzigartig jede menschliche Verrichtung.

Von den Menschen meiner unmittelbaren Nachbarschaft erwähne ich noch einen schmächtigen, bärtigen, orthodoxen Rabbiner, der viel betete, mit Gebetmantel und Gebetriemen angetan, sich so gut wie möglich innerhalb des Lattenwerkes versteckend, damit er nicht gesehen werde.

Es gab eine ganze Reihe orthodoxer Juden in Les Milles, sie hielten streng ihre Bräuche und benahmen sich dabei sehr unauffällig. Für ihre Gottesdienste ließen sie sich von der Lagerleitung Plätze anweisen, wo sie die andern nicht störten. Übrigens waren da die Franzosen sehr entgegenkommend. Während meines ersten Aufenthalts hatte ich im Lager den höchsten jüdischen Feiertag miterlebt, den Jom Kippur, den Versöhnungstag. Da hatten die orthodoxen Juden mit Erlaubnis der Lagerleitung aus den zerbröcklenden Ziegeln eine Art Synagoge errichtet, einen Altar, den »Almemor«, einen Schrein für die Thora-Rollen, auch eine Art Betpult für den Kantor. Als der lange Tag zu Ende war und die Ziegel wieder weggeschafft werden sollten, hatten sich ein paar einen Spaß gemacht, sie waren zu einer Gruppe von Internierten gegangen, von denen man annahm, sie bestehe aus Nazis, und hatten gerufen: »Antisemiten gesucht zur Zerstörung des Tempels.«

Der schmächtige orthodoxe Rabbiner, von dem ich eben sprach, ein stiller, unscheinbarer Herr, hatte zu seinem Unglück einen unangenehmen Nachbarn im Stroh, einen älteren Menschen mit einem schauspielerhaften Gesicht, der es liebte, Tierstimmen nachzuahmen. Sowie des Morgens um fünf ein halb Uhr das Wecksignal ertönte, kam auch sein kräftiges Kikeriki, und wo immer man stand, lag oder hockte, hörte man das Muhen einer Kuh, das Gebell eines Hundes, das Gewieher eines Pferdes oder den Schlag einer Nachtigall, und in der Nähe ging der Mann mit dem schauspielerhaften Gesicht vorbei mit unbeteiligter Miene, sich seines guten Spaßes innig freuend. Auf den Rabbiner, seinen Nachbarn, hatte er es aus irgendeinem Grunde abgesehen. Er quälte den Armen bitter; nicht nur muhte und wieherte er ihm immerzu ins Ohr, er knuffte und prügelte ihn auch, und oft mußten die andern dazwischentreten.

Ich weiß nicht, ob der Tierstimmenimitator seinen Verstand noch ganz beisammen hatte. Viele von den Internierten hatten während der bittern Jahre des Exils und insbesondere während dieses ersten Kriegsjahres einen Knacks abbekommen.

Da war etwa in der Krankenbaracke ein gebildeter Herr von guten Manieren. Während der Stunden, da die Leichtkranken im Hof spazieren gehen durften, machte er sich an mich heran und erzählte mir sein Sonderschicksal. Er hatte seit langen

Jahren als Sportlehrer in einem der eleganten Kurorte der Riviera gelebt. Er hatte sich durchaus als Franzose gefühlt, es aber aus Schlamperei verabsäumt, sich naturalisieren zu lassen. Als er nun, so erzählte er mir, das erste Mal interniert wurde, habe er einen schweren Schock bekommen, und man habe ihn in die Militärirrenanstalt nach Marseille überführt. Von dort entlassen, sei er in die Krankenbaracke von Les Milles gebracht worden. Nun aber eigne ihm eine besondere Fähigkeit: er rieche es einem Menschen sogleich an, was er in Wirklichkeit sei, er rieche ihm sein Inneres an. Da habe er denn auch damals in der Krankenbaracke sehr bald entdeckt, daß unter den dreißig Insassen nicht weniger als acht Nazis seien. Er habe sich sogleich beim Kommandanten melden lassen und ihm mitgeteilt: »Herr Kapitän, unter uns sind acht Nazis.« Der Kapitän habe darauf nur erwidert: »Marsch, zurück in die Irrenanstalt.« Jetzt, bei der neuen Internierung, hätten ihn die Ärzte gleich bei seiner Ankunft in die Krankenbaracke gesteckt. Nun habe er auch diesmal dort Nazis herausgewittert, und zwar vier. Wenn er das indes dem Hauptmann mitteile, dann schicke ihn dieser bestimmt wieder nach Marseille in die Irrenanstalt. »Wie wäre es?« fragte er mich. »Wollen nicht Sie sich beim Hauptmann melden lassen und ihn auf die vier Nazis aufmerksam machen?«

Es war dann ferner unter uns ein älterer österreichischer Gelehrter, er hatte an der Wiener Volkshochschule doziert. Er war ein schrecklich häßlicher Mensch, wohl der häßlichste, dem ich je begegnet bin. Er war ausgemergelt, ging gekrümmt herum, die riesigen Arme hingen ihm herunter, was ihm etwas Affenartiges verlieh. Er hatte einen wirren, wilden Bart, sein Gesicht war knochig, er trug eine Brille. Er war unendlich schmutzig. Er schmatzte, er kaute immerzu an etwas herum; wenn er nicht aß, hing ihm der untere Kiefer weit herunter. Unsteten Ganges lief und hüpfte er herum; im ganzen erinnerte er doch mehr an einen alten, räudigen Vogel als an einen Affen. Er war keineswegs dumm, er sagte manchmal überraschend Gescheites, doch er hatte alle Maße verloren und jeden Sinn für die Wirklichkeit. Wahrscheinlich hatten ihn die Torturen, denen er von den Nazis in ihren Konzentrationslagern unterworfen worden war, aus dem Gleichgewicht gebracht. Er war äußerst gelehrt, wußte Bescheid über alle erdenklichen Dinge, er war ein wandelndes Lexikon. Er hatte tausend Details meiner Bücher im Kopf, die mir längst entfallen waren. Seine Stimme war schön, doch ein bißchen ölig, und ging einem auf die Dauer auf die Nerven. Er liebte es, zu dozieren, er sprach lange, druckreife Sätze. Er mischte sich in jede Unterhaltung, häufig störend. Er streckte dann auf lauschende Art das große Ohr vor und äußerte irgend etwas Druckreifes, Gelehrtes, nicht zur Sache Gehöriges. Er fühlte sich offenbar ein bißchen als Sokrates, der unter der Menge herumging, jeden befragend, sich selber und die andern belehrend. Er hielt seine Gespräche für das Zentrum aller Dinge. Er deutete auf irgendeinen Platz in der Nähe der Latrinen und: »Hier«, sagte er, an einem Stück Brot herumkauend, »hier begann ich am 6. Februar nachmittags um fünf Uhr das denkwürdige Gespräch mit Professor K. über die Ausläufer der Leibnizschen Nomadenlehre in unserer Zeit.« Unter allen Bewohnern der Ziegelei in Les Milles war wahrscheinlich er der glücklichste. Hier im Lager hatte er Publikum, viele hörten ihm gerne zu, oft stand ein Kreis um ihn. Es störte ihn nicht, nein, es war ihm recht, wenn man ihn als Clown nahm. Wenn man ihm nur zuhörte, wenn man sich nur mit ihm abgab. So kannte er denn keine schlimmere Furcht, als daß dieses gute Dasein im Lager aufhören könne. Schon nach seiner ersten Internierung zu Beginn des Krieges hatte er das Lager durchaus nicht verlassen wollen. Die Soldaten hatten ihn mit Gewalt auf die Straße bringen müssen. Dann hatten sie ihm unter Späßen sein Bündel auf dem Bajonett über die Ziegelmauer nachgereicht.

Um diese Zeit hatte ich eine längere Unterredung mit dem Lagerkommandanten, Hauptmann G. Ich fragte ihn, ob ich wohl Aussicht hätte, bald freigelassen zu werden. Kapitän G., ein untersetzter Herr aus Paris, war in seinem Zivilberuf Hutfabrikant. Sein Gesicht war fleischig und sehr rot, es schien mir schlau, verhängt und eigensinnig. Ich kannte ihn schon von meinem ersten Aufenthalt im Lager her als korrekt und höflich, so war er auch dieses Mal. Er sowohl wie die maßgebende Behörde, setzte er mir auseinander, wüßten genau, wer ich sei. Bestimmt würde ich bald freigelassen werden. Aber die Siebung, der Zweck unserer Internierung,

könne erst beginnen, nachdem wir wirklich alle eingeliefert seien. Ich fragte ihn, ob wir da wohl noch lange zu warten hätten. Er erwiderte, darüber könne er eine bestimmte Auskunft nicht geben, er persönlich nehme an, der Termin werde schon in einigen Tagen erreicht sein.
»In einigen Tagen.« Das versicherten die Offiziere immer wieder. Niemand glaubte es recht, doch jeder klammerte sich daran. Ja, es bestand während dieser ersten beiden Wochen der Internierung unser Hauptgespräch in Erörterungen darüber, wann denn nun »le triage« beginnen werde, jene Sichtung, jene Siebung, von der man uns so viel erzählte. Wir fragten uns, nach welchen Gesichtspunkten wohl diese Siebung vorgenommen werde, wie wohl die Kommission zusammengesetzt sein werde, die sie vornehme, ob die Kommission ins Lager kommen werde, und dergleichen.
Die Kommission kam nie, die Siebung wurde nie vorgenommen, und es ist sehr die Frage, ob sie je vorgenommen worden wäre, auch wenn sich die Ereignisse dann nicht überstürzt und die Siebung unmöglich gemacht hätten.
Die offizielle Version lautete, man habe uns aus militärtechnischen Rücksichten eingesperrt. Man vermute unter uns in Mitteleuropa Geborenen Freunde der Nazis, Mitglieder der Fünften Kolonne, und man wolle nochmals strengste Siebung vornehmen. Nur die wenigsten unter uns glaubten, daß dies der wahre Grund sei. Wir Flüchtlinge aus Deutschland waren zehnmal gesiebt, wir standen seit Kriegsbeginn unter ständiger, scharfer polizeilicher Überwachung, wir durften unsern Wohnort nicht verlassen. Nein, die maßgebenden Herren wußten genau, daß die Spione und Saboteure, die Freunde der Nazis, die Häupter der Fünften Kolonne, ganz woanders zu suchen waren als unter uns, daß sie sehr hoch oben saßen, mächtig und einflußreich. Uns hatte man interniert, nur um der Bevölkerung ein Schauspiel zu geben. Man wollte die Aufmerksamkeit der Bevölkerung ablenken von denjenigen, welche in Wahrheit die Schuld trugen an den Fehlschlägen und an die man nicht herankonnte.
Ich glaube nicht, daß hinter der ganzen Maßnahme besondere Grausamkeit stak, und wenn die Internierung viele von uns für immer unglücklich machte, wenn sie manchen von uns ihr Leben kostete und uns alle leiblich und seelisch gefährdete, so

geschah auch das höchst wahrscheinlich nicht aus Bosheit, sondern aus purer Gedankenlosigkeit. Wenn jemand in Europa gut lebte, dann sagte man von ihm, er lebe »wie Gott in Frankreich«. Entstanden wohl war diese Redensart aus der Tatsache, daß es Gott gut hatte in Frankreich, daß man dort lebte und leben ließ, daß das Dasein dort leicht und bequem dahinfloß. Doch wenn es Gott gut hatte in Frankreich, dann hatte es, gerade infolge dieser saloppen Weltauffassung, der Teufel dort auch nicht schlecht. Die Franzosen bezeichneten ihre Schlamperei, ihre Art, die Dinge gehen und treiben zu lassen, als »Je-m'en-foutisme«, als eine Lebensanschauung, die sich ausdrücken läßt in der Wendung: »Je m'en foue«, ich scheiße darauf. Ich glaube denn auch nicht, daß böse Absicht an unserm Unheil schuld war, ich glaube nicht, daß der Teufel, mit dem wir in Frankreich von 1940 zu tun hatten, ein besonders ausgekochter Teufel war, der seine Freude hatte an sadistischen Späßen. Ich glaube vielmehr, daß es der Teufel der Schlamperei war, der Gedankenlosigkeit, der Herzensträgheit, der Konvention, der Routine, eben jener Teufel, den die Franzosen mit dem guten Wort »Je-m'en-foutisme« bezeichneten.

Natürlich ist die Art, wie unsere Internierung durchgeführt wurde, schwer begreiflich für jemand, der annimmt, daß Behörden, bevor sie etwas anordnen, über die Auswirkung ihrer Anordnungen nachdenken. Aber die französischen Behörden dachten eben nicht nach. Wir fragten uns: warum, wenn man nicht die Absicht hat, uns gesundheitlich zu schädigen, warum dann sucht man sich für unsre Unterbringung eine dunkle, staubige Fabrik aus, in der es Waschwasser nur sehr wenig und trinkbares Wasser überhaupt nicht gibt? Die französischen Offiziere erwiderten auf solche Fragen: »Unsre Soldaten an der Front haben es auch nicht besser.« Man hatte wahrscheinlich wirklich nicht die Absicht, uns schlecht, uns als Feinde zu behandeln. Man wußte sehr gut, daß unter hundert von uns neunundneunzig ganz bestimmt unschuldig waren, Freunde Frankreichs, die voll Vertrauen in die französische Gastlichkeit nach Frankreich gekommen waren, herzlich begrüßt von Volk und Regierung, natürliche, geborene Alliierte in dem Kampf gegen Hitler. Wenn man uns gleichwohl so elend unterbrachte und durch Vernachlässigung der primitivsten Regeln der Hygiene unsre Gesundheit schädigte, dann geschah das aus purer Gedankenlosigkeit, aus Mangel an Organisationstalent.

Man ging in der Anwendung der Internierungsvorschrift sehr rigoros vor; die subalternen Behörden hatten offenbar Weisung, lieber zu viel Leute einzusperren als zuwenig. Man beschränkte die Internierung nicht auf Deutsche, Österreicher und Tschechen, wie es in der Verfügung hieß, es gab unter uns auch Luxemburger, Holländer, Belgier, Skandinavier. Appellieren konnte man nicht. Wer einmal ins Lager geraten war, auch wenn es sich offensichtlich um einen Übergriff oder Irrtum eines Polizisten handelte, kam nicht mehr heraus.
Es war grotesk, was für Leute da zusammengetrieben wurden unter dem Vorwand, sie könnten Beziehungen zur Fünften Kolonne unterhalten haben. Es war unter uns ein Mann, von dem vier Söhne in der französischen Armee dienten, es war unter uns der Bruder eines Generalstabsoffiziers. Mehr als ein Dutzend von uns Internierten besaßen französische Auszeichnungen, Ritter der Ehrenlegion gab es mehrere. Ich selber war vom Präsidenten der Republik empfangen worden, in den Flugblättern, welche englische Flieger über Deutschland abwarfen, wurden Sätze von mir zitiert, ich hatte Bücher geschrieben, deren Hintergrund das barbarische Gewese der Nazis bildete, Bücher, die von Millionen gelesen worden waren, die Nazis hatten mich in vielen Kundgebungen als Feind Nummer eins bezeichnet. Die Internierung so vieler Leute, die sich einwandfrei als erbitterte Gegner der Nazis erwiesen hatten, war eine dumme, ärgerliche Komödie.
Paris indes, statt die Bestimmungen über die Internierung zu mildern, verschärfte sie. Jetzt wurde gar die Altersgrenze von sechsundfünfzig auf fünfundsechzig Jahre erhöht. Ein bittrer Witz behauptete, eine übergeordnete Stelle habe aus bösartigem Je-m'en-foutismus den Schreibfehler, die Ziffernsverwechslung eines Schreibers sanktioniert.
In neuem, ununterbrochenem Flusse strömte es in unser Lager ein. Erdgeschoß und erstes Stockwerk wurden bis in die letzte, dunkle Ecke hinein belegt. Überall stolperte man über Ziegel, Strohlager, Menschen. Man hockte und lag aufeinander, die zerbröckelnden Ziegel waren sehr begehrt, man trieb

nur mit Mühe die vier oder fünf Ziegel auf, die man benötigte, um sich etwas wie einen Sitz zu errichten.
Es waren unter den älteren Männern, die jetzt eingeliefert wurden, kultivierte Herren mit erstaunlichem Wissen. Vor allem gab es da ein paar Wiener, welche die Dinge philosophisch nahmen. Sie hatten nun einmal das Pech gehabt, in die Maschinerie der französischen Militärbürokratie hineinzugeraten; dieser Maschinerie mit Gründen der Vernunft oder der Menschlichkeit beikommen zu wollen, war sinnlos. Wenn man in ein Erdbeben gerät, hat es da Zweck, den stürzenden Mauern Vernunft zu predigen? Die Herren zogen es vor, auf ihren Klappstühlchen oder ihren zerbröckelnden Ziegeln zu sitzen und gescheit über Bücher oder Musik zu sprechen oder über sonstige Schönheiten oder Annehmlichkeiten des verflossenen Lebens. Es war in ihren wohltemperierten Gesprächen über Mahler oder Schnitzler oder Gerhart Hauptmann, über die Vorzüge dieser oder jener schönen Frau oder dieses oder jenes guten Restaurants ein milder Abglanz des früheren Wien, Paris, Cannes. Da ging man mit diesen Herren in ihren verschlissenen, verdreckten Anzügen über den staubigen, grellweißen Hof, inmitten einer lärmenden Menge, immer gepufft und gestoßen, oder man saß ihnen gegenüber auf Ziegelhäufchen, sich in acht nehmend, daß einem der Stacheldraht dahinter nicht die Haut zerreiße, erinnerte sich jener schönen, verschollenen Dinge und debattierte darüber, ob James Joyce wirklich ein neues Element in die Dichtung gebracht habe oder ob nicht dieses »Neue« schon vorher dagewesen sei, zum Beispiel in einzelnen Geschichten Schnitzlers.
Der Grundzug österreichischen Wesens scheint mir eine gewisse Lässigkeit, eine Resignation, die man Weisheit, Gelassenheit nennen mag oder auch Energielosigkeit, Lethargie, Schlamperei. Selbst im Lager konnte man diese Eigenschaft an den meisten Österreichern wahrnehmen, an Juden und Christen, an Bankdirektoren, Industriellen und Proletariern, an Kommunisten und Legitimisten. Im übrigen waren die Österreicher geselliger als die Deutschen, nicht so zugesperrt und formell wie viele von diesen, gefälliger, redseliger; doch auch lärmender, streitbarer. Wir kochten alle im gleichen Topf; allein es zeigte sich, so sinnlos das war, häufig ein alber-

ner Nationalitätenhaß zwischen Deutschen und Österreichern. Die Österreicher machten sich lustig über die Disziplin, welche die deutschen Saalchefs und Gruppenführer der Internierten zu halten suchten, und die Deutschen waren stolz darauf, daß die kontrollierenden französischen Soldaten ihre Säle ordentlicher fanden als die der Österreicher.

Die Heraufsetzung der Altersgrenze hatte zur Folge, daß nun auch die beiden letzten Deutschen aus meinem Sanary im Lager auftauchten, der eine ein Herr von einundsechzig, der andere von sechsundfünfzig Jahren.
Dieser zweite, ein Schriftsteller, hatte bei Erlaß der ursprünglichen Internierungsvorschrift die damals festgesetzte Altersgrenze gerade erreicht, während mir noch einige Wochen zu dieser Altersgrenze gefehlt hatten. Er hatte natürlich ehrlich bedauert, daß ich gerade noch von der Verfügung betroffen wurde. Allein er war tief überzeugt von sich selber und hielt es bestimmt für ein persönliches Verdienst, daß er und just so knapp die Altersgrenze erreicht hatte.
Wie denn überhaupt die meisten Menschen, auch wenn sie es nicht wahrhaben wollen, Glück, wenn sie es haben, für eine rühmliche Charaktereigenschaft anschauen, während sie es natürlich ablehnen, Unglück entsprechend zu betrachten. Haben sie Unglück, dann ist das eine Ungerechtigkeit des Schicksals oder Gottes, und sie sind deshalb zu bedauern; haben sie Glück, so ist das persönliches Verdienst. Wer etwa im Spiel Glück gehabt hat, spreizt sich gern und sieht darin eine Bestätigung seiner persönlichen Verdienste durch das Schicksal.
Wie immer, mein armer Nachbar, der zehn Tage vorher so glücklich gewesen war, hatte jetzt auch daran glauben müssen und ging grimmig im Lager herum. Noch grimmiger war mein zweiter Bekannter aus Sanary, der Einundsechzigjährige, ein noch recht stattlich aussehender Opernsänger.
Der hatte nun wirklich besonderes Pech. Er war, wie alle, zu Beginn des Krieges eingesperrt worden. Doch während man im allgemeinen ältere Leute, gegen die nichts Besonderes vorlag, nach einigen Wochen wieder entließ, hatte man ihn weiter festgehalten. Es lag gegen ihn, wie sich später herausstellte, Besonderes vor; er hatte ein ungünstiges Dossier. Es

waren Anzeigen gegen ihn eingelaufen; Einwohner von Sanary hatten ihn verdächtigt, er sei deutscher Offizier, vom deutschen Geheimdienst zu dunklen Zwecken nach Frankreich gesandt.

Nun lebte der Mann seit langen Jahren in Frankreich, er besaß ein hübsches Haus in Sanary, sah ungeheuer deutsch aus, sprach schlecht französisch, und dem gemeinen Menschenverstand war es nicht recht erfindlich, warum sich die Nazis für ihre düstern Unternehmungen gerade einen so ungeeigneten Mann sollten ausgesucht haben. Dem stand gegenüber, daß Leute aus der Bevölkerung, Aufwartefrauen, französische Gärtner, mit Bestimmtheit erzählten, sie hätten in seinem Haus ein Foto gesehen, das ihn als deutschen Offizier darstelle. Er aber, der Sänger, hatte mit ebensolcher Bestimmtheit erklärt, er habe während des ersten Krieges keinen Dienst getan, er sei nur in sehr jungen Jahren und sehr kurze Zeit Soldat gewesen. Daß er somit seine Offizierstätigkeit während des Krieges verleugnete, hatte ihn verdächtig gemacht, und seine Akten waren ungünstig.

Nun hatten freilich eingehendere Nachforschungen erwiesen, daß das fragliche Foto den Sänger in der Rolle des Don José in der Oper »Carmen« darstellte. Aber der Verdacht war nun einmal in den Akten niedergelegt, und der Teufel in seiner französischen Ausgabe, die Schlamperei und Bürokratie, hielt den Mann im Internierungslager fest, er kam nicht mehr heraus.

Bisher hatte er sich jung gefühlt. Jetzt fraßen Grimm und zunehmende Verzweiflung an ihm, in drei Wochen wurden seine Haare weiß, wurde er ein alter Mann. Nun war ein Sohn von ihm, ein Junge von einigen Zwanzig, gleichfalls interniert, er sah, wie die Gefangenschaft seinen Vater hernahm, und wollte ihm helfen.

Es gab da ein Mittel. Die französischen Offiziere deuteten in unmißverständlichen Worten an, wenn der Junge in die Fremdenlegion einträte, dann, doch nur dann würden sie den Vater entlassen. Aber nicht nur galt der Dienst in der Fremdenlegion als besonders streng und nicht nur hatte die Truppe im letzten Krieg besonders hohe Verluste gehabt: es mußte sich auch, wer dort einzutreten willens war, auf eine ganze Reihe von Jahren verpflichten. (Später wurde diese Bestimmung geändert.) Der Sohn des Sängers zögerte also, was er tun sollte. Sollte er, der Junge, sich sein Leben verpfuschen für die paar Jahre, die der Vater noch zu leben hatte? Der Vater selbst verlangte nicht gerade das Opfer, er ging schweigsam und verbissen herum, vor aller Augen von Tag zu Tag alternd. Wohl aber verlangte das Opfer von dem Sohn die Stiefmutter, eine reiche Dame, von der Vater und Sohn wirtschaftlich abhängig waren. Nach vielem Hin und Her gab der Sohn endlich klein bei und verpflichtete sich zur Fremdenlegion.

Er bekam, bevor er nach Afrika verschifft wurde, einige Tage Urlaub. Vater und Sohn gingen, der früher beleibte Vater recht abgemagert, in Sanary spazieren, und die Bevölkerung war eine Woche lang gerührt über den Opfermut des Sohnes und seine Liebe zu dem schönen und großherzigen Frankreich.

Jetzt war das Opfer des Sohnes umsonst gebracht, der Vater wurde ein zweites Mal eingesperrt.

Was jenes Foto anlangt, das den Sänger als Don José darstellte und das in sein und seines Sohnes Schicksal so tief eingriff, so hing das Unheil, das es anrichtete, zusammen mit der albernen Routine des gesamten französischen Geheimdienstes. Wie sich dieser Spionagedienst in unserm Süden betätigte, das war eine traurige Farce.

Lassen Sie mich von meinen eigenen Erfahrungen mit der französischen Militärpolizei berichten. In unserm Sanary waren von Beginn des Krieges an Kolonialtruppen stationiert, und zwar wurden diese Truppen sehr häufig ausgewechselt. Jede Abteilung aber brachte ihre eigene Polizei mit, und immer wieder wurden die paar Fremden die gleichen läppischen Dinge gefragt. Wann und wo Vater und Mutter geboren seien, wann und wo sie geheiratet hätten und ähnliche Daten, die, schon hundertmal aufgezeichnet, in hundert Registern standen. Es war außerdem zu unserer ständigen Überwachung ein Sonderbeamter in Sanary stationiert. (Sanary ist ein Ort von etwa viertausend Einwohnern, und zu Kriegsbeginn lebten dort unter vielen andern Fremden etwa ein Dutzend Deutsche, Österreicher und Tschechen.) Der Mann, den die Behörde mit unserer Überwachung betraut hatte, war früher

Schreiber unserer kleinen Bankfiliale in Sanary gewesen, er war eher wohlwollend. Er kam sich sehr wichtig vor, da jetzt die Fremden des kleinen Ortes gewissermaßen in seine Hand gegeben waren und da er sie, vor allem die Frauen, durch sein bloßes Erscheinen beträchtlich ängstigen konnte. Er schämte sich selber der albernen Fragen, die er zuweilen zu stellen hatte; allein, so erklärte er, die vorgesetzte Behörde verlange eben seinen Report darüber.

Der Mann fragte also zum Beispiel, warum meine Sekretärin des Nachts auf der Maschine schreibe; die Bevölkerung nehme an, es handle sich um geheime Mitteilungen an die Nazis. Meine Frau mußte, wenn sie in den Ort hinunterfuhr, fast immer Soldaten mitnehmen, die sie darum baten. Warum sie das tue, fragte die Polizei; die Bevölkerung nehme an, sie wolle die Soldaten ausspionieren. Als sie es daraufhin den Soldaten abschlug, fragte die Polizei, warum sie das tue; ein solches Verhalten sei unfreundlich gegen die französische Armee, die Bevölkerung finde es provozierend. Ich wurde gefragt, wodurch ich beweisen könne, daß ich Schriftsteller sei. Ich legte französische Ausgaben meiner Bücher vor; das genügte nicht. Ich legte Artikel der führenden französischen Zeitungen über mich und mein Werk vor; das genügte nicht. Ich bekam eine Geldsendung von meinem amerikanischen Verleger. Die Polizei stellte eine lange Untersuchung darüber an, woher das Geld stamme und wofür und wieso ich es erhielte. Die Bevölkerung nehme an, es komme von Hitler oder von Stalin.

Wollte man sich nach der acht Meilen entfernten Stadt Toulon begeben, um zum Zahnarzt zu gehen oder irgendeine Besorgung zu machen, so mußte man viele Formulare ausfüllen, Fotos beibringen, die Daten des Vaters und der Mutter angeben und dergleichen. Dann dauerte es im günstigsten Fall zehn Tage, ehe man die Erlaubnis bekam. Ernstlich nachgeprüft wurden die Gründe und Zwecke der Fahrt niemals; erforderlich waren nur irgendwelche geschriebenen, wenn möglich gestempelten Bestätigungen. Die Akten waren nur um ihrer selbst willen da: der Beamte wollte gedeckt sein durch einen Wall beschriebenen Papiers.

Ich habe mehr als andere zu leiden gehabt unter Schikanen der Bürokratie, und ich bin empfindlicher dagegen als andere.

Vernunft empört sich immer wieder über die dumme Umständlichkeit, mit welcher die Welt verwaltet wird. Ach, jene »allgemeinen Vorschriften«, jene »Mesures générales«. In den weitaus meisten Fällen lassen sie denjenigen, gegen den sie gerichtet sind, ungeschoren und treffen den Unschuldigen. Wieviel Handlungen, zu welchen bürokratische Vorschriften einen zwingen, entbehren jeden Sinnes. Einen wie großen Teil meines Lebens habe ich damit verbracht, auf Ämtern herumzustehen und zu bitten und zu warten und tausend Schliche zu gebrauchen, nur um bestätigt zu erhalten, daß ich geboren bin, und zwar in München, und zwar im Jahre 1884. Dabei wurden ernsthafte Proben nur in seltenen Fällen vorgenommen; in den meisten Fällen mußte lediglich beschriebenes und gestempeltes Papier gegen anderes beschriebenes und gestempeltes Papier und mußte Geld bezahlt werden. Ich hätte – und ich bin ein langsamer Arbeiter – zwei Bücher mehr schreiben können, wenn ich die Zeit, die ich auf Ämtern und Kasernenhöfen, unnütz auf Unnützes wartend, zubringen mußte, auf meine Arbeit hätte verwenden dürfen.
Ich war in Deutschland geneigt, die Bürokratie als ein typisch deutsches Laster anzusehen, als einen Exzeß des deutschen Ordnungs- und Organisationstriebes. Dann sah ich in der Sowjetunion, daß es dort noch schlimmer war. Dann erlebte ich in dem freien, individualistischen Frankreich eine noch mehr gesteigerte Bürokratie, nur gemildert durch die Lässigkeit und Schlamperei der Beamten, und schließlich sah ich mich auch in Amerika verstrickt in ein endloses Geschlinge von Bürokratie.
Es ist nun ja wohl so, daß die immer mehr zunehmende Mechanisierung und Rationalisierung der Wirtschaft einen riesigen Apparat von Akten notwendig macht. Je mehr sich die Prinzipien geplanter Ökonomie durchsetzen, um so größer wird die Gefahr, daß das Leben des einzelnen überwuchert wird von Bürokratie. Um so größer auch wird die Gefahr, daß sich schematische Vorschriften, an sich gut ersonnen, in der Praxis als sinnlose Behinderung des Individuums auswirken, daß Vernunft zum Unsinn, Wohltat zur Plage wird.
Es gibt, scheint mir, dagegen ein Mittel. Es müßte jedem Gesetz, jeder Vorschrift Begründung und Zweck beigefügt werden. Es müßte dem urteilenden Richter, dem ausführenden

Verwaltungsbeamten anheimgestellt werden, die Vorschriften des Gesetzes nur dann auszuführen, wenn sie ihren Zweck erfüllen, und über sie wegzugehen, wenn ihre Erfüllung dem angestrebten Zweck offenbar zuwiderliefe. Es müßte das Relativitätsprinzip sinnvoll auf Jurisprudenz und Verwaltungs-Exekutive angewandt werden.
Vorangehen müßte sorgfältige Erziehung und Auslese der Beamten. Die französischen Beamten zum Beispiel waren miserabel bezahlt und alles eher als erlesen. Sie waren bestechlich und versagten. Ihre Indolenz, ihre Käuflichkeit, ihre leere Routine war einer der Gründe, die zum Zusammenbruch Frankreichs führten.

Unser Tageslauf in Les Milles vollzog sich folgendermaßen.
Des Morgens um halb sechs ertönte das Wecksignal. Es war ein hübsches Signal, es gelang dem Trompeter nicht immer, aber wir erkannten es, und es wurde auch sogleich von vielen unter uns aufgenommen, gepfiffen und geplärrt. Jeden Morgen auch, unvermeidlich, ertönte das gewaltige Krähen des Tierstimmenimitators. Des weitern erhob sich jeden Morgen Streit darüber, welche Fenster geöffnet werden sollten. Ferner hörte man von allen Seiten mächtiges Gegrunze, Gestöhne, Gegähne, Gerülpse der Männer, die steif vom Schlafen, sich streckten, unwillig, ihren freudlosen Tag zu beginnen. Immer die gleichen Redensarten hörte man, unflätige Witze, ungeheuerliche Obszönitäten, immer die gleichen Anflegeleien.
So war es in den Sälen des ersten Stockwerks. Im Erdgeschoß spielte sich mittlerweile folgendes ab. In dem dunkeln, katakombenähnlichen Raum stauten sich ein paar hundert Menschen, die meisten irgendwelche Gefäße in den Händen, darauf wartend, daß sich die Türen öffneten. In dem Augenblick, in dem die großen Torflügel auseinandergeschoben wurden, stürzten sich diese Hunderte aus dem Haus und begannen einen wilden Wettlauf über die Höfe, dem Waschraum zu, dem Wassertrog zu, den Latrinen zu. Sie rannten, manche recht ungeschickt, es waren viele ältere, körperlich wenig trainierte Männer unter uns, sie liefen grotesk. Vor den Latrinen dann und vor den Waschgelegenheiten stellten sie sich an.
Das Schlangestehen war eines der Merkmale des Lagers. Anzustehen hatte man vor dem Büro, wenn man eine Eingabe

machte, eine Frage stellen wollte. Anzustehen hatte man, wenn man, alle vierzehn Tage, einen kleinen Betrag erhielt von dem Geld, das einem beim Eintritt abgenommen war. Anzustehen hatte man vor der Kantine, anzustehen hatte man, wenn man krank und zum Arzt beschieden war. Anzustehen hatte man, um das von der Lagerleitung zugeteilte Essen zu holen.

Den ganzen Tag standen Schlangen vor den Latrinen. Es gab da vier Holzverschläge an dem einen, drei am andern Ende des Areals. Manchmal warteten bis zu hundert Menschen vor jeder dieser beiden Gelegenheiten. Es gab kein Wasser, man konnte sich vor dem Kot nicht retten und nicht vor den dikken Schwärmen von Fliegen. Man wartete grimmig und machte Witze. Viele waren krank, alle wurden es. Wen die Nahrung nicht krank machte, der steckte sich an beim Geschäfte der Entleerung.

Daß so viele von uns das Konzentrationslager von Les Milles überlebten, ist eine schlagende Widerlegung unserer gängigen Anschauungen über die Notwendigkeit der Hygiene. »In faecibus nascimur, in faecibus morimu« (Im Kot werden wir geboren, im Kot sterben wir), hatte Augustin erklärt; ein melancholischer Spaßvogel hatte das Zitat an den ersten der Verschläge angeschrieben und es ergänzt: »In faecibus vivimus« (Im Kot leben wir).

Noch jetzt, wenn ich daran denke, wie ich in dieser Schlange stand und wartete, überkommt mich ein Gefühl des Ekels, der Trauer, der Empörung, der äußersten Erniedrigung. Es gab da Einzelheiten, die ich dem Leser ersparen will, weil mich Brechreiz ankommt bei der bloßen Erinnerung.

Die Soldaten hatten Vorrecht an den Latrinen. Kam ein Soldat, so hatte er das Privileg, sich, wenn die Reihe noch so lang war, als erster anzustellen. Einmal, als ich als siebenter oder achter stand, kam jemand und stellte sich einfach vorne hin. Es war gerade ein neuer Transport eingeliefert worden, ich glaubte, der Mann gehöre zu diesen Neuen und wisse nicht Bescheid, und bat ihn höflich, sich hinten anzuschließen. Da aber ging er zornrot mit erhobenen Fäusten auf mich zu, unflätige Drohungen ausstoßend. Es stellte sich heraus, daß er ein Soldat war, er hatte den Uniformrock abgelegt, so daß er sich von den Gefangenen nicht unterschied. Ich wartete bren-

nend darauf, endlich in die Latrine hineinzudürfen; das lächerliche Erlebnis mit dem Soldaten bedrückte mich tief und nachhaltig.
Im übrigen gab es selbst vor der Latrine Tröstliches. Ich erinnere mich, daß ich einmal etwa als zwanzigster in der Reihe stand und daß die übrigen drängten, ich solle ruhig als erster hineingehen. Ich habe in meinem Leben mancherlei Ehrungen erfahren. Dies war die höchste.
Einigen unter uns war das Zeremoniöse so eingeboren, daß sie selbst unter diesen wüsten Umständen die äußern Formen der Höflichkeit nicht vergaßen. Während sie dahockten, stöhnend, beschwerlich, erkundigte sich wohl der eine beim andern: »Wie fühlen Sie sich heute, Herr Professor?« »Wie geht es Ihnen heute morgen, Herr Geheimrat?« »Wie haben Sie heute nacht geschlafen, Herr Ministerialdirektor?«
In der Nähe des einen Latrinenraums gab es eine Art Pissoir. Hier gab es keine Reihenfolge, überall in diesem Winkel schlugen die Männer ihr Wasser ab, der ganze Platz war auf abstoßende Art versumpft. Auf der einen Seite war hier der Hof abgegrenzt von einer Böschung, hinter der Wachen patrouillierten, auf der andern durch hohes Gitter, hinter dem noch einmal Stacheldraht lief. Unmittelbar hinter dem Gitter aber begann ein schöner Park, und durch ihn und über ihn weg gab es Ausblicke in die liebliche Landschaft. Hier also pißte man.
Jede Scham hatte man sich im Lager schnell abgewöhnt. Niemand scheute sich, seine Häßlichkeiten und Gebrechen zu zeigen, die des Körpers wie der Seele. Es gab da manches über alle Worte hinaus Häßliche.
Etwa zwanzig Minuten nach dem Aufstehen brachten je zwei Mann aus jeder Gruppe ihren Leuten den Eimer mit Kaffee und die tägliche Ration Brot. Jeder holte sich mit seinem Becher seinen Teil Kaffee und tunkte sein Brot hinein. Über die Qualität des Brotes wurde viel geklagt, einige Ärzte erklärten, dieses Brot sei eine der Hauptursachen der Krankheiten, von denen wir alle befallen wurden.

Um halb acht Uhr blies es zum Appell. Dieser Appell fand unter gräßlichem Geschrei statt; trotzdem ging alles gutmütig zu und gar nicht militärisch. Erst marschierte eine starke Wache auf, etwa zwanzig ältere Bauern und Handwerker in Uniform, die gähnend und schrecklich gelangweilt herumstanden. Dann kamen ein paar Sergeanten in ihren roten Fes. Jemand brüllte gewaltig: »Stillgestanden.« Aber niemand stand still. Die älteren Herren unter uns wußten nicht recht, wie man das machen sollte, strammstehen, sie hielten es wohl auch für läppisch. Es wurde dann noch drei- oder viermal geschrien: »Stillgestanden«, dann wurden die Gruppenführer beschimpft, aber es klappte nie. Es lag auch daran, daß etwa ein Dutzend Leichtverrückter unter uns waren. Jener österreichische Polyhistor zum Beispiel irrte zumindest bei jedem dritten Appell, wenn es hieß: »Stillgestanden«, verloren zwischen den Reihen herum. Da rief man ihm dann wohl zu: »Hieher, hieher«; allein er konnte oder wollte nicht verstehen, und schließlich wandte er sich an einen der französischen Offiziere und legte ihm dar: »Ich bin Professor P., Gruppe Soundso, wohin soll ich mich stellen?« Auch sonst irrten während des ganzen Appells alte Männer herum, halb blind und halb taub, und konnten sich durchaus nicht zurechtfinden. Hinter den Reihen aber oder auch zwischen ihnen gingen die Fremdenlegionäre vorbei, welche in großen Tonnen den Kot der Latrinen vors Lager zu bringen hatten, und unvermeidlich riefen sie aus: »Eis gefällig, Schokolade, Vanille.«

Dann wurden Bekanntmachungen verlesen und die Arbeit für den Tag zugeteilt. Zunächst wurden einige Spezialisten gesucht, Elektriker, Mechaniker, Schneider, Schuster, Köche. Bei jedem Aufruf meldeten sich viele Bewerber; der Tag war lang, die Beschäftigungslosigkeit drückend. Ob Schuster oder Schneider oder was immer verlangt wurde, stets meldete sich der Wiener Gelehrte; er erklärte, er habe die Lehrbücher jeglichen Handwerks studiert. Auch von den andern Halbverrückten meldeten sich welche immerzu.

Dann wurde die Einteilung der Arbeit für alle vorgenommen. Da hatten etwa die Gruppen Soundso die Höfe zu reinigen, diese Gruppen das Innere des Gebäudes, jene hatten Küchendienst, wieder andre hatten Maurer- oder Erdarbeiten auszuführen.

Der Stubendienst, ebenso wie die Reinigung der Höfe, bestand im Aufwirbeln von Staub. Genügt hätten für den Stubendienst zwei oder drei von uns, beordert waren zwanzig oder dreißig. Wer nicht zum Stubendienst beordert war, durfte sich während der Arbeitszeit nicht im Gebäude aufhalten. Wurde man gleichwohl dort betroffen, dann erklärte man, man habe Wachdienst, man habe zu kontrollieren, daß nichts gestohlen werde. Als ich einmal während dieser verbotenen Zeit erklärte, ich sei Wache, erwiderte der kontrollierende Sergeant, es seien ja schon vier Wachen da. Ich, mit einer an mir ungewohnten Geistesgegenwart, antwortete frech, ich sei da, um die Wachen zu kontrollieren.

Der Küchendienst bestand im Einputzen von Rüben, im Schälen von Kartoffeln und dergleichen. Es waren dazu so viele Leute abgeordnet, daß auf den einzelnen, wenn es hoch kam, das Putzen von zwanzig Kartoffeln oder von zehn Rüben kam. Man verbrachte die Zeit mit Geschwätz.

Die andern, diejenigen, denen keine Arbeit zugewiesen worden war, hockten, lagen, schlenderten in den staubigen Höfen herum, wenn sie nicht irgendwo anstanden oder auf irgendwas warteten. Viele versuchten zu lesen, Sprachen zu erlernen und dergleichen. Immer sah man Leute herumgehen, sich mit den Fingern die Ohren verstopfend und vor sich hinmurmelnd; sie memorierten Vokabeln oder grammatikalische Regeln. Auch auf zerbröckelnden Ziegeln herumhokken sah man sie, Sprachstunden gebend und nehmend. Aber es kam wenig dabei heraus, und die meisten gaben es auch bald wieder auf; es war unmöglich, gesammelt zu denken in der Sonne, im Staub, im Lärm. Auch irgendwo allein zu sitzen und vor sich hin zu dösen war so gut wie unmöglich. Man wurde angesprochen, jemand hatte einem was Wichtiges zu erzählen oder einen dringlich um Rat zu fragen. Hatte man den einen fortgescheucht, so kam ein zweiter. Und selbst wenn man einmal ein paar Minuten ungestört blieb, dann machte einem das ewige Auf und Ab ringsum jede Konzentration unmöglich.

So blieb einem nichts übrig, als zu schwatzen, den ganzen, langen Tag, immer vom gleichen, von den gleichen kleinen Hoffnungen und großen Sorgen. Die Optimisten waren optimistisch und die Pessimisten pessimistisch, und die Schwankenden glaubten heute den Optimisten und morgen den Pessimisten. Man hörte immer die gleichen Klagen über die Sinnlosigkeit des Ganzen, die gleichen Verwünschungen der französischen Desorganisation, die gleiche Empörung gegen jenes Frankreich, das wir alle ursprünglich so heiß geliebt hatten. Natürlich gab es selbst in dieser Situation Leute, die sich mühten, Frankreichs Vorgehen zu verstehen und zu verzeihen, doch ihre Objektivität war erquält.

Zeitungen waren verboten, Briefe kamen spärlich, in den ersten vier Wochen überhaupt nicht, wir waren abgeschnitten von der Außenwelt. Das gab Anlaß zu tausend Gerüchten über unsere eigene Situation sowohl wie über die gesamte politische und militärische Lage. Die Gerüchte kamen auf am frühen Morgen beim Anstehen im Waschraum oder an der Latrine. Mit der steigenden Sonne nahmen sie an Lebenskraft zu. Etwa um drei Uhr waren sie keine Gerüchte mehr, sondern Fakten. Von vier Uhr an verwelkten sie, gegen sechs Uhr waren sie tot. Um halb sieben beschimpfte einer den andern, daß er das Gerücht geglaubt und weitergegeben habe. Am nächsten Tag begab sich dann das gleiche.

Wer ein Gerücht ziemlich früh erfuhr, bevor alle darum wußten, kam sich wichtig vor. Das war wohl auch der Grund, warum die beiden Dolmetscher so hoch im Ansehen standen. Diese Dolmetscher waren aus unsrer Mitte erwählt worden, sie waren Internierte wie wir. Ihr Dienst war schwer. Sie waren die Vermittlungsleute zwischen der Lagerleitung und uns. Sie hatten die Befehle des Kommandanten weiterzugeben, bei ihnen hatte man sich zu melden, wenn man den Kommandanten sprechen wollte, bei ihnen hatten die Gruppenführer die Post abzuholen, und wenn etwas nicht klappte, dann wurden sie von den Offizieren angeschnauzt und von uns Internierten beschimpft. Andernteils – und das war wohl ihre Entschädigung – wurden sie von allen ständig befragt über die ständig wechselnden Chancen der Allgemeinheit und des einzelnen. Man glaubte, da sie immer in der Nähe des Lagerkommandanten seien, müßten sie alles Interessante an der Quelle erfahren. Sie erfuhren natürlich gar nichts, und wenn Leute mir wichtig erzählten, sie hätten das oder jenes vom Dolmetscher gehört und der habe es vom Kommandanten selber, dann mußte ich immer denken an jene schöne Geschichte aus dem ersten Krieg, die Geschichte jenes Pierre, Chauffeur des Marschalls Foch. Diesen Pierre also bestürm-

ten seine Kameraden ohne Unterlaß: »Pierre, wann geht der Krieg zu Ende? Du mußt es doch wissen.« Pierre vertröstete: »Sowie ich vom Marschall was höre, sag ich es euch.« Eines Tages kam er: »Heute hat der Marschall gesprochen.« »Was hat er denn gesagt?« Und Pierre erwiderte: »›Pierre‹, hat er mich gefragt, ›was glauben Sie? Wann wird dieser Krieg aus sein?‹«
Doch die Dolmetscher kamen sich wichtig vor in der Rolle dieses Pierre; ja, selbst derjenige, der gerade vom Dolmetscher was erfahren hatte, dünkte sich ein kleiner Pierre und wichtig. Manche glaubten, es tue ihrem Ansehen Eintrag, wenn sie nicht alles als erste wüßten; wenn ihnen ein neues Gerücht erzählt wurde, dann erklärten sie gegen die Wahrheit, das wüßten sie schon lange.

So standen wir also den ganzen Tag herum und schwatzten. Nach einer Woche hatte jeder jedem alles erzählt, was es zu sagen gab. Trotzdem lief immer noch geschäftig der und jener und fragte eifrig, ob man nicht einen bestimmten andern gesehen habe, dem er etwas höchst Wichtiges mitteilen müsse.
Nun war es natürlich nicht etwa so, daß alle Gespräche gleich leer gewesen wären. Ich erzählte schon von meinen Unterhaltungen mit jenen kultivierten Wiener Herren über Malerei, Dichtung, Musik. Es gab auch sonst Menschen aller Art, mit denen ein gutes Gespräch möglich war.
Da waren etwa der frühere Lektor eines Berliner Verlags, Herr H. und sein Sohn. Der Vater war ein kleiner, freundlicher, milder Herr: weder der erste Krieg noch Hitler hatten sein Wesen verändern können. Er war mit einer Französin verheiratet, der älteste seiner Söhne war Offizier im französischen Generalstab. Herr H. lebte im Lager, als ob dieses Lager das kosmopolitische Berlin des Jahres 1913 gewesen wäre. Es war nicht ganz leicht, herauszubekommen, ob sein lächelnder, kopfschüttelnder Gleichmut Philosophie war oder Verständnislosigkeit. Sein junger Sohn, von Kindheit an hinkend, hatte schon zu Beginn des Krieges übelste Erfahrungen in einem Pariser Konzentrationslager machen müssen. Er war trotz seiner Jugend ebenso gleichmütig wie sein Vater. Beide waren gefällige Leute, beide genossen sie dankbar die tausend kleinen Freuden, die auch das trübste Dasein mit sich bringt,

als da sind der Umstand, daß das Brot heute etwas besser ist, daß man mehr Wasser bekommt, daß in der Kantine Zigaretten zu haben sind. Oft war mir, als ob Vater und Sohn hinter ihrem freundlich geschäftigen Interesse an derart kleinen Dingen nur ihren Kummer und ihre Angst zu verstecken suchten. Dem Vater haben die Leiden und Erniedrigungen des Konzentrationslagers bestimmt sehr zugesetzt, er hat seine Entlassung nur um wenige Wochen überlebt.

Ein Mann, mit dem sich besonders gut reden ließ, war der in Dalmatien geborene Schriftsteller R., ein stattlich aussehender Herr, von jeher ein Liebling der Frauen, jetzt mit seinen Zwei- oder Dreiundfünfzig ein bißchen verfettet und versoffen. Er war weltkundig, sprach meisterlich deutsch, französisch, englisch, war zu Hause in hundert Künsten und Wissenschaften und hatte mit Urteil und Passion ungefähr alle guten Bücher der Weltliteratur gelesen, studiert, geschmeckt. Er war wohl kein Schriftsteller von Belang, aber er war ein Kenner, mit dem zu reden sich lohnte. Er trank viel, auch im Lager; weiß der Himmel, wo er die List und das Geld hernahm, immer wieder seinen Wein aufzutreiben. Er war aus weichem Stoff und ging, so groß und stattlich er aussah, letzten Anstrengungen und mutigen Entscheidungen gern aus dem Wege. Um ein Haar hätte er dann später mit uns entkommen können, aber da fehlte es ihm an Zähigkeit und Entschlußkraft. Er verzettelte seine Intensität in kleiner Geschäftigkeit, in der Beschaffung kleiner Annehmlichkeiten. Aber er war ein Mann von Wissen und Geschmack und von angenehmen Manieren; mit ihm zu schwatzen war Trost und Vergnügen.

Im übrigen kam ich in Gesprächen fast immer auf meine Rechnung, wenn es mir gelang, meine Partner sprechen zu machen über die Geschäfte ihres früheren Alltags, einen Anwalt über seine anwaltlichen Erfahrungen, einen Arzt über seine Wissenschaft und Praxis, einen Terrainhändler über Bodenpreise. Einen großen Teil dessen, was ich über Menschen und Dinge weiß, habe ich der Kunst des Zuhörens zu verdanken, die kluge Lehrer mir früh beibrachten. Im Lager habe ich durch diese Kunst viel erfahren über den Holzhandel in Frankreich, über ein gewisses Fischfutter, dessen Verkauf ein Lagerinsasse monopolisiert hatte, über Schwammfische-

rei in Griechenland, über die Wirkungen der Arbeit am laufenden Band auf den Arbeiter, über die Technik des Anheizens eines großen Fabrikofens, über die menschliche Seele.
Es gab in unserm Lager viele Maler. Es war da Max Ernst, einer der Begründer des Surrealismus, es war da ein geschätzter, für meinen Geschmack etwas zu effektvoller Porträtist, es gab Maler jeder Art und jeden Ranges. Es gab viele Ärzte, Vertreter aller Schulen. Es gab katholische Geistliche, sie sahen mit ihren bayrisch oder österreichisch derben Gesichtern in ihren Soutanen wie verkleidet aus. Es gab Leute, die viel erlebt hatten in dem großen Gefängnis, zu dem die Nazis Deutschland gemacht hatten, und in ihren Konzentrationslagern im besonderen. Ihnen allen hörte ich mit Anteilnahme und mit Gewinn zu.
Immer wieder reizte es mich, zu berichten von den zahllosen verschiedenen Gesichtern und verschiedenen Seelen, denen man im Lager begegnete. Wiewohl doch die Lebensbedingungen aller die gleichen waren und wiewohl auch das Aussehen aller sich infolge des Staubes und Schmutzes immer mehr anähnelte, war jedem sein Wesen deutlich aufgeprägt. Man hockte eng aufeinander, man sah jeden in jeder Situation, man wurde, ob man wollte oder nicht, Zeuge, wie jeder einzelne ging und wie er schlief und wie er aß und wie er sich wusch und wie er sich anzog und wie er sich entleerte. Da konnte keiner was verstecken. Da wußte man rasch, wes Geistes Kind ein jeder war, auch ohne ihn lange um seine Ansichten befragt zu haben. Jeder hatte jeden Tag allerlei Prüfungen zu erdulden; der Weise fand sich damit ab, der Jähzornige zerschmiß seine Ziegel, der Streitsüchtige, Rechthaberische beschimpfte seinen Nachbarn, der Gutmütige half, der Habgierige schwindelte.
Es war da ein österreichischer Arzt, sehr gebildet, von einer etwas krampfigen Scherzhaftigkeit, hinter der er seinen Kummer verbarg. Es war ein anderer sehr junger österreichischer Arzt da, Dr. L., ein besonders liebenswerter Mensch, sehr hilfsbereit, dem Ungeduldigen Gleichmut predigend; doch wenn man näher hinsah, erkannte man, wie zerfressen von Nervosität er selber war. Es war da unter vielen andern Schriftstellern einer, der sich als Kämpfer in Spanien und als guter Marxist bewährt hatte, der immer wieder verkündete,

die Geschehnisse, auch unsere Erlebnisse, seien notwendig und dienten, wenn auch auf Umwegen, dem Fortschritt, und der, trotz dieser seiner Überzeugung, immer wieder heimgesucht wurde von Ausbrüchen schwarzer Verzweiflung, von Anfällen dessen, was man in Frankreich »cafard« nannte. Es war da ein verwöhnter, geschmäcklerischer, lebenslustiger junger Maler, der sich an jede Hoffnung und an jedes Gerücht klammerte, selbst wenn es keiner mehr glaubte. Es war da ein alternder Architekt, zäh und gallig, nihilistisch seinem Wesen nach und überaus pessimistisch in bezug auf unsere eigene Situation. Er mühte sich, jedes Argument zu zerpflücken, das ein Zuversichtlicher vorbringen mochte; ergab sich aber die leiseste Chance, irgend etwas zu tun, was unsere Lage verbessern konnte, dann war er gleich bei der Hand.

Mit diesen allen also war man Tag und Nacht zusammen, schwatzte man Tag und Nacht.

Natürlich gab es auch politische Debatten. Arbeiter und Bauern zeigten da manchmal viel Verständnis und sahen die Dinge aus einiger Distanz. Aber immer wieder war ich erstaunt, auf was für kümmerliche Einzelmotive die meisten der andern Lagerinsassen die großen Geschehnisse zurückführten, wie sehr ihnen der Blick fürs Ganze verbaut war durch ihre eigenen Interessen, wie sehr sie die Mühe und Unannehmlichkeiten scheuten, die größeren Ursachen auch nur von fern zu sehen, geschweige denn, sie näher ins Auge zu fassen. »Ein Erlebnis öffnet viele Fenster«, hat ein angelsächsischer Schriftsteller erklärt. Das scheint mir nur bedingt richtig. Meinen bürgerlichen Lagerkameraden jedenfalls blieben, trotz ihrer Erlebnisse, die meisten Fenster verschlossen, zumindest jene, die einen Blick in die Weite der Zeitgeschehnisse erlaubt hätten.

Das Mittagessen wurde sehr früh eingenommen, etwa um elf. Es gab gewöhnlich Linsen- oder Erbsensuppe mit etwas Fleisch darin. Das Essen war nicht eben schlecht, wiewohl im Geschmack beeinträchtigt durch das Brom, das man ihm beimischte, um unsre sexuellen Regungen zu dämpfen.

Was mich störte, war vor allem das Drum und Dran der Mahlzeiten. Da es keinen Platz zur Aufbewahrung und kein

Wasser zur Reinigung gab, konnte man sich nicht vielfältiges Eßgeschirr leisten, man mußte für alles Eßbare, was man erhielt, das gleiche Gefäß benutzen, ein Aluminiumgefäß, das man nie recht sauber bekam. So schmeckte denn der Morgenkaffee nach dem Fett der Abendsuppe, die Suppe des Abends nach dem Morgenkaffee. Geschöpft wurden Suppen wie Kaffee aus dem gemeinsamen Eimer der Gruppe, Suppe wie Kaffee waren heiß, das hatte zur Folge, daß sich auch sogleich das Aluminiumgefäß erhitzte, mir Ungeschicktem machte es immer Mühe, das heiße Gefäß heil bis zu meinem Platz zu bringen. Die meisten hockten, während sie aßen, in ihrem Stroh auf der Erde. Alles war voll Staub, eine kleine Staubschicht lag immer über der Suppe. »Staub sollst Du fressen und mit Lust«, zitierte der oder jener. Irgendwo im Saal erhob sich bei jeder Mahlzeit Streit, weil einer glaubte, zu kurz gekommen zu sein. Es war reichlich ungemütlich.
Eine Kantine, von Anfang an versprochen, wurde nach etwa zehn Tagen wirklich eröffnet. Sie war dürftig, es war schwer, dort etwas zu erhalten. Des Morgens wurden dort nur die Fremdenlegionäre bedient; wir andern durften uns erst mittags anstellen. Dann aber war gewöhnlich nichts mehr da; die Legionäre hatten die Kantine ausgekauft, um das Erstandene mit Gewinn weiterzuverhandeln. Wer Geld hatte, konnte die von der Behörde gelieferte Mahlzeiten nicht nur durch direkt und indirekt erstandene Zutaten aus der Kantine ergänzen, bald auch wurden, vor allem durch die Wachsoldaten, Speisen und Getränke jeder Art ins Lager geschmuggelt. Nicht nur der kleine Ort Les Milles nahm einen bedeutenden kommerziellen Aufschwung für die ganze Umgebung, für die Stadt Aix selber wurde unser Lager, das jetzt zweitausend Menschen beherbergte, zu einem neuen Markt. Der Schleichhandel nahm ständig zu.
Da kam etwa zweimal in der Woche ein Bauer ins Lager gefahren, um für seine Schweine unsre Abfälle zu holen, die Kartoffelschalen und dergleichen. Der Mann schmuggelte gekochtes Schweinefleisch ins Lager, sorgfältig in Pakete verteilt. Man mußte heimlich kaufen, wenn jeweils der Wachsoldat den Rücken gedreht hatte, man hatte keine Zeit, die Ware zu prüfen, man mußte sie auf guten Glauben hinnehmen. Dabei waren die Preise hoch. Doch der Mann war ehrlich, und

was man in seinem blind gekauften, in Zeitungspapier eingewickelten Paket vorfand, entsprach in Quantität und Qualität genau dem geforderten Preis.
Was ich mehr vermißte, waren Vegetabilien jeder Art. Obst, grünes Gemüse, Salat gab es kaum. Einmal in der Woche zwei getrocknete Feigen oder Pflaumen und zwei Blättchen Salat, sonst nur Hülsenfrüchte. Der Gesundheit zuträglich war diese Kost nicht. Ich litt sehr darunter. Einmal veranlaßte mich meine Gier auf Vegetabilien zu einem merkwürdigen Handelsgeschäft. Jemand hatte ein paar Tomaten aufgetrieben. Ich bot ihm eine Büchse mit Hummer für eine Tomate, und jeder von uns machte ein gutes Geschäft.
Im übrigen wurde ich von meinen beiden Dienern mit Lebensmitteln reichlich versorgt. Denn inzwischen hatte ich einen zweiten Diener bekommen. Auch er war Österreicher, ein früherer Restaurateur. Er war in den Konzentrationslagern von Buchenwald und von Dachau gewesen, er wußte anschaulich zu berichten, er wies die Narben vor der Mißhandlungen, die er damals erlitten; auch hatte er infolge der Leiden von damals zuweilen Schwächeanfälle und Ohnmachten. Allein er war anspruchsvoll geworden infolge seiner Leiden, die meisten fanden, zu anspruchsvoll, er erzählte unaufhörlich von dem, was er durchgemacht habe, und nach einiger Zeit war, wenn er uns vorjammerte, er sei heute schon das zweite Mal ohnmächtig zusammengestürzt, keiner mehr von dieser Mitteilung ergriffen. Trotz allem aber verdiente er Mitleid, und als er sich mir dringlich als Diener anbot, konnte ich nicht nein sagen. Andernteils wollte ich auf meinen Karl nicht verzichten, so beschäftigte ich sie denn beide. Sie teilten die kleinen Geschäfte meines Alltags unter sich auf.
Sie konnten einander nicht leiden. Der Restaurateur wunderte sich über die Untüchtigkeit Karls, der so wenig für mich auftreiben könne. Karl seinesteils berichtete mir in Details, wie der andere, wenn er durch seine Mittelsleute Zukker, Mineralwasser und ähnliches für mich einschmuggelte, mich übers Ohr haute, indem er noch weiter aufschlug. Karl begriff nicht, daß ich mich nicht dagegen wehrte, und häufig brachte er mir in Gegenwart des andern irgendwas, das der andere schon für mich besorgt hatte, und wiederholte zwei-

oder dreimal, die Ziffer stark betonend, den viel niedrigeren Preis, den er selber dafür bezahlt hatte.
Zu essen also bekam ich, abgesehen von Obst, Salat und Gemüse, in Mengen. Doch mußte, was ins Lager geschmuggelt wurde, *rasch verzehrt werden* wegen der Kontrolle und wegen der Ratten.
Habe ich schon erzählt, daß ein halbes Dutzend Caféhausbesitzer unter uns waren? Sie hatten sich, weiß der Himmel woher, Kaffee und Tee verschafft, und nach dem Mittagessen schenkten sie in verschiedenen Winkeln ihr Getränk aus. Sie schickten Agenten herum, jetzt sei der Kaffee fertig, jetzt der Tee, er werde in Saal zwei oder drei im Lattenwerk an der Südseite ausgeschenkt, aber man müsse schnell machen, weil jeden Augenblick eine Kontrolle kommen könne. Viele standen Schmiere gegen solche Kontrollen. Die einzelnen Caféhausbesitzer machten einander scharf Konkurrenz und tadelten jeder die Qualität des vom andern verschenkten Getränks. Auch gingen sie herum wie in den Caféhäusern, die sie früher betrieben hatten, und begrüßten jeden, der ihnen die Ehre seiner Kundschaft erwiesen hatte, mit einer tiefen Verbeugung: »Guten Tag, Herr Professor, waren Sie befriedigt?« Einer hatte sich sogar eine Zeitung verschafft, die man auf eine Minute lesen durfte, wenn man seinen Kaffee von ihm bezog.
Die Portion Kaffee war billig. Sie kostete etwa zwei Cents. Trotzdem konnten sich viele den Kaffee nicht leisten, wenn man sie nicht einlud.
Überhaupt machte sich bald, wiewohl unser aller Bedingungen die gleichen waren, der Unterschied zwischen arm und reich bemerkbar. Derjenige, der über Geld verfügte, konnte sich hundert Erleichterungen verschaffen, auf die der Arme verzichten mußte.

Die Mittagsstunden waren öde. Da schon um elf Uhr zu Mittag gegessen wurde, hatte man nun drei leere Stunden vor sich, bis, um zwei Uhr, wieder Appell geblasen wird.
Die meisten versuchten, Mittagsschlaf zu halten. Ich versuchte es nicht, weil ich meine ganze Müdigkeit aufheben wollte für die Nacht. Allein auch wenn ich hätte schlafen wollen, so hätte ich es nicht können. Der halbdunkle Raum war

voll von Lärm, Leute stolperten über einen, Ziegel zerbröckelten krachend. Dann gab es da immer welche, die sich durch die Unbequemlichkeit des Raumes nicht davon abhalten ließen, Karten zu spielen. Sie saßen auf ihren Ziegelhäufchen, schmissen ihre Karten auf andere Ziegel oder auf ein wackeliges Bett, schrien und zankten. Die Karten waren unsäglich schmutzig; Gewinn und Verlust wurden geregelt durch Zahlungsanweisungen, gültig für die Zeit, da die Lagerleitung von dem deponierten Geld einen kleinen Betrag auszahlen würde. In einer Nische des Lattenwerks standen oder hockten gewöhnlich irgendwelche orthodoxen Juden, betend oder »lernend«, in der Schrift oder im Talmud studierend. Und inmitten dieses Getriebes lagen Kranke auf ihrem Stroh und stöhnten und Gesunde auf ihrem Stroh schnarchten.

Natürlich versuchte ich manchmal zu lesen, aber es ging nicht. Es war zu laut, zu heiß, zu staubig. So schlenderte ich denn herum, oder ich saß auf meiner Bank und döste vor mich hin, oder ich hockte gekrümmten Rückens auf einem Ziegelstein vor dem Stacheldraht in der prallen Sonne.

Um zwei Uhr dann wurde der zweite Appell abgehalten. Er verlief wie der erste. Uns am Nachmittag zu beschäftigen, war noch schwieriger als am Vormittag. Man ließ uns sinnlos Ziegel umhertragen oder Erdarbeiten verrichten. Doch auch damit konnte immer nur ein kleiner Teil von uns beschäftigt werden, die meisten gingen in wachsender geschäftiger Langeweile herum. Es waren unter uns vier Friseure, in jedem Winkel hatte einer sein Geschäft aufgeschlagen. Notgedrungen waren sie schmutzig, sie hatten wenig Seife und wenig Wasser. Doch sich rasieren zu lassen war eine Abwechslung, viele gingen täglich, manche zweimal des Tages zum Friseur. Da hockte man auf ein paar zerbröckelnden Ziegeln, rings um einen stand ein Kreis Schwatzender, die Stände der Barbiere waren, wie überall und zu allen Zeiten, so auch jetzt bei uns die Zentren der Gerüchte. Manchmal, wenn man so dahockte, brachen die Ziegel unter einem ein; niemand lachte mehr, man war es gewöhnt. Man stand herum und debattierte, gereizt, eifrig und gleichzeitig gelangweilt.

Das Abendessen, zu dem um fünf Uhr geblasen wurde, war kärglicher als das Mittagessen, manchmal gab es nur etwas zweifelhafte Wurst, Käse, eine Sardine.

Auf dieses Abendessen aber folgte eine angenehme Zeit. Um sechs Uhr begann es kühler zu werden, der Wind legte sich, der Aufenthalt in den Höfen wurde erträglich. Die Stimmung stieg, man war zuversichtlicher, es war weniger Gereiztheit in der Luft.

Der Zufall hatte es gefügt, daß unter uns eine Reihe trainierter Fußballspieler waren. Sie spielten. Spielten so, wie es das Terrain zuließ. Einmal flog der Ball über die Mauer. Die Spieler ersuchten den wachhabenden Soldaten, der mit aufgepflanztem Bajonett zuschaute, den Ball hereinholen zu dürfen. Der Soldat sagte, das sei streng verboten und er könne es nicht zulassen; aber wenn ihm einer das Gewehr halte, dann wolle er über die Mauer klettern und den Ball zurückholen. So geschah es.

Es folgte der peinvolle Augenblick, da das Signal ertönte: »Zurück ins Haus.«
Schwarz durch die weiten Tore gähnte einem das Innere des Gebäudes entgegen. Unlustig drängten sich die Gefangenen hinein, angetrieben von den Wärtern, die, sonst gutmütig, bei diesem Anlaß sehr grob werden konnten. Im Innern des Gebäudes stieß und drängte man sich erst durch einen Gang der Katakomben des Erdgeschosses, dann über die schmale Holzstiege nach oben. Da und dort war eine schwache Glühlampe, die einem die Dunkelheit noch deutlicher zum Bewußtsein brachte.
Die Vorbereitungen zur Nacht waren nicht angenehm. Karl half mir. Ich stellte meine Schuhe auf den Koffer, der mir zu Häupten stand und mich von der Strohschütte des Mannes zu meinen Häupten trennte. In die Schuhe legte ich Uhr und Brille, ich bin hilflos ohne Brille.
Eine halbe Stunde nach dem Signal »Zurück ins Haus« wird ein zweites Signal geblasen werden: »Licht aus.« Vorläufig schwatzte man. Meinen Nachbarn zur Rechten, den Mechaniker aus der Saar, von dem ich bereits erzählt habe, drängte es Abend für Abend, mir sein Herz auszuschütten. Er litt unter der Gefangenschaft, sehnte sich nach seiner französischen Frau, sehnte sich nach seiner Arbeit. Die Firma, bei der er beschäftigt war, versuchte alles, ihn herauszubekommen, doch sie kam nicht an gegen die Militärbehörde. Der Gedanke, daß er so sinnlos hier sitzen müsse, ließ ihn nicht schlafen.
Auch mein Nachbar zur Linken war des Abends sehr beredt. Er war Biologe, ein schmächtiger, schwächlicher Herr. Er litt sehr unter Asthma. Er trug es tapfer, mit scharfem, bitterm Humor. Er sprach sachlich über Politik. Über Details aus seinem Spezialfach, der Vererbungslehre, danke ich ihm interessante Aufschlüsse.
Dann also kam das Signal: »Licht aus.« Wir hatten die Lichter selber zu löschen. Wir zögerten. Endlich ging von den drei schwachen Glühbirnen des sehr großen Saales die erste aus, dann die zweite. Die letzte brannte weiter, bis ungeduldige

Stimmen verlangten, daß sie endlich gelöscht werde. Zögerte man zu lange, dann kam vom Hof her die barsche Mahnung der französischen Wachsoldaten.

War dann die gefürchtete Dunkelheit da, so war sie zunächst voll von Streit darüber, ob der unverschalte Teil eines bestimmten Fensters offen bleiben oder geschlossen werden solle. Die einen erklärten, bei geschlossenem Fenster sei der Gestank nicht auszuhalten, den andern wurde es bei offenem Fenster zu kalt und zugig. »Fenster auf, Fenster zu«, ging es jede Nacht eine Viertelstunde lang mit immer steigender Heftigkeit.

War die Fensterfrage erledigt, dann schwatzten in der Dunkelheit noch immer ein bis zwei Dutzend Leute weiter. Sie lachten, sprachen über ihre Geschäfte, erzählten obszöne Witze. Sie hatten den ganzen Tag nichts getan als geschwatzt, nun benötigten sie dazu auch noch die Nacht. Viele Stimmen schrien, baten, drohten: »Ruhe, wir wollen schlafen.«

Aber es wurde nicht Ruhe. Man war gereizt und zänkisch. Immer war Streit, der habe jenen gestoßen, getreten, nehme ihm zuviel Platz weg. Manchmal wurde der Streit überaus heftig. Dann kam wohl aus einem ganz andern Teil der Dunkelheit plötzlich eine brutale Stimme: »Jetzt aber mache ich Schluß«, und man hörte jemand durch den ganzen Saal hindurch über Wehklagende fort der Ecke der Streitenden zustürmen.

Die ganze Nacht hindurch wurde nicht Ruhe. Immer wieder gab es Klagen, Flüche, Beschimpfungen, solcher, die getreten worden waren, gegen diejenigen, welche, in der Dunkelheit den Weg zum oder vom Abtritt suchend, sie getreten hatten.

Es war schlimm, der Weg durch die Dunkelheit zum Abtritt. Im ganzen ersten Stockwerk gab es, wie gesagt, überhaupt kein Licht. Man mußte sich durch einen schmalen Gang zwischen den Schlafenden durchwinden und dann an einer bestimmten Stelle einen breiteren, doch sehr unebenen Gang erwischen, der, wieder durch Schlafende hindurch, nach rechts führte zu der Holzstiege, über die von unten her ein schwacher Lichtschimmer drang. Unterhalb der Holzstiege dann, im Erdgeschoß, mußte man einem Lichtschimmer nach links folgen, bis man endlich die Latrinen erreichte.

Diese vier Latrinen im Innern des Hauses waren tagsüber streng verschlossen. Sie waren eisig kalt. Die ganze Nacht hindurch stand vor ihnen die Schlange der Wartenden. Knöchelhoch watete man im Kot. Eine fast noch schwierigere Aufgabe war der Weg zurück. Es kostete Mühe, Zeit, Nerven, sich im Dunkeln über die Treppe nach seiner Strohschütte zurückzutasten. Ich habe es nie aufs erste Mal fertiggekriegt. Immer landete ich zunächst auf einer fremden Strohschütte, deren Schläfer mich erschreckt und wütend zurückstieß. Mein Nachbar zur Linken half mir, indem er seinen Regenmantel als eine Art Wegweiser aufhängte; doch es war nicht leicht, den Mantel zu ertasten. Mein Nachbar zur Rechten, der selten schlief, rief mir wohl, wenn er mich tappen und schleichen hörte, mit unterdrückter Stimme zu: »Hieher, hieher.«

Eine Woche hindurch, während eines Dysenterieanfalls, hatte ich diesen Weg Nacht für Nacht mehrmals zu machen.

Auch abgesehen von jenen bösen Worten waren die Nächte schlimm, und der Schlummer selbst der Robustesten war kein guter Schlummer. Man spürte es ordentlich, daß der Raum voll war von quälenden Träumen. Die Ängste, die man tagsüber durch Aufwendung von Vernunft und Willenskraft hatte verscheuchen können, standen in der stöhnenden, stinkenden Nacht vag und gigantisch wieder auf. Das ging den meisten so. Wenn ich flüsterte: »Schlafen Sie«, dann flüsterte sowohl mein Nachbar zur Rechten wie zur Linken zurück: »Nein«, und sowie der erste Morgen kam und das erste, schwache Licht durch die Spalten des Holzverschlags, sah ich den Umriß meines kleinen proletarischen Nebenmannes, wie er jämmerlich auf seinem Stroh hockte und grübelte, während der Biolog zu meiner Linken ausgestreckt und offenen Auges dalag.

Die ganze Nacht hindurch war der dunkle, kalte Raum voll von Geräuschen, von Geschnarch und Gefurz. Da hustete einer laut und bellend, da rang einer um Atem, einer stöhnte, einer schrie im Schlaf. Da oder dort tappte sich einer zum andern, ihn tröstend, da oder dort rief man halblaut nach einem der zahlreichen Ärzte, die unter uns waren.

Manche, die keinen Schlaf fanden, tasteten sich hinunter in

die Katakomben, wo in der Nähe der Latrinen die trübe Glühbirne brannte. Zuweilen versammelten sich dort bis zu zweihundert Menschen. Wurde kontrolliert, so konnte man immer angeben, man sei auf dem Weg zur Toilette. Diese nächtlichen Versammlungen von Männern jeder Art in ihren zerlumpften Nachtgewändern, viele von den Älteren mit grotesken Zipfelhauben auf dem Kopf, hatten etwas Gespenstisches, Jämmerliches und Lächerliches. Erregt und im Flüsterton diskutierte man die Dinge, welche man schon den ganzen Tag hindurch beredet hatte. Wurde man zu laut, so kamen aus dem anstoßenden Gang, wo die früheren Fremdenlegionäre lagen, Verwünschungen und Drohungen.

Mein Nachbar zur Rechten, der vom Asthma geplagte Biolog, tappte sich jede Nacht hinunter. Auch der dalmatinische Schriftsteller R. war gewöhnlich in diesen ersten Nachtstunden in den Katakomben zu finden, eine Weinflasche unter den Arm geklemmt, aus der zu trinken er jeden seiner Freunde einlud. Handelsgeschäfte wurden dort unten viele getrieben. Fremdenlegionäre, während ihre Kameraden nebenan über unsern Lärm schimpften, versuchten, das zu verschachern, was sie des Morgens in der Kantine errafft hatten. Andere, die Caféhausbesitzer, suchten sich auf dieser nächtlichen Börse bei den in der Küche Beschäftigten ihren Bedarf an heißem Wasser für den nächsten Tag zu sichern. Überall in den Katakomben war Geschäft.

Mittelpunkt des Handels war ein alter österreichischer Friseur. Er war ein sehr angesehener Friseur gewesen, er hatte mehreren Erzherzogen den Bart abgekratzt, ich glaube, sogar einem Kaiser, er versicherte, wahrscheinlich mit Recht, nichts Menschliches sei ihm fremd und er kenne alle Schliche. Auf alle Fälle wußte er denjenigen, die Geld hatten, die verschiedensten Dinge zu verschaffen, Klappstühlchen, Dekken, Wein. Einmal, als er versicherte, er könne alles und jedes ins Lager schmuggeln, fragte ihn der dalmatinische Schriftsteller: »Na also, können Sie mir ein Reitpferd besorgen?«

»Gewiß«, erwiderte der Friseur, »aber nur pfundweise.«

Ich tat alles, was ich konnte, mir den Schlaf für die Nacht zu sichern. Ich machte mir tagsüber Bewegung und setzte mich so selten wie möglich nieder. Trotzdem mußte ich mich häufig mit drei bis vier Stunden Schlaf begnügen, und mehr als fünf oder sechs Stunden Schlaf konnte ich auch in den guten Nächten nicht erzielen. Die übrige Zeit lag ich wach; um mich herum war Stöhnen und Schnarchen, und in mir war ohnmächtige Erbitterung über das Jämmerliche und Unwürdige meiner Lage. Da half keine Vernunft. Ich sagte mir: Jetzt, gerade jetzt, während du so hier liegst, sitzen überall in der Welt Menschen, lesen deine Bücher über die Barbarei der Nazis, füllen ihr Herz an mit Grimm über diese Barbarei: du aber liegst hier, kläglich eingesperrt, menschenunwürdig, verdächtigt, ein Helfer, jener Barbaren zu sein. Der Zorn über die Sinnlosigkeit dieses Zustands, über die Sturheit der französischen Behörden erfüllte mich bis in die Poren. Kein Argument meines Verstandes, daß ich es ja nicht mit einzelnen Menschen zu tun hätte, sondern eben mit einem System, kam dagegen auf.

Ich versuchte mich abzulenken. Ich veranstaltete in meinem Innern Spiele mit mir selber, bemühte mich, lateinische, griechische, hebräische Verse in deutsche umzuschmieden, trieb das, was eine frühere Generation »Übungen des Witzes und Verstandes« genannt hatte. Suchte etwa herauszubekommen, wann ich dies oder jenes zum letzten Mal getan hätte. Ich bin sechsundfünfzig Jahre alt, und schon bevor ich interniert wurde, hatte ich mich zuweilen gefragt: Ist es jetzt wohl das letzte Mal, daß du dies oder jenes tust? Wenn ich ein Buch las, das ich liebe, dann fragte ich mich: Ist es jetzt wohl das letzte Mal, daß du dieses Buch liest? Und so geschah es mir mit Bildern, die ich sah, mit Anzügen, die ich wieder einmal hervorsuchte, mit Musikstücken, die ich hörte, Menschen, denen ich begegnete. Im Grunde nimmt man jeden Tag von irgend etwas Abschied, ohne es zu wissen.

Jetzt, in diesen schlaflosen Nächten im Stroh und Dreck von Les Milles fragte ich mich: Wann hast du zum letzten Mal im Meer gebadet? Wann warst du mit der und jener Frau zum letzten Mal zusammen? Wann hast du zum letzten Mal Shakespeare gelesen.

Ein Lagerkamerad hatte mir erzählt, er habe eines meiner Stücke spielen sehen, da und dort, dann und dann, es war vor langer Zeit. Allein er wußte noch genau Bescheid über die Handlung, und er fragte mich beflissen über gewisse Einzelheiten. Ich aber konnte ihm keine Auskunft geben, ich wußte

von dem Stück viel weniger als er, insbesondere die Handlungsfolge hatte ich völlig vergessen. Das beschäftigte mich, und in jenen schlaflosen Nächten machte ich viele Proben, wieweit mein Gedächtnis noch verlässig sei.
Ich habe in meiner Jugend viel auswendig lernen müssen, Nützliches und sehr viel Unnützes, mein Gedächtnis war auf jede Art trainiert. Als ich jetzt nachprüfte, erkannte ich deutlicher als jemals früher, wie überaus willkürlich dieses mein Gedächtnis funktionierte. Es weigerte sich mit erschreckender Beharrlichkeit, mir wichtige Dinge mitzuteilen, die ich doch genau »wußte«, während es mir ungeheißen und vordringlich Dinge vorplapperte, die ich gar nicht wissen wollte.
Zeitlebens bin ich nicht herausgekommen aus der Verwunderung über dieses Phänomen Gedächtnis, die seltsamste Funktion des menschlichen Geistes. Während ich mich – und das geht wohl jedem ähnlich – an Begegnungen mit gleichgültigen Menschen so genau erinnern kann, daß ich jedes winzigste Detail anzugeben vermag, sind mir Gesichter, die mir lieb waren, vollkommen entschwunden. Keine noch so gründliche psychische Analyse erklärt das Wieso und Warum.
In diesen schlaflosen Nächten von Les Milles schien mir mein Gedächtnis besonders willkürlich. Alle im Lager hatten wir die Erfahrung machen müssen, daß sich unser Gedächtnis verschlechterte. Wir führten es zurück auf das Brom, das man unserm Essen beimischte, um unsre sexuellen Regungen zu dämpfen.
Früher, in ruhigen Zeiten, hatte es mich eher amüsiert, wenn zuweilen mein Gedächtnis versagte. Jetzt, in diesen bösen Nächten, geriet ich darüber in ohnmächtige Wut. Daß es keine Bücher gab, keine Nachschlagewerke, mit deren Hilfe man die Lücken des versagenden Gedächtnisses hätte ausfüllen können, daß man auf das Zufallswissen der Kameraden angewiesen war, vor allem auf das des österreichischen Polyhistors, mehrte meinen hilflosen Zorn.

Es war erstaunlich, wie schnell wir alle uns den Bedingungen des Lagers anpaßten. So hart für viele der Übergang von ihrem gewohnten Leben zu der Primitivität von Les Milles war, schon nach wenigen Tagen benahmen sie sich im Lager so, als wären sie hier seit Jahren.

Alle stumpften wir ab. Leiden und Erniedrigungen, eigene und die unsrer Kameraden, die uns kurz vorher noch empört hätten, nahmen wir resigniert, mit Achselzucken hin, schließlich gewahrten wir sie nicht mehr.
Auch in den Konzentrationslagern der Nazis ist das so gewesen. Es waren unter uns viele, die diese Konzentrationslager hatten kennenlernen müssen, vor allem die Lager von Dachau und Buchenwald. Sie waren, so erzählten sie mir übereinstimmend, so oft gezwungen worden, Exekutionen beizuwohnen, der Verabreichung von Prügelstrafen und dergleichen, daß der Anblick dieser Scheußlichkeiten schließlich überhaupt keinen Eindruck mehr auf sie machte. Sie hatten während dieser Exekutionen die kleinen Geschäfte ihres Alltags besprochen, ja, sie hatten einander Witze erzählt. Einer berichtete mir, einmal sei einer der Gezüchtigten unter den Hieben gestorben; er, der Erzähler, aber habe es nicht wahrgenommen, wiewohl er ganz in der Nähe gestanden habe; denn er habe gerade mit seinem Nebenmann um ein Stück Schokolade gefeilscht. Jetzt begriff er das selber nicht mehr. Allein so war es nun einmal gewesen, alle erzählten mir das.
Ich habe selber jähe Glücksumschwünge von außerordentlichen Konsequenzen erlebt, und wenn ich sie in Ruhe bedenke, dann bleibt das Erstaunliche, wie schnell ich mich jeweils den neuen Bedingungen anpaßte. Im Lager von Les Milles erprobte ich es von neuem an mir selber und an den andern, wie ungeheuer rasch der Mensch sich akklimatisiert.
Es gab unter uns Männer, die sehr verwöhnt gewesen waren, die sich empört hatten, wenn sie einmal auf einer Reise das gewohnte Badesalz nicht hatten bekommen können, und die es als Unbill des Schicksals empfunden hatten, wenn der bevorzugte Jahrgang ihrer Weinsorte ausgegangen war. Jetzt, über Nacht stellten sie sich um, ihre Hoffnungen und Ängste verengerten sich, ihre Ansprüche und Genüsse wurden die gleichen wie die der Proletarier unter uns. Ich habe schon gesagt, daß sich im Wesen des einzelnen wohl kaum viel veränderte. Dennoch hätte wohl ein unbefangener Beobachter festgestellt, daß wir Bewohner des Lagers eine einheitliche Masse waren, einer dem andern sehr ähnlich. Wir waren sehr unterschieden, doch wir gehorchten gleichen Gesetzen, die

uns einander anähnelten. Ein amerikanischer Physiker hat erwiesen, daß das Elektron innerhalb des Atoms anderen Bewegungsgesetzen gehorcht als das Atom selber, von dem es ein Teil ist, oder mit andern Worten, daß das Atom als Ganzes andern Bewegungsgesetzen gehorcht als die Elektrone, aus denen es zusammengesetzt ist. Das gibt vielleicht ein Bild davon, wie es um das Verhältnis des einzelnen stand zu der Gesamtheit, von der er jetzt ein Teil war.

Ob wir stolz waren oder bescheiden, plump oder fein, dumm oder gescheit, offenen Hirnes oder beschränkt, unser aller Gedanken drehten sich um die nämlichen paar Dinge des Alltags, unser aller Wünsche und Befürchtungen waren die gleichen: Was gibt es heute zum Abendessen? Kommt morgen vielleicht doch eine Siebungskommission ins Lager? Wird die Kantine Erlaubnis bekommen, Mineralwasser auszuschenken? Wann werde ich wieder einmal eine Zeitung zu lesen kriegen? Wann endlich kommt Nachricht von meiner Frau? Ist es denn ganz unmöglich, einen Apfel aufzutreiben oder ein bißchen Salat? Ach, wenn man sich endlich wieder einmal richtig waschen könnte.

Aber das konnte man eben nicht. Wir zerlumpten und verschmutzten immer mehr, und so sehr sich einer vom andern durch Wesen und Werdegang unterschied, zuletzt waren wir eine einheitlich große Horde, abgerissen, verdreckt, verkommen.

Besuche durften wir nicht erhalten. Soweit unsere Angehörigen nicht die französische Staatsangehörigkeit besaßen, wäre es ihnen ohnedies nicht möglich gewesen, uns zu besuchen, da man, um seinen Wohnort zu verlassen, eines besonderen Ausweises bedurfte, den man nur in seltenen Fällen erhielt. Auch Post kam so gut wie keine. Sie ging über Paris, wurde dort zensuriert, blieb wochenlang liegen. Die meisten von uns hatten keine Ahnung, wo sich ihre Frauen und Kinder befanden. Vermuten mußten wir nach dem, was sich in Nordfrankreich ereignet hatte, daß auch sie in Konzentrationslager gebracht worden waren.

Für eine ganze Reihe von Internierten bedeutete es Vernichtung der Existenz, wenn auch die Frau interniert wurde. Sie hatten sich etwa ein kleines Geschäft aufgebaut, das jetzt die

Frau besorgte. Wurde auch sie eingesperrt, dann war alles verloren. Einer hatte eine Obstkultur, es war Erntezeit, was wurde aus seinem Obst? Ein anderer hatte eine Kaninchen- und Hühnerfarm, wer kümmerte sich um seine Tiere, wenn auch seine Frau eingesperrt wurde? Ach, sie gehörten sicher nicht zur Fünften Kolonne, weder der Obst- noch der Kaninchenzüchter. Klar und kläglich offenbarte sich der ganze, heillose Unsinn des Internierungsdekrets.

Die technische Sorge des nackten Lebensunterhalts wurde selbst für Vermögende brennend. Die Bankkonten waren gesperrt. Viele hatten noch zuletzt Geld abgehoben und es ihren Frauen zur Aufbewahrung übergeben. Was sollten die Frauen jetzt damit anfangen? Im Lager wurde es ihnen bestimmt abgenommen.

Und was geschah mit den kranken Frauen? Viele waren krank oder durch die Strapazen des Exils gesundheitlich heruntergekommen. Werden sie die Anstrengungen einer Internierung überstehen? Und was wurde aus den Kindern? Soldaten berichteten, in der Stadt Marseille seien auch die Kinder eingesperrt worden. Sie seien zusammen mit den Müttern in einem von seinem Besitzer verlassenen Vorstadthotel untergebracht, um in die Pyrenäen abtransportiert zu werden.

Da war einer im Lager, der hatte ein zuckerkrankes Kind. Wenn das Kind nicht auf eine bestimmte Art gepflegt wurde, war es verloren. Der Mann, ein Apotheker, hatte ein Grauen vor französischen Hospitälern, er erzählte scheußliche Erlebnisse von Schmutz und Schlamperei. Er war fast sinnlos vor Angst um sein Kind. Wenn seine Frau die Krankheit des Kindes verheimlichte, um nicht von ihm getrennt zu werden, dann verlor sie die Möglichkeit, es richtig zu verpflegen. Wurde das Kind aber ins Hospital gebracht, dann, das nahm der Mann mit Sicherheit an, war es erst recht verloren.

Besser hatten es jene unter uns, die mit Französinnen verheiratet waren. Nicht nur waren diese Frauen nicht eingesperrt, sie waren auch nicht den zahllosen peinlichen Sonderbestimmungen unterworfen wie die Frauen der übrigen, sie durften reisen, sie konnten versuchen, ihre Männer zu sehen. Die Männer konnten die Treue und Anhänglichkeit dieser ihrer französischen Frauen nicht genug rühmen, sie rechneten darauf, daß diese Frauen alles dransetzen würden, mit ihnen Ver-

bindung zu bekommen. Das taten sie denn auch. Sie kamen nach Les Milles, von weither kamen sie, fast alle kamen sie. Aber Besuche waren nun einmal verboten, und den Wachen waren so strenge Strafen angedroht, daß sie nicht wagten, eine Zusammenkunft der Frauen mit ihren Männern zu ermöglichen.
Da standen denn die Frauen, oft nach beschwerlichen Reisen, vor den Gittern und vor dem Stacheldraht, sie gingen auf der heißen, staubigen Landstraße auf und ab, stundenlang, tagelang, um vielleicht für eine halbe Minute das Gesicht des Mannes zu erspähen. Manchmal wurden sie von einem Offizier des Lagers empfangen, manchmal wurde eine Botschaft übermittelt, wenn sie zur Genüge zensuriert und als harmlos befunden worden war. Sehr oft, viermal, fünfmal des Tages, hörte man jemand eilig, wichtig rufen: »X., Ihre Frau ist da.« Dann versuchte wohl X. von einem Fenster aus die Frau zu erspähen, oder er stellte sich auf hochgestapelte, immer wieder einstürzende Ziegelsteine, um über die Mauer zu schauen, oder er ließ sich von den andern hochheben. Das geschah in einer Entfernung von dreißig Metern von der Mauer, und wenn er die Frau und die Frau ihn glücklich erspähte, dann schrie er ihr etwas zu und sie verstand nicht und er schrie noch einmal und sie schrie zurück, und dann kamen die Wachen und jagten die Frau fort, und sie jagten den Mann vom Hof, es war ein jämmerliches Schauspiel.
Einmal schmuggelte ein gutmütiger Wachsoldat das fünfjährige Kind einer solchen französischen Frau herein zum Vater ins Lager. Der Vater war ein in Marseille sehr angesehener Mann, jetzt lief er verschmutzt und zerlumpt herum wie wir alle. Der sehr hübsch und sauber angezogene Junge war erstaunt. Er bat den Vater, doch endlich wieder nach Hause zu kommen; auch die Mutter wartete draußen auf der Straße. Der Vater erfand eine gequälte Geschichte, er sei hier Offizier und müsse uns beaufsichtigen. Wir andern spielten mit und erwiesen dem Vater allerlei Ehrenbezeigungen. Das Kind war halbwegs getröstet.

Ich habe schon gesprochen von der Schamlosigkeit, mit der wohl oder übel alle Funktionen des Körpers in größter Öffentlichkeit vorgenommen wurden. Diese erzwungene

Schamlosigkeit des Körpers mochte mit dazu beitragen, daß viele nun auch ihre Seele entblößten. Schon in ruhigen Zeiten lassen sich viele vor dem Schriftsteller gehen, sie sehen in ihm eine Art Beichtvater, sie bekennen ihm gern ihre geheimen Nöte und Hoffnungen, ihren heimlichen Stolz und ihr verborgenes Minderwertigkeitsgefühl. Im Konzentrationslager überhäuften sie mich mit Konfessionen jeder Art, auch der intimsten, sie übertrieben gern in der Schilderung ihrer Erlebnisse, sie machten sich besser als sie waren, und schlechter als sie waren, und verzerrten manches ins Absurde.

Noch eine andere Eigenschaft entwickelte der Aufenthalt im Lager in vielen, eine übergroße Reizbarkeit. Da man so dicht und ständig aufeinander hockte, gab es ununterbrochen Reibungen. Wer heute Freund war, wurde morgen zum Feind. Immerzu wurden Eitelkeiten verletzt, fühlten sich Leute beschwindelt, glaubten sie ihre guten Dienste übel gelohnt. Fast immer waren die Anlässe der Streitigkeiten nichtig. Da hatte einer einem andern versprochen, ihm morgen Wasser zu beschaffen, wenn der andere ihm heute seinen Anteil überlasse, doch der erste konnte oder wollte sein Wort nicht halten. Da hatte einer einem ein Stückchen Wurst geschenkt und rechnete auf einen Gegendienst. Die Erörterungen wurden mit Heftigkeit geführt; den Tag darauf schämte man sich des verschwendeten Aufwands an Worten und Gefühl.

Ursache der meisten Streitigkeiten waren die Handelsgeschäfte, die im Lager getätigt wurden. Gehandelt wurde mit allem und jedem. Die tägliche Eßration wurde verkauft. Leute, die irgendwo anstanden, an der Kantine oder selbst an der Latrine, verkauften ihren Platz. Erlaubt war, alle vierzehn Tage einen Brief abzusenden; doch wer erwarten durfte, der Adressat erkenne ihn an der Schrift, der konnte von einem, der seinesteils auf seinen Zweiwochenbrief verzichtete, das Recht einhandeln, den Namen dieses Verzichtenden als Absendernamen auf den Brief zu setzen.

Zeitungen waren veboten. Die Soldaten schmuggelten gegen Entgelt ein paar Exemplare ein. Kommerzielle Talente unter den Internierten beschafften sich ein solches Exemplar und verliehen es weiter, zehn Mal, zwanzig Mal, dreißig Mal. Es kam vor, daß einer an einem Zeitungsblatt, das er für einen oder anderthalb Franken gekauft hatte, dreißig bis vierzig

Franken verdiente. In einem Winkel bildete sich ein Knäuel, viele standen Schmiere, um rechtzeitig das allenfallsige Herannahen eines Offiziers zu melden, der Verleiher der Zeitung schaute auf die Uhr, damit der Kunde die ihm zugestandenen zwei Minuten Lektüre nicht überschreite, der Leser las wohl zum Ärger des Verleihers laut vor.
Die wüstesten Streitigkeiten gab es mit und unter den Fremdenlegionären. Sie waren auch die wüstesten Händler. Es gab viel Gesindel unter ihnen, aber viele waren, wenn man sie näher besah, durchaus keine unebenen Burschen. Und alle mußte es erbittern, daß Frankreich sie so behandelte. Später gar, als wir arabische Soldaten zu Wächtern erhielten, war die Empörung allgemein über die Situation, in welche Frankreich diese seine Legionäre gebracht hatte. Sie hatten, die Legionäre, diese Marokkaner unterworfen, und nun mußten sie sich von ihnen als Gefangene bewachen lassen.
Sie waren, viele dieser Legionäre, rauh von Wort, sie schnitten, wenn sie von ihren Schlachten erzählten, gräßlich auf, sie waren geldgierig. Aber sie waren auch tapfer und auf ihre Art ehrlich. Da trafen zum Beispiel zwei Legionäre mit einem älteren Herrn ein Abkommen, daß sie ihm gegen Zahlung von dreitausend Franken zur Flucht und zur Reise da und dahin verhelfen würden. Der Herr zahlte tausend Franken an, und sie leisteten ihm treulich den versprochenen Beistand und teilten mit ihm Annehmlichkeiten und Unannehmlichkeiten der Reise. Das ging so weit, daß sie, als sie aus einem Postwagen einen Beutel mit Gold stahlen, ihm redlich den dritten Teil davon anboten. Sie waren, diese Fremdenlegionäre, laut, roh, aufschneiderisch, mutig, grob, rechthaberisch, räuberisch. Sie waren bunt wie die vielen Medaillen, welche ihnen die Republik auf die Brust geheftet hatte.

Wiewohl sich der Unterschied zwischen reich und arm im Lager spürbar machte, gab es wenig Klassenstolz. Die Gruppierung, die wir unter uns vornahmen, geschah nach anderen Kriterien als nach denen des Besitzes, die geschah nach sonderbaren, juristisch formalen Gesichtspunkten, nämlich gemäß den Aussichten der Freilassung, wie sie der einzlene seinen Papieren zufolge hatte. Je nach dem Anspruch, den wir nach der Meinung der Sachverständigen darauf hatten, bei der

berühmten Siebung Gnade zu finden, zerfielen wir in verschiedene Kategorien.
Die unterste Stufe nahmen die Besitzer deutscher Pässe ein, die nächstniedrige, die Inhaber österreichischer. Besser schon stand es um jene, deren deutsche oder österreichische Pässe mit Übersee-Visen versehen waren. Wieder eine Stufe höher standen diejenigen, die mit Französinnen verheiratet waren, noch höher die Väter französischer Söhne, die im Heere dienten. Sehr angesehen waren weiter die Saarländer, denn Frankreich hatte ihnen in besonders feierlicher Form Schutz zugesagt. Am höchsten aber in der Rangordnung standen die Fremdenlegionäre und wir Inhaber von Staatenlos-Pässen, die wir von Frankreich als politische Flüchtlinge und Gegner Hitlers anerkannt waren. Eifrig wogen die Gruppen ihre Chancen gegeneinander ab. Immer wieder, trotz aller schlechten Erfahrungen, hieß es, morgen werde die berühmte Siebung und die Freilassung beginnen, und zwar werde diese oder jene Gruppe als erste berücksichtigt werden. Und verächtlich blickten die Angehörigen der privilegierten Gruppe hinab auf die traurigen Inhaber einfacher deutscher oder österreichischer Pässe.
Wer sein Leben als Bewohner eines Landes verbringt, das niemals durch innere Wirren, Krieg, Besetzung erschüttert worden ist, der weiß nicht, welche Rolle ein Identitätspapier, ein Stempel im Leben eines Menschen spielen kann. Es ist gewöhnlich ein lächerliches Stück Papier, ein lächerlicher Stempel, von einem belanglosen Schreiber gefühllos hingesetzt. Doch wie viele Zehntausende, Hunderttausende, Millionen jagen einem solchen Stück Papier, einem solchen Stempel nach. Wie viele tausend Listen, wieviel Geld, Nerven, Leben wird aufgewendet von vielen tausend Menschen, um solch einen Stempel zu erjagen. Wie viele Schwindler leben davon, daß sie solche Stempel und Papiere legal und illegal verschaffen. Wieviel Glück und wieviel Unglück hat der berechtigte und unberechtigte Besitz solchen Papiers zur Folge.
In dem Kampf um die Erlangung von Papieren spielen die Juristen eine große Rolle, da man annimmt, sie könnten gute Führer sein durch das Labyrinth der Verwaltungsvorschriften. Auch in unserm Lager spielten die Juristen eine Rolle.

Sie setzten wichtig auseinander, daß unsere Internierung ungesetzmäßig sei und den internationalen Zusicherungen widerspreche, die Frankreich auf der Konferenz von Evian gegeben habe. Man setzte also ein Schriftstück auf, das mit Berufung auf jenen Vertrag gegen unsre Internierung protestierte. Ich mußte, als man mir dieses Dokument zur Unterschrift vorlegte, hell auflachen. Wie konnte sich in diesen Zeiten ein Mensch, der seine fünf Sinne beisammen hatte, auf internationale Zusicherung berufen! Doch an irgendeine Hoffnung muß sich der Mensch wohl klammern.
Der Geltungsdrang einzelner unserer Juristen spornte sie zur Tätigkeit. Noch andere Eingaben wurden gemacht. Immerzu ließen sich ein paar Leute von irgendeiner Gruppe delegieren, von den Saarländern oder von den Vätern französischer Söhne, standen bedeutend zusammen, werkelten an der Konzeption irgendeines Gesuches herum, meldeten sich schließlich feierlich beim Kommandanten. Der Kommandant hörte sie höflich an, versprach, ihr Gesuch weiterzuleiten, warf es in den Papierkorb.

Unser Verhältnis zu den Wachsoldaten war gut. Die Leute langweilten sich, sie unterhielten sich gerne mit uns. Sie erzählten uns, was sie in den Zeitungen gelesen, was sie im Radio gehört hatten. Leider hatten sie es nur in seltenen Fällen verstanden.
Im übrigen waren sie skeptisch, sie glaubten nicht an ihre Regierung, sie glaubten, der ganze Krieg sei Schwindel, nur dazu bestimmt, einige reiche Herren noch reicher zu machen. Sie empfanden sich nicht als Soldaten, sondern als arme Teufel, die genau wie wir in eine dumme Maschinerie hineingeraten waren. Sie waren Bauern, kleine, ländliche Handwerker, die man in Uniform gesteckt hatte und die nichts sehnlicher wünschten, als zu ihren Frauen, Kindern, Hühnern, Äckern zurückzukehren.
Besonders gut war das Verhältnis der internierten Arbeiter und Bauern zu den wachehabenden Arbeitern und Bauern. Da konnte man oft einen von den unsern diesseits des Stacheldrahts stehen sehen und schwatzen mit dem wachehabenden Soldaten jenseits des Stacheldrahts, so wie wohl ein Bauer über den Zaun schwatzt mit seinem Nachbarn. Ohne daß sie

viele Worte gemacht hätten, war es diesen Deutschen und Franzosen bewußt, daß sie im gleichen Topf schmorten.
Merkwürdig war unser Verhältnis zu den Offizieren. Manche von uns hatten früher mit manchen von den Offizieren geschäftlich oder gesellschaftlich zu tun gehabt, entweder mit dem Hutfabrikanten, der jetzt ihr Kerkermeister war, oder mit dem Seidenfabrikanten, seinem Stellvertreter. Der Kapitän-Hutfabrikant war ihr Gast beim Abendessen gewesen, oder sie hatten mit dem Leutnant-Seidenfabrikanten in einem der guten, unpretentiösen Marseiller Restaurants diniert. Die französischen Herren wußten sich gut in die neue Lage zu finden. Sie waren freundlich und distanziert. Sie waren viel weniger Offiziere als Beamte, denen die Regierung einen unangenehmen Auftrag erteilt hatte, dessen sie sich nun entledigten, so gut oder schlecht es ging.
Ich muß hier anmerken, daß ich weder bei meiner ersten Internierung in Toulon und in Les Milles, noch bei meiner zweiten in Les Milles und in Nîmes irgend etwas erlebt oder gesehen hätte, das man als Grausamkeit oder auch nur als schlechte Behandlung hätte bezeichnen können. Niemals wurde geschlagen oder gestoßen oder auch nur geschimpft. Der Teufel in Frankreich war ein freundlicher, manierlicher Teufel. Das Teuflische seines Wesens offenbarte sich lediglich in seiner höflichen Gleichgültigkeit den Leiden anderer gegenüber, in seinem Je-m'en-foutismus, in seiner Schlamperei, in seiner bürokratischen Langsamkeit.
Immer klarer erkannten wir das Wesen dieses Teufels. Daß er solcher Art war, war schlimmer, als wenn er grausam und böse gewesen wäre. Gegen Grausamkeit und Tücke hätte man leichter angehen können als gegen Schematismus und Schlamperei. Es war ein weicher, molluskenhafter Teufel, der Teufel in Frankreich; wenn man ihn anpackte, leistete er keinen Widerstand, sondern zog sich zurück, doch nur, um sich an anderer Stelle auszubreiten. Er war der große Krumme des Peer Gynt.
Bewußt wurde das nur wenigen von uns, doch alle spürten es, Wohl sprach man noch davon, daß die Siebungskommission kommen werde, aber ernsthaft rechnete keiner mehr damit. Vielmehr richtete man sich darauf ein, daß unser Zustand dauern werde, und paßte sich an. Die Ohren gewöhnten sich

an das Gefluche und Gefurze, die Zunge ans Brom, die Nase an den Dunst der Latrinen. Nur das Herz begehrte noch zuweilen auf und wollte sich nicht daran gewöhnen, daß dieses stumpfe, sinnlose Dasein nun ohne Ende weitergehen sollte.

Immer quälender wurde die Unwissenheit über das, was man mit uns vorhatte. Keine Post kam, nichts war zu erfahren. Das einzige, was feststand, war, daß sich die politische und militärische Situation Frankreichs von Tag zu Tag verschlimmerte.

Wir sagten uns, innerhalb der Ereignisse, die sich jetzt überstürzten, hätten die Stellen, auf die es ankam, bestimmt keine Zeit, sich um uns zu kümmern und Entscheidungen über unser Schicksal zu treffen. Wir hatten das lähmende Gefühl, wir seien von der Außenwelt vergessen. Viele klagten, wir würden hier vermodern und verkommen, ohne daß irgendwer draußen darum wüßte.

Ich glaubte das nicht. Ich rechnete zuversichtlich damit, daß meine Freunde draußen in der Freiheit für mich arbeiten würden.

DIE SCHIFFE VON BAYONNE

Verflucht sei dein Eingang und verflucht sei dein Ausgang. Der Herr wird dich hinschmettern vor deine Feinde. Einen Weg wirst du ausziehen gegen sie, und auf sieben Wegen wirst du vor ihnen fliehen. Am Abend wirst du sprechen: Oh, wäre es Morgen, und am Morgen wirst du sprechen: Oh, wäre es Abend.

Ich habe zu Anfang dieses Buches von dem kleinen Zimmer erzählt im Erdgeschoß meines Hauses in Sanary, wo der Radioapparat stand. Vor diesem Radioapparat habe ich merkwürdige Erlebnisse gehabt. Der Apparat war meine Verbindung mit Deutschland, mit meiner Heimat, mit meiner Heimatstadt München. Sonderbar klangen aus diesem Apparat Stimmen von Menschen, die man lange nicht gesehen, doch nicht vergessen hatte, von Schauspielern, die einmal in meinen Stücken gespielt hatten und die jetzt Nazisprüche herunterleierten. Der Apparat berichtete von Orten, die man sehr genau kannte, und von widerwärtigen Kundgebungen, die jetzt dort stattfanden. Hier lag ich, in der guten Sicherheit Frankreichs, auf meine Ottomane und hörte zwiespältigen Gefühles mit an, wie irgendein Minister oder sonstiger Funktionär der Nazis sinnlos gegen mich wetterte.
An diesem Radioapparat war mir, kurz bevor ich mein schönes Haus mit dem Konzentrationslager hatte vertauschen müssen, die Nachricht entgegengeschmettert von dem Zusammenbruch Belgiens. Die Nazis hatten die Meldung barbarisch effektvoll aufgemacht. Zuerst brachten sie die üblichen Siegesnachrichten, dann forderten sie auf: »Bleiben Sie am Apparat, wir bringen Ihnen in etwa fünf Minuten eine wichtige Sondermeldung.« Man wartete unbehaglich. Dann, nach etwa fünf Minuten, hieß es: »Wir bringen Ihnen jetzt eine Sondernachricht der Obersten Heeresleitung. Deutsche Truppen sind soeben in die belgische Stadt Löwen eingezogen.« Und gespielt wurde jenes sentimantal-schmissige Lied: »Gib mir deine Hand, deine weiße Hand, denn wir fahren, denn wir fahren, denn wir fahren gegen Engeland.« (Mit seinem dummen Archaismus, mit seiner mittelalterlichen Hansa-Heldenhaftigkeit und seiner Sentimentalität eines der verlogensten Lieder der Welt.) Das verlogene Volkslied kaum verklungen, hieß es wieder: »Bleiben Sie am Apparat, wir haben Ihnen in wenigen Minuten noch eine Sondernachricht zu bringen.« Und nach fünf Minuten von neuem das gemeine Lied und gemeldet wurde: »Deutsche Truppen sind soeben in

die belgische Hauptstadt Brüssel eingezogen«, und: »Bleiben Sie am Apparat«, wurde man ein drittes Mal aufgefordert, »wir haben Ihnen bald eine weitere Sondermeldung zu bringen.« Und abermals: »Wir fahren gegen Engeland«, und »Deutsche Truppen haben soeben die befestigte Seestadt Antwerpen eingenommen.« Und: »Deutschland, Deutschland über alles« und das pöbelhafte Nazi-Lied Horst Wessels.

Dies war einer der trüben Auftakte dessen, wovon wir dann im Konzentrationslager erfuhren. Wir hörten von der Einnahme von Amiens und Arras, von dem Vorrücken der Deutschen überall in Nordfrankreich, von der Einnahme von Boulogne, von Calais. Wir hörten, daß der König von Belgien seiner Armee befohlen hatte, die Waffen zu strecken. Wir hörten von einer Rede, in welcher der französische Ministerpräsident eine Reihe seiner Generäle der Unfähigkeit zieh oder des Verrates und sie absetzte.

Alles das hörten wir in Umrissen, vage. Die wenigen Zeitungen, die wir ergatterten, kamen verspätet, die zensierten Meldungen verschleierten die Situation. Wir lauschten eifrig auf das wenige, was wir erfuhren, wir kommentierten jedes Wort, wir studierten eingeschmuggelte Landkarten, es gab unter uns zahlreiche Strategen, die darlegten, was, wieso und warum.

Soviel war gewiß: die Nazis drangen vor, die Nazis bedrohten Paris. Und wenn sie Paris nehmen, was wird aus uns? Es war scheußlich hier im Lager zu sitzen, hilflos, gefangen, nichts unternehmen zu können gegen das näherrückende Unheil, nicht einmal Genaueres darüber zu erfahren.

Man konnte den steigenden Erfolg der Nazis messen an dem Benehmen derjenigen unter uns, die mit ihnen sympathisierten. Sie waren eine winzige Minderheit, sie hatten sich bis jetzt still verhalten: jetzt witterten sie Morgenluft. Weit machten sie den Mund auf und erklärten triumphierend, Paris werde sich unter keinen Umständen halten, es sei aus mit Frankreich. Einer unter den Nazis hielt in seinem Stroh einen kleinen Radioapparat versteckt; höhnisch teilte er uns die Siegesmeldungen der Nazis mit.

Es sah schwarz aus um uns, und die zahlreichen Gerüchte machten unsere Lage noch schwärzer.

Ich selber war überzeugt, daß die Ereignisse in Frankreich, was immer geschehen mochte, den Krieg nicht entscheiden würden. Ich war überzeugt, daß die Hitler-Leute, so große Augenblickserfolge sie gewannen, den Endsieg nie würden erringen können. Sowenig sich die Deutschen im ersten Krieg gegen die ganze vereinigte Welt zu halten vermocht hatten, sowenig – das stand mir mathematisch fest – konnten sie sich in diesem Krieg halten. Ich sagte das meinen Kameraden immer wieder. Ich war überzeugt und überzeugte. Am andern Tag freilich kamen von neuem die Schwarzseher, und ich mußte von neuem überzeugen.

Mehr noch als das, was im Norden geschah, beschäftigte uns alle, beschäftigte ganz Südfrankreich das Problem: Was wird Italien tun? Wird Italien in den Krieg eintreten? Die nächsten italienischen Flughäfen waren nur eine halbe Flugstunde entfernt. Was wird, wenn Italien den Krieg erklärt, mit uns geschehen?
Bis jetzt, diese ganzen neun Monate hindurch, hatte das Land hier unten vom Kriege nicht viel zu sehen und zu spüren bekommen. Jetzt auf einmal rückte er allen auf die Haut. Die Offiziere gingen mit versperrten, bedrückten Gesichtern herum, die Soldaten waren finster und ängstlich, sie wußten nicht, wie sie sich gegen das neue Übel wehren sollten.
Wir Internierten mußten Unterstände graben, die uns vor den Fliegern schützen sollten. Geleitet wurden diese Arbeiten von einem Unterleutnant, der im Zivilberuf Munizipalsekretär war. Er hatte von dem Geschäft, das ihm da oblag, keine Ahnung. Wir mußten in dem harten Grund der Höfe tiefe Galerien aushauen, die im Zickzack liefen. Aber da nicht viel Raum war, so lief der größte Teil des Grabens in der Nähe des Hauses. Die Sachverständigen unter uns Internierten erklärten, die Anlage sei hoffnungslos dilettantisch. Wer sich während eines Bombardements in einem solchen Unterstand befinde, sei besonders bedroht. Denn treffe eine Bombe das Haus, so würden unfehlbar die Gräben durch das einstürzende Gebäude verschüttet. In vorsichtigen Worten setzten wir das dem Leutnant-Munizipalsekretär auseinander. Er wies uns barsch ab; es sei nun einmal Befehl da, Luftschutzunterstände zu schaffen.

Die Lagerleitung drängte darauf, daß die Arbeit schnell ausgeführt werde. Wir arbeiteten in Schichten, es herrschte gute Ordnung. Der Boden war hart, die Gräben mußten tief sein, leicht war die Arbeit nicht. Trotzdem kam sie den meisten zupaß, und nach der langen Beschäftigungslosigkeit freuten wir uns ihrer. Alle arbeiteten wir mit Lust. Man entledigte sich der Jacken, der Hemden, die derbgesichtigen, katholischen Geistlichen warfen ihre Soutane ab, und mit nacktem, sich rötendem Oberkörper roboteten wir herum mit Hacken, Schaufeln, Schubkarren.
Zwei Tage, nachdem wir die Arbeit begonnen hatten, erfolgte ein erstes Bombardement, nicht durch die Italiener, sondern durch die Deutschen.
Der Lagerkommandant teilte offenbar die Meinung unserer Sachverständigen. Er schickte uns nicht in die Unterstände, sondern ließ uns ins Haus zurücktreiben. Die großen Tore wurden verrammelt wie in der Nacht, auch die Fensterluken mußten wie in der Nacht mit den Holzverschalungen geschlossen werden. Es war ein heftiges Bombardement, ein Flughafen war in unmittelbarer Nähe des Gebäudes, kaum zwei Meilen entfernt, die Einschläge erfolgten sehr nahe. Peinvolle, drückende Spannung war in uns, wie wir da, zweitausend Menschen, hilflos eingeschlossen waren in dem dunklen Gebäude. Die Erfahrenen unter uns schätzten nach den Geräuschen, welcher Art die Bombe gewesen sein und in welcher Entfernung sie eingeschlagen haben mochte.
Über vier Stunden blieben wir so eingeschlossen, den ganzen Mittag über; zu essen gab es nichts. Alle waren wir dumpf gereizt, am meisten die Juristen. Daß man uns hier in unmittelbarer Nähe eines Flughafens unterbringe, verstoße, setzten sie auseinander, gegen das Völkerrecht.
Zur Verfügung standen nur die vier Latrinen im Innern des Gebäudes. Doch auch diese standen nicht zur Verfügung; sie wurden, ich sagte es schon, tagsüber versperrt gehalten, und die Lagerleitung hatte sie auch diesmal nicht öffnen lassen. Das war es, was uns am meisten empörte; denn viele hatten das Bedürfnis. Schließlich brach man die Latrinen auf. Aber jetzt erklärten die Fremdenlegionäre, die Latrinen gehörten zu ihrem Bereich, und sie verlangten Eintritt von jedem, der sie benutzen wollte.

Wir waren unter uns, kein Franzose war im Gebäude, nur wir Internierten. Die Einschläge entfernten sich, kamen näher, entfernten sich. Durch die Luken der Verschalung spähten wir hinaus in die Höfe, sie waren vollkommen leer. Wir fühlten uns preisgegeben.
Ein tiefes Aufatmen war, als die Türen endlich wieder geöffnet wurden und wir hinaus konnten in den besonnten Hof.
In der Nacht erfolgte ein zweites Bombardement, aber es kam uns weniger schlimm vor. Das dunkle Haus, in dem wir hilflos eingesperrt waren, hatte bei Tag wie ein Massengrab gewirkt, in das man uns lebenden Leibes geworfen hatte. Des Nachts wirkte es wie eine Schlafstätte. Die meisten schliefen denn auch und ließen sich von den Bomben nicht stören.
Am andern Tag kam ein höherer Offizier, unsere Luftschutzgräben zu inspizieren. Er ordnete an, daß man sie wieder zuschütte. Die mühselige Arbeit, die sinnlose Aufbuddelung des Grundes und die sinnlose Zuschüttung war so recht ein Gleichnis unseres ganzen sinnlosen, bedrohten Lebens hier in Les Milles. Das einzige Ergebnis war, daß nun die Höfe uneben waren und holperig.
Die Nazis unter uns wollten mittels ihres heimlichen Radioapparates eine Ankündigung der Deutschen gehört haben, daß die Armeeleitung wisse, es seien in Les Milles gute Deutsche eingesperrt, und daß sie deshalb ihren Fliegern den Auftrag gegeben habe, die Ziegelei Les Milles zu schonen.

In den nächsten Tagen erfolgten noch mehrere Bombardements. Wir wußten jetzt, daß ganz Nordfrankreich in der Hand der Nazis war. Wir lasen von der verzweifelten Bitte des französischen Ministerpräsidenten an Amerika, zu helfen, sogleich zu helfen, sonst sei Frankreich verloren.
Es waren herrliche Junitage, nicht zu heiß und nicht zu windig. In unseren staubigen Höfen standen wir herum und diskutierten eifrig. Überall waren Erdhaufen, die Überbleibsel unserer Bemühungen, uns gegen die Bomben zu schützen. Wann werden die Deutschen Paris nehmen? Schon war es zur offenen Stadt erklärt worden, also zweifellos nicht zu halten. Die Nazis standen siebzig Meilen von Paris entfernt, nein, achtzig, nein achtundvierzig. Unsere wackeren Wachsoldaten mußten plötzlich exerzieren. Sie rückten aus in Viererrei-

hen, bewaffnet. Maschinengewehre wurden rings um unser Lager in Stellung gebracht. Alles machte bittere Witze darüber. Unsere Wachsoldaten erklärten grimmig, sie gingen, wenn die Italiener kämen, nach Hause.
Sie konnten nach Hause gehen, aber was sollte aus uns werden? Vom Norden kamen die Deutschen, vom Osten die Italiener, und wir waren eingesperrt, hilflos. Selbst wenn es uns gelang, auszubrechen, dann waren wir in einem Land von Feinden, hin- und hergetrieben zwischen den Armeen noch schlimmerer Feinde.
Finster spaßhafte Berechnungen stellten wir an, wie hoch wohl unsere Chancen seien, mit heiler Haut aus dieser bösen Falle herauszukommen. Wir zogen in Betracht die Kriegsnachrichten, die pschologische Situation der Bevölkerung, unsre eigenen physischen und technischen Fähigkeiten. Wir kamen zu dem Schluß: heute sind die Chancen tödlichen Ausgangs sechzig Prozent, die Chancen der Rettung vierzig. Nein, das ist zu optimistisch, die Chancen der Rettung betragen nur mehr dreißig Prozent. Übrigens ist das wohl individuell verschieden. Wer sich öffentlich gegen die Nazis betätigt hat, wer von ihren Funktionären, in ihren Zeitungen angegriffen, von ihren Gerichten verurteilt worden ist, hat natürlich noch weniger Chancen, heil aus dem Lager herauszukommen.
Das Zeitungsgeschäft blühte. In allen Winkeln standen Leute, studierten die spärlichen, teuren, zerlesenen Zeitungen, zahlten ihren Franken und gingen zu einer andern Gruppe, wo einer aus einer andern Zeitung vorlas. Dann schlenderte ein Offizier vorbei, die Zeitungen verschwanden, kamen hinter seinem Rücken sogleich wieder zum Vorschein.
Auch die Nazis unter uns forderten und erhielten Geld für die Weitergabe der Nachrichten aus ihrem Radio.

Italien erklärte den Krieg. Die Deutschen überschritten die Seine. Das Land Frankreich löste sich auf.
In unserer Ziegelei trafen jeden Tag neue Transporte ein. Zum größeren Teil waren es Leute, die in nördlichen Lagern interniert gewesen waren und die man jetzt hinunter nach dem Süden brachte. Allein, es waren nicht nur Internierte, die da

zu uns kamen, es waren auch Transporte flüchtiger Holländer, Luxemburger, Belgier. Auf den Höfen hockten sie herum, todmüde. Dann wurden sie zum Essen geführt, ihr Gepäck lag zerstreut im Staub und in der Sonne, ärmliches Gepäck, letzte Habe.
Eigentlich war es uns verboten, mit den Neuankömmlingen zu sprechen. Aber die Disziplin war niemals streng gewesen in unserm Lager, jetzt war sie es schon gar nicht, wir scherten uns nicht um das Verbot.
Die Berichte der Neuen klangen scheußlich. Die Insassen belgischer Konzentrationslager erzählten, wie sie in plombierten Wagen durch Frankreich transportiert worden waren. Niemand hatte sich um diese Züge gekümmert, niemand den Insassen Nahrung oder Wasser gegeben. Die belgischen Wachsoldaten hatten sie ausgeraubt, manche der Transportierten waren an Entkräftung in den Wagen gestorben, die andern zusammen mit den Leichen weitergefahren. Alle erzählten, daß sich auch Millionen von Nordfranzosen flüchtend dem Süden zuwälzten. Die Schienenwege, die Landstraßen seien verstopft. Man kämpfe um die Transportmittel. Nichts sei organisiert.
Die Transporte der Holländer, Luxemburger, Belgier blieben gewöhnlich nur kurze Zeit bei uns, die Insassen der nördlichen Konzentrationslager länger. Von ihnen hörten wir abenteuerliche Berichte, wie sie, erst im letzten Augenblick abtransportiert, qualvolle Strapazen zu überstehen gehabt hätten, endlose Fahrten, zusammengepfercht in Frachtwagen, aufrechtstehend in Lastautos, tagelang, nächtelang, hungrig, durstig, in Staub und Sonne.
Auch bei uns hatten sie es nicht gut. Sie wurden einquartiert im zweiten Stockwerk der Ziegelei, das für die Unterbringung von Menschen noch weniger geeignet war als das erste. Dieser zweite Stock war ausgefüllt von Lattenwerk, das zur Aufnahme der Ziegel bestimmt war; es gab keinen freien Raum. Die neuen Ankömmlinge mußten sich behelfen, wie es eben ging. Stroh gab es spärlich, sie schliefen auf den Brettern des Fußbodens, eingezwängt vom Lattenwerk. Diese Bretter des Fußbodens waren schlecht gefügt, sie ließen breite Spalten offen, auch liefen vom Erdgeschoß zum zweiten Stockwerk primitive Aufzüge, so daß überall Luken im Fuß-

boden waren, durch die Stroh und zahllose kleinere Gegenstände uns herunter auf die Köpfe fielen.
In der Nacht hatte man den Zugang zum zweiten Stockwerk nach unten abgeschlossen. Toilette gab es oben eine einzige, und die hatte kein Wasser. So verrichteten denn die oben ihre Notdurft, wo sie gerade waren, der Harn und Kot tropfte herunter zu uns in der Dunkelheit, und wir brüllten hinauf zu den unschuldigen obern Insassen: »Schweine, Saukerle«, bis die Wachen kamen.
Tag um Tag änderte das Lager jetzt sein Gesicht. Hunderte langten an, Hunderte gingen ab. Die in der Küche Beschäftigten stöhnten. Sie wußten nie, ob Suppe oder Kaffee für zweitausend oder für dreitausend Mann vorzubereiten waren.
Es gab unter den Neuankömmlingen Greise und Knaben. Unter den Luxemburgern war ein neunundsiebzigjähriger Mann mit zwei Enkeln von vierzehn und fünfzehn. Sie alle hatten jetzt das gleiche Los, die gleichen Strapazen, die gleichen Sorgen. Unter den neuen Internierten waren auch ein paar Zwerge, Angehörige einer Liliputaner-Truppe, deren männliche Mitglieder, soweit sie im militärpflichtigen Alter waren, die französische Bürokratie von einem nach Südamerika bestimmten Schiff heruntergeholt hatte. Übrigens waren, wie man mir sagte, diese Liliputaner Nazis und hatten ihre Freude an den deutschen Siegen.
Wir, die wir in Les Milles gewissermaßen alteingesessen waren, wurden von der Lagerleitung sichtlich bevorzugt. Die Offiziere erklärten uns, von uns wisse man doch, wer wir seien, gute Hitlergegner, den Franzosen verbunden und von ihnen eigentlich nur der Ordnung halber eingesperrt. Unter dieser Flut neuer Ankömmlinge aber gebe es wirkliche Spione und ungeheuer viel Gesindel. Niemand war mit der neuen Situation einverstanden. Die Offiziere und Wachsoldaten nicht, da ihnen die Neuen viel Arbeit machten, wir nicht, da uns die Neuen Raum und Essen wegnahmen und uns auf Schritt und Tritt behinderten. Am meisten grotesk war, daß wir selber uns als die Aristokraten des Lagers fühlten und daß wir Altansässigen, Bodenbeständigen verächtlich herabschauten auf die Neuen, die Fremden.
Die neuen Internierten erzählten viele Beispiele heilloser Bürokratie. Da war etwa ein junger Deutscher aus einer bekann-

ten Emigrantenfamilie. Er war tschechischer Staatsangehöriger, hatte in der Schweiz gelebt und war, einer Aufforderung des tschechischen Konsuls folgend, nach Frankreich gegangen, um zu der tschechischen Legion in Paris zu stoßen und gegen Hitler zu kämpfen. Er war versehen nicht nur mit allen notwendigen Papieren, sondern auch mit einem warmen Empfehlungsschreiben des französischen Gesandten in Bern. Er traf an der französischen Grenze ein, zeigte seine Papiere vor, wurde festgenommen, interniert. Seitdem war er von Lager zu Lager geschleppt worden, es war ihm nicht geglückt, mit irgendwem außerhalb Verbindung zu kriegen. Da war ferner ein jüngerer angesehener Ingenieur aus Jugoslawien, geboren in einem Gebiet, das vor dem Krieg noch österreichisch gewesen war. Dieser junge Ingenieur, ein glühender Antifaschist, hatte seine gute Stellung in der Heimat aufgegeben, um sich der französischen Armee als Freiwilliger zur Verfügung zu stellen. Auch er trug wärmste Empfehlungen des französischen Gesandten bei sich. Auch er war an der Grenze festgenommen, interniert und dann von Lager zu Lager geschleppt worden.

Viele unter den neu Eingelieferten trugen französische Uniform. Sie waren als Freiwillige in die französische Armee eingetreten, sie waren Arbeitssoldaten. Aufgemalt auf die Rückseite ihres Rockes waren schwarz und riesig die Buchstaben T. E., die Initialen der Worte Travailleurs Etrangers, ausländische Mitarbeiter. Keck saß ihnen die zweigehörnte Mütze des französischen Soldaten auf dem Kopf.

Uniformröcke und Soldatenmützen gab es jetzt zu kaufen, so viele man wollte, und manche von uns nutzten die Gelegenheit, ihre verschlissenen Kleider durch solche Uniformstücke zu ersetzen. Auch unser Kamerad Weinberg kaufte sich eine Soldatenmütze; er war jetzt doppelt grotesk anzusehen, wenn er klein, dicklich und vergnügt durchs Lager ging, im schmutzigen, weißen Pyjama, die kecke grüngraue Mütze auf dem Kopf, umkläfft von seinem kleinen Hund.

Der ganze Süden Frankreichs war voll von Gerüchten und Panik. Hielten sich die Franzosen an der Loire? War Verdun gefallen?

Soviel war gewiß: hier in Les Milles war keine Sicherheit mehr für uns. Die Nazis hatten die Barrieren Frankreichs genommen, in kurzer, in kürzester Zeit werden sie im Rhône-Tal sein, hier bei uns. Wenn überhaupt, dann gab es Sicherheit nurmehr im Südwesten, in den Pyrenäen. Immer tiefer im Kurs fiel die Chance, heil aus der Falle herauszukommen. Wir gaben uns noch zwanzig Prozent Hoffnung, noch fünfzehn.

Wir mußten etwas unternehmen. Wir konnten nicht einfach hier sitzen und warten, bis die Nazis das Lager besetzten. Vielleicht hatten die Franzosen den guten Willen, uns zu retten, aber wir fürchteten die Leichtfertigkeit der Behörden, jene teuflische Schlamperei, jene Neigung zum laisser-aller. Erfahrungen hatten wir zur Genüge, wir kannten die französischen Bürokraten. Die Behörden, denen wir unmittelbar unterstellt waren, werden es nicht wagen, aus eigener Machtvollkommenheit etwas zu unternehmen, sie werden die Weisungen der übergeordneten Stellen abwarten, diese übergeordneten Stellen werden genau das gleiche tun, und am Ende werden die Nazis da sein, und die Franzosen haben noch immer keine Entscheidungen getroffen. Wenn wir uns nicht selber helfen, dann hilft uns niemand.

Bei dem ständigen Ein- und Ausströmen neuer Kontingente, bei dem ständigen Wechsel der Wachmannschaften gab es im Lager nurmehr wenig Disziplin. Wir taten und ließen, was wir wollten. Es war verboten, sich in dem Teil des Hofes aufzuhalten, auf dem das Arbeitszimmer des Kommandanten hinausging. Gerade dort versammelten wir uns jetzt zu Hunderten, um dem Kommandanten unsere Unruhe, unsere Empörung zu zeigen. Wir gestikulierten, debattierten, schrien. Die Wachen machten lässige Versuche, uns zurückzudrängen, wir achteten nicht darauf.

Wir beschlossen, den Kommandanten zu stellen, ihm ernstliche Vorhaltungen zu machen. Es gäb unter uns eine Reihe bekannter Berufspolitiker und ehemals berühmter Anwälte. Juristen, Formalisten selbst jetzt noch, versprachen sie sich etwas davon, zu erweisen, daß das, was mit uns geschah, ungesetzmäßig sei. Sie ereiferten sich darüber, daß wir einfach ein international verbrieftes Recht hätten, aus der Gefahrenzone gebracht zu werden, daß wir dem Roten Kreuz unterstünden, was weiß ich. Auch war wieder viel die Rede von jener Konferenz in Evian und den zwischenstaatlichen Ver-

einbarungen, die sie über die als politische Flüchtlinge Anerkannten getroffen habe.
Da setzten sich also einige auf Ziegelhäufchen und morsche Latten und schrieben eifrig und entwarfen Petitionen und bildeten Komitees und überfeilten das Geschriebene und Beschlossene. Eine Delegation sollte beim Kommandanten vorsprechen und ihm unsere Forderungen überbringen. Es gab Wichtigmacher selbst jetzt, da es um Hals und Kragen ging. Sie ereiferten sich über die Zusammensetzung der Delegation und über die Forderungen, die sie stellen sollte. Es gab die Saarländer, die Österreicher, die Tschechen, die als politische Flüchtlinge Anerkannten, die Expatriierten, die mit französischen Frauen Verheirateten, die im Besitz eines Überseevisums Befindlichen; sie alle wollten und sollten in der Delegation vertreten sein. Wer sollte wen vertreten, und was eigentlich sollte man verlangen?
Schließlich einigte man sich. Verlangen sollte man, daß die Militärbehörde diejenigen unter uns, die gefährdet waren, so schnell wie möglich aus dem Bereich der vorrückenden Hitlertruppen bringe. Bestehen sollte die Delegation aus zehn Leuten. Man drängte, ich müsse sie führen, da nur mein Name der Lagerleitung etwas sage. Ich fand mich nicht sehr geeignet für diesen Zweck, doch konnte ich mich der Forderung schwerlich entziehen.

Während sich alle lärmend auf dem Hof vor den Fenstern des Kommandanten versammelten, ließen wir, die Delegierten, uns bei ihm melden. Er erwiderte, er wolle nur mich empfangen.
Ich ging in das kleine Vorzimmer. Da waren die Offiziere des Lagers, acht Herren. Sie saßen. Für mich war kein Stuhl da. Ich stand unbehaglich in dem kahlen, kleinen Raum, abgerissen, zwischen den acht schweigenden, uniformierten Herren.
»Was wünschen Sie?« fragte der Kommandant.
Mir gefiel die Situation gar nicht. Ich fand es nicht sehr fair, daß die französischen Herren, welche die Macht hatten, zu acht dasaßen und mich allein stehen ließen. Draußen warten meine Kameraden, zwei- bis dreitausend, auf das, was geschehen werde, und sie hatten ihre Hoffnung auf mich gesetzt.

Da kam mir ein guter Einfall. Ich sagte: »Herr Kapitän, ich habe hier zwei- bis dreitausend Kameraden zu vertreten in einer sehr wichtigen Sache. Ich finde, mein Französisch ist dieser Situation nicht gewachsen. Ich wäre Ihnen dankbar, wenn Sie mir gestatten wollen, einen meiner Kameraden zuzuziehen.« – »Schön«, erwiderte der Kapitän. »Wen wünschen Sie?« Ich überlegte rasch und entschied mich für Herrn S., einen älteren, vorsichtigen Mann. Der wurde gerufen.
Minuten vergingen, ehe er kam. Unangenehme Minuten. Alle schwiegen. Die Offiziere saßen da. Ich stand, unbequem, wahrscheinlich nicht sehr repräsentativ, vor dem kleinen, häßlichen Schreibtisch, dem Kapitän gegenüber.
Dann kam Herr S.. Der Kapitän wiederholte: »Was wünschen Sie?« Und jetzt sprach ich. Ich setzte die Gefahr auseinander, in der wir schwebten. Viele von uns wurden von den Nazis gesucht und verfolgt, einige waren zum Tod verurteilt, manche wurden immer wieder in den Zeitungen und in den Radioreden der Nazis als Feinde Erster Ordnung hingestellt. Wir waren verloren, wenn wir den Nazis in die Hände fielen. Wir hätten uns vielleicht retten können oder könnten uns noch retten, wenn wir nicht hilflos hier im Lager sitzen müßten, dazu verurteilt, untätig zu warten. Ich sprach sachlich, aber ich wies darauf hin, daß diejenigen, die uns in diese Lage gebracht, die Pflicht hätten, uns daraus zu befreien.
Kaum war ich zu Ende, begann der behutsame Herr S. zu sprechen. Er milderte, er erklärte geschmeidig, wir nähmen selbstverständlich an, daß das den Herren im Generalstab alles bekannt sei, und wir zweifelten auch nicht, daß Maßnahmen zu unserer Rettung getroffen seien. Allein um die sicherlich begreifliche Sorge unserer Kameraden zu zerstreuen, wären wir dem Kapitän verbunden, wenn er uns eine tröstliche Botschaft für sie mitgeben könnte.
»Was meinen Sie denn, was ich tun soll?« fragte leicht gereizt der Kapitän. Man könnte, erwiderte ich, uns zum Beispiel unsere Papiere und unser Geld zurückgeben, so daß wir im äußersten Fall unser Heil auf eigene Faust zu versuchen imstande seien. »Das könnte Ihnen so passen«, meinte der Kapitän. »Daß mir dann das halbe Lager durchgeht. Daß noch tausend Menschen mehr sich hier ziellos in der Gegend herumtreiben und Transport- und Lebensmittelversorgung er-

schweren. Ich kann Ihnen eine tröstliche Versicherung geben. Ich habe natürlich Weisung für den Fall ernsthafter Gefahr. Sagen Sie das Ihren Kameraden und suchen Sie sie zu beruhigen.«
Das war ein vager Bescheid. Wenn wir damit zurückkommen, so wird das alles eher als beruhigend wirken. Wir standen unschlüssig und suchten nach Worten. Der Kapitän selber merkte, daß sein Bescheid hohl klang. »Ich gebe Ihnen mein Ehrenwort als Offizier«, sagte er, »es ist Vorsorge getroffen, euch zu retten. Ihr werdet zur rechten Zeit abtransportiert. Aber das ist nicht so einfach, wie Sie es sich wahrscheinlich vorstellen. Das rollende Material wird bis zum letzten Wagen benötigt. Die Geleise sind verstopft. Auch müssen wir erst feststellen, wieviel Mann für den Abtransport überhaupt in Frage kommen. Wir müssen doch erst sichten, wer wirklich in Gefahr ist und wer nicht. Das erfordert seine Zeit.«
Wir erschraken. Eine neue Sichtung. Nein, das durften wir nicht geschehen lassen. Mit einer solchen Sichtung, der berühmten Triage, waren wir zur Genüge genarrt worden. Die Triage hatte uns in die Situation gebracht, in der wir jetzt saßen. Wenn wir nun von neuem, bevor etwas geschah, das Sieb der französischen Bürokratie zu passieren hatten, dann waren wir verloren. Wenn ganz Frankreich längst von den Nazis besetzt ist, wird man sich über die Kriterien der Siebung noch immer nicht geeinigt haben.
Ich sagte: »Verzeihen Sie, Herr Kapitän, gibt es nicht ein einfaches Mittel, festzustellen, wer in Gefahr ist und wer nicht? Wer sich vor den Nazis sicher fühlt, wird sich kaum den Strapazen eines Transports ins Ungewisse aussetzen. Wir sind uns klar darüber, daß ein solcher Transport unter den Umständen von heute alles eher als angenehm sein wird. Wer sich vor den Nazis sicher fühlt, wird es bestimmt vorziehen, hier in Les Milles zu bleiben und hier ihre Ankunft abzuwarten. Bitte, Herr Kapitän, lassen Sie doch einfach durch Umfrage feststellen, wer bleiben will und wer Gewicht darauf legt, abtransportiert zu werden.«
Der Kapitän zögerte, doch schien ihm meine Argumentation einzuleuchten. »Ich werde es mir überlegen«, versprach er.

Unsere Worte hatten Eindruck auf den Kapitän gemacht, das war keine Frage. Allein, unsere Kameraden waren enttäuscht. Was sollte das heißen, der Kapitän habe Weisungen für den Fall der äußersten Gefahr? Wann tritt er ein, dieser Fall der äußersten Gefahr? Unsere Wachsoldaten wollten wissen, schon sei Lyon von den Nazis genommen, ja, sie stünden bereits dreißig Meilen südlich von Lyon. War das immer noch nicht der Fall der äußersten Gefahr?
Die Unruhe nahm zu. Überall sammelten sich neue Gruppen, überall debattierte man, fantastische Rettungsvorschläge wurden gemacht und erörtert, Reden wurden gehalten.
Einen ausgezeichneten Redner hatten wir unter uns, einen Anwalt und Parlamentarier aus Südwestdeutschland, den Doktor F. Er war ein bärtiger Mann nahe der Vierzig, sehr gut aussehend. Eingeliefert worden war er zusammen mit etwa zweihundert andern aus einem Lager in Mittelfrankreich. Es ging Glanz und Wirkung von ihm aus, und er hatte sich nicht nur das Vertrauen seiner zweihundert Kameraden erworben, sondern auch das Vertrauen, ja die Freundschaft des jungen französischen Offiziers, der den Transport der Zweihundert führte. Das ging so weit, daß der junge französische Offizier erklärt hatte, er werde den ihm anvertrauten Trupp unter allen Umständen retten. Er hatte sich Ausweise verschafft, die besagten, der Träger des Ausweises sei ordnungsgemäß aus seinem jeweiligen Lager entlassen worden. Namen trugen diese Ausweise nicht, doch sie waren gestempelt und unterschrieben. Diese Scheine wollte der Offizier seinen Leuten im äußersten Fall geben.
Der glänzende Dr. F., der Anwalt und Parlamentarier, war von dem Erfolg unseres Besuches bei dem Kapitän nicht befriedigt. Er versammelte seine zweihundert Leute, bald auch gesellten sich andere zu, und er hielt eine ausgezeichnete Rede. Was er im einzelnen sagte, weiß ich nicht mehr, aber ich weiß, daß es eine glänzende, wirkungsvolle Rede war.
Ich bin skeptisch gegen Reden und Redner, doch hindert das nicht, daß ich mich von einer guten Rede immer wieder fortreißen lasse. Nur lasse ich mich hinreißen mit Vorbehalt. Ich weiß es genau, daß es gefährlich ist, einem Redner zu trauen, und ich habe es mir zum Prinzip gemacht, die gedruckte Rede abzuwarten, ehe ich mir ein endgültiges Urteil bilde.

Es kann einer gar nichts zu sagen haben und trotzdem oder vielleicht eben deshalb, ein guter Redner sein. Adolf Hitler zum Beispiel ist für sein Publikum der beste Redner und hat dennoch nie in seinem Leben einen Gedanken geäußert, den drucken zu lassen der Mühe wert wäre. Nein, ich habe zuviel behauptet. Ein paar Seiten sind lesenswert in seinem Buche »Mein Kampf«. Das sind die Seiten über den Redner und über den Unterschied zwischen dem Redner und dem Schriftsteller. Diese Stellen über den Redner und über die Propaganda sind sachverständig, sind lesenswert und werden lesenswert bleiben; denn sie kommen aus dem Innersten eines Menschen, der zu nichts geboren ist als zum Massenredner, und sie legen gegen ihren Willen dar, welche Gefahren derjenige läuft, der ohne die nötigen Vorsichtsmaßnahmen dem süßen Vergnügen frönt, einem guten Redner zu lauschen.
Aber ich widerstehe der Verlockung, hier noch mehr von dem auszusprechen, was der geborene Schriftsteller gegen den geborenen Redner zu sagen hat, ich kehre zurück zu meiner Erzählung, zurück zu unserm Redner, Anwalt und Abgeordneten Dr. F. Der also führte aus, man müsse mit der Lagerleitung ganz anders sprechen, viel heftiger, viel drohender. Man müsse der Lagerleitung einen ganz kurzen Termin setzen, vierundzwanzig Stunden, und ihr erklären, wenn sie uns bis dahin nicht abtransportiere, dann brächen wir mit Gewalt aus. Sollten dann, was er nicht glaube, die französischen Soldaten auf uns schießen, so sei es besser, unter den Kugeln der Franzosen zu fallen als zu verrecken unter den Torturen der Nazis.

Diese Reden vermehrten natürlich die Unruhe unter uns. Jene jungen Österreicher kamen wieder zu mir, die sich bei meiner Einlieferung ins Lager als so gute Helfer erwiesen hatten. Sie bestürmten mich, nicht länger zu warten, sondern zu fliehen. Sie würden mir behilflich sein. Etwa zehn Meilen entfernt lebe in einem bescheidenen Haus ein Bauer und seine Familie. Der sei ein politischer Gesinnungsfreund von ihnen, sie hätten sich durch einen Soldaten mit ihm verständigt, er sei bereit, uns aufzunehmen. In seinem Haus könnte ich Wochen in guter Sicherheit versteckt verbringen.
Auch den Plan des Ausbruchs hatten meine Österreicher be-

reits bis ins Detail ausgearbeitet. Da war eine Art Kanalrohr, das unter der Böschung ins Freie führte. Wirklich unangenehm, meinten sie, sei der Weg nur durch einige Meter. Da müsse man freilich sehr eng durch Schlamm und Kot durchkriechen und bekomme die Nase voll. Doch mit ihrer Hilfe würde ich es bestimmt schaffen. Sie standen da, jung, kräftig, zuversichtlich, Vertrauen einflößend. Mir war trotzdem nicht sehr wohl, weder bei dem Gedanken an die paar Wochen bei dem Bauern, noch bei dem Gedanken an die paar Meter Kanalrohr.
Wahrscheinlich hätten sich die Wachen bestechen lassen, und man hätte auf bequemere Art fliehen können. Aber es hatte keinen Sinn, allein und auf eigene Faust zu fliehen. Ohne die tatkräftige Hilfe der französischen Behörden hatte man keine Aussicht, den vorrückenden Nazis zu entkommen.
An diesem Abend dauerte es lange, ehe uns die Wachen durch freundliches Zureden und durch sanfte Gewalt in das Gebäude zurücktreiben konnten. Im Gebäude selber wurde es dann nicht ruhig.
Nachdem das letzte Signal geblasen und das Licht ausgelöscht war, versammelte sich das halbe Lager in den Katakomben. Man tauschte seine Sorgen aus, die letzten Gerüchte. Zwei der Offiziere erschienen unter uns. Wiewohl es natürlich verboten war, so in der Nacht in den Katakomben herumzustehen, schickten sie uns nicht zurück auf unser Stroh, sondern ließen sich mit uns in Gespräche ein, versicherten, man verstehe genau unsere Situation, versuchten, uns zu beruhigen. Doch man merkte deutlich, daß ihnen selber nicht recht geheuer war.
Die ganze Nacht summte und wisperte und debattierte es in den Katakomben. Wieder und wieder brach die Erbitterung durch gegen die Langsamkeit und Leichtfertigkeit der Franzosen. Die begriffen immer noch nicht, wie schnell die Nazis waren. Wir aber wußten es, wir wußten, daß sie schon morgen Nacht hier sein konnten.
Einer von den Österreichern, ein Journalist, malte mit selbstquälerischer Wollust aus, was sich dann ereignen werde. Die deutschen Offiziere würden sich zu den französischen höflich und korrekt verhalten. Sie würden sich das Lager übergeben lassen, es in aller Form übernehmen. Auch uns würden

sie zunächst nichts anhaben. Sie würden nur die Listen der Insassen verlangen, einen Appell abhalten und nachprüfen, ob wir alle da seien. Selbst bei Namen, die ihnen so willkommen sein müßten wie etwa der meine, würden sie sich nicht lange aufhalten; es werde höchstens, wenn der Name verlesen würde, ein kleines bedeutsames Grinsen über ihre Gesichter gehen, dann werde der nächste Name verlesen werden.
Von den ernstlich Bedrohten zweifelte keiner daran, daß man, wenn wirklich die Nazis Les Milles besetzten, am besten tue, Schluß zu machen, sich umzubringen. Doch wie sollte man das anstellen? Stricke waren schwer zu beschaffen. Und selbst wenn man sich einen beschaffen könnte, wo sollte man ihn anbringen? Wo gab es einen Platz, das ungehindert zu tun? Man redete auf den österreichischen Hoffriseur ein, den bewährten Schmuggler, er möge einem Gift verschaffen. Er lehnte ab. »Andere«, meinte er, »werden es Ihnen versprechen. Sie werden Ihnen auch das Geld abnehmen und Ihnen irgendein weißes Pulver zustecken. Aber wenn Sie es dann versuchen, wird es nichts nützen, sondern Schwindel sein, Zahnpulver. Ich bin ein anständiger Mensch. Ich verspreche nichts, was ich nicht halten kann.«
Nur wenige konnten schlafen in dieser Nacht.

Am nächsten Morgen erhielten die Gruppenführer aber wirklich Weisung, Listen derjenigen aufzustellen, die abtransportiert werden wollten. Ja, diese Listen mußten schon bis zwei Uhr nachmittag im Büro abgeliefert sein. Diese Eile war ein gutes Zeichen und machte uns zuversichtlich.
Es stellte sich schnell heraus, daß die Anfertigung der Listen gar nicht so einfach war. Viele konnten sich nicht darüber schlüssig werden, was sie tun sollten, bleiben oder gehen. Nicht etwa, als ob unter uns viele Nazis gewesen wären. Aber da waren Alte und Kranke, die erklärten, sie hielten die Strapazen einer solchen Fahrt nicht aus, und was immer sich ereignen werde, sie zögen es vor zu bleiben und der Dinge zu warten, die da kommen würden. Dann waren da eine Reihe von armen Teufeln, die sich niemals politisch betätigt hatten, die niemals etwas anderes erstrebt hatten, als ihr Leben zu retten und die kümmerliche Existenz, die sie sich und ihrer Familie geschaffen. Die fragten sich, ob die Nazis ihnen wirk-

lich etwas anhaben würden. Ob nicht vielmehr, wenn sie sich für gefährdet erklärten und abtransportieren ließen, gerade dieser Umstand sie den Nazis verdächtig mache. Keineswegs ausgeschlossen war es, daß die Nazis dann ihre Familienmitglieder als Geiseln nahmen und den Rest ihres Vermögens konfiszierten. Was sollten sie tun? Jämmerlich rangen sie mit sich selber und trugen einander und trugen mir ihre Zweifel vor.

Wir andern aber, die wir von dem Verbleiben in Les Milles alles zu befürchten hatten, warteten hoffnungsvoll auf den Abtransport. Es blieb uns nichts anderes übrig. Versuche, auf eigene Hand zu fliehen, hatten sich als aussichtslos erwiesen. Einige waren in den letzten Nächten durchgegangen; sie waren nicht weit gekommen, an den Brücken über die Rhône, wenn nicht schon vorher, waren sie geschnappt worden. Wir warteten also.

Unsre Zuversicht indes nahm trotz des Befehls zur schnellen Aufstellung der Listen rasch ab. Schon fragten sich einige, ob dieser Befehl nicht vielleicht doch nur eine Finte gewesen sei, uns zu beruhigen, uns hinzuhalten.

Zudem wurden die Nazis im Lager immer frecher, und es zeigte sich, daß es unter uns mehr Nazis gab, als wir vermutet hatten. Ja, je näher die Hitler-Truppen kamen, um so zahlreicher wurden die Hitler-Leute auch unter uns. Schon hänselten sie unsere französischen Wachsoldaten, schon grüßten sie einander im Hof mit dem Hitlergruß.

Für uns war das ein Beweis, wie sicher sie sich fühlten, wie nahe sie ihre Schützer, die Hitler-Leute, glaubten. Wird unser Abtransport noch rechtzeitig, wird er überhaupt erfolgen? Die schlechten Zeichen mehrten sich. Kriegsgerät wurde in die Höfe gebracht, mehr Maschinengewehre aufgestellt, außer unsern Soldaten waren jetzt auf einmal auch Garde Mobile da, Gendarme, die fremd und feindselig herumstanden und sich nicht mit uns in Gespräche einließen. Erfolgte die Verschärfung unserer Bewachung, um uns zu schützen? Doch wohl kaum. Sie sollte sicher nur Verzweiflungstaten von unserer Seite verhindern.

Unser Mißtrauen und unsere Erregung stiegen. Abermals baten wir den Kapitän um einen Empfang. Wir mußten warten, schließlich ließ er uns vor.

Diesmal waren wir zu fünfen. Kapitän G. versicherte, er tue, was er könne, um uns zu retten. Der Generalstab habe generell beschlossen, diejenigen unter uns abzutransportieren, die gefährdet seien. Es gelte nunmehr, das Technische des Transports zu erledigen. Abgeschlossen seien die Listen noch nicht, aber es seien leider sehr viele, die abtransportiert zu werden wünschten, mehr als man vermutet habe. Das erschwere die notwendigen Vorbereitungen.
Wir hörten ihm gespannt zu, doch unsere Gesichter drückten wohl nicht sehr viel Vertrauen aus. Einer fragte ungeschickt, ob wir nicht wenigstens unsere Papiere herausbekommen könnten und unser Geld. Der Kapitän, durch diese Mißtrauenskundgebung verärgert, wurde militärisch und erwiderte schroff, derlei Dinge müßten wir schon ihm überlassen. Auf welche Art man uns retten wolle, das sei einzig und allein Sache der Behörde. Niemals, erklärte er hochtrabend, habe Frankreich die Gesetze der Gastfreundschaft verletzt.
Während wir noch mit ihm verhandelten, wurde gemeldet, der Generalstab sei am Telefon. Er ging ins Nebenzimmer, einer seiner Offiziere wollte die Türe hinter ihm schließen. Der Kapitän aber – und das war eine menschliche Geste, die in mir die Erinnerung an manches Üble ausgelöscht hat, was er gegen uns geschehen ließ – der Kapitän also sagte: »Lassen Sie die Tür auf. Die Herren können ruhig hören, was ich zu sprechen habe.« Gespannt hörten wir zu. Es ging um die Frage, ob wir mit Camions nach Marseille gebracht werden sollten oder ob die für uns bestimmten Eisenbahnwaggons direkt nach Les Milles geleitet werden könnten. Soviel war gewiß: man war in Marseille wirklich im Begriff, einen Zug für uns zusammenzustellen.
Uns schien das tröstlich. Unsere Kameraden aber, vor wenigen Stunden noch so zuversichtlich, waren jetzt aus ihrer Depression nicht mehr herauszureißen. Sie glaubten nicht mehr an den Abtransport. Einige gingen so weit, anzunehmen, das Telefongespräch, das der Kapitän vor unseren Ohren geführt, sei nur fingiert gewesen.
Wie hoch waren noch die Chancen unserer Rettung? Zwölf Prozent schlug man an, zehn Prozent.
Eine halbe Stunde später, als ich über den Hof ging, hielt der Kapitän mich an. Er sprach freundschaftlich zu mir, wie man

zu einem guten Bekannten spricht. Er habe jetzt die Listen so ziemlich alle, teilte er mir mit. Es seien an die zweitausend Mann, die abtranportiert zu werden wünschten, ungefähr doppelt so viele, als man in Marseille erwarte. Gleichwohl rechne er damit, daß der Transport morgen, spätestens übermorgen werde abgehen können. In der Zwischenzeit werde er alles tun, um die Leute von ihrer Nervosität abzulenken. Sehr viele von uns hätten Papiere eingeliefert, die ihre Loyalität der französischen Sache gegenüber beweisen sollten. Diese Papiere könnten, wenn sie nach unserm Abtransport von den Nazis gefunden würden, belastend sein und Repressalien gegen zurückgebliebene Familienmitglieder hervorrufen. Er gebe sie also zurück und stelle es jedem anheim, was er damit anfangen wolle. Ich möge doch auch meinerseits alles tun, forderte er mich auf, die Leute zu beruhigen. Mit ihrem ewigen Gefrage und ihren ewigen Delegationen nähmen sie ihm nur kostbare Zeit weg, die er in unserm Interesse besser verwenden könne.
Der humane und vernünftige Beschluß des Kapitäns wurde auch sogleich bekanntgegeben. Da standen wir denn an, um jene Papiere, die erst unsere große Hoffnung gewesen waren, wieder zurückzuerhalten, und eifrig jetzt zerrissen und verbrannten viele jene Aktenstücke, um deren Inhalt sie sich früher so abgemüht hatten.
Ich hatte den Eindruck gewonnen, daß Kapitän G. es gut mit uns meine und daß er wirklich alles tue, um den Transport durchzusetzen. Manche aber waren nach wie vor mißtrauisch. Der Anwalt und Abgeordnete F. hielt eine neue Rede, und obwohl ich und andere Besonnene dagegen sprachen, setzte er durch, daß eine neue Delegation zum Kommandanten geschickt wurde, eine Delegation von sieben Leuten diesmal, darunter er selber. Man hatte sich einen Vorwand zurechtgelegt, um die Absendung dieser neuen Delegation zu begründen. In der vorigen Nacht waren Lagerinsassen, die als Nazis bekannt waren, über einige von uns hergefallen, es hatte im Dunkeln Schlägereien, auch Messerstecherei gegeben, man fürchtete, Ähnliches, Schlimmeres werde sich diese Nacht ereignen, man wollte um Vorsichtsmaßnahmen bitten. Es ging dem Dr. F. aber natürlich nicht darum. Vielmehr fand er, wir sprächen mit den Herren Offizieren viel zu höflich

und gelassen; man müsse, wenn es ums Leben gehe, ganz andre Töne anschlagen, und er wolle, einmal vor dem Kapitän, diesem »Feuer unter den Arsch setzen«.
Fürs erste aber war es der Kommandant, der andre Töne anschlug. Der Kapitän G., der uns jetzt empfing, war ein anderer G. als der, der heute morgen auf dem Hof mit mir gesprochen hatte. »Was wünschen Sie schon wieder«, rief er uns entgegen. »Verschonen Sie mich doch mit Ihrer ewigen Feigheit und Nervosität. Ich habe Ihnen doch schon erklärt: Ihr Zug geht morgen ab.«
Von den Offizieren waren diesmal nur drei oder vier da. Wir aber waren sechs oder sieben, darunter eben der Abgeordnete F. Der ließ den alten Herrn S., der behutsam und begütigend auseinandersetzen wollte, daß wir diesmal um anderer Dinge willen vorgesprochen hätten, nicht zu Worte kommen, sondern ging sogleich daran, seinen Vorsatz auszuführen und dem Kapitän unmißverständlich die Meinung zu sagen. Der Anwalt und Abgeordnete F. sprach ein herrliches Französisch – hoffentlich spricht er es noch, hoffentlich ist er nicht in Frankreich umgekommen –, und er hielt in diesem seinem guten Französisch eine große Anklagerede. Er wies darauf hin, daß uns Frankreich aufs feierlichste Gastrecht versprochen hätte. Er wies darauf hin, daß er und viele andere sich freiwillig zum französischen Militärdienst gemeldet hätten.
Das Feuer unterm Arsch des Kapitäns hatte aber nicht den Erfolg, den sich Dr. F. davon versprochen. Der Kapitän, gereizt, schlug zurück und erklärte, wir seien hypernervös, wir seien keine Männer, und, nun seinerseits pathetisch, dekretierte er, man müsse eben, wenn es Not tue, zu sterben verstehen. Dr. F., in großer Fahrt, erwiderte, wir alle hätten bewiesen, daß wir bereit seien, im Kampf gegen Hitler unser Leben zu lassen. Aber was wir nicht wollten, das sei ein sinnloser Tod, wir wollten nicht sterben als Opfer sinnloser französischer Bürokratie. Wir wollten nicht sterben einfach deshalb, weil die französischen Behörden nicht fähig seien, unsern Abtransport zu organisieren.
»Schweigen Sie, schweigen Sie«, herrschte ihn der Kapitän an, er hatte sich gerötet. Aber der Redner F. war im Zug, er dachte gar nicht daran, zu schweigen. Elastisch, schlank,

trotz seines schäbigen Anzugs gut anzuschauen, stand er vor dem uniformierten, untersetzten, rotgesichtigen, mopsgesichtigen Kapitän und schürte das Feuer. »Sie haben es leicht, Herr Kapitän«, sagte er. »Wenn die Deutschen kommen, dann salutieren Sie höflich, und der deutsche Kommandant salutiert ebenso höflich, und Sie übergeben ihm das Lager, ziehen Ihre Uniform aus und gehen nach Hause. Und von uns verlangen Sie, wir sollen sterben.« Den Bruchteil einer Sekunde suchte der Kapitän nach einer Antwort, dann schlug er mit seiner Reitgerte auf den Tisch. Der alte, betuliche Herr S. wollte etwas sagen, wollte vermitteln. Aber ehe er den Mund aufmachen konnte, ging der Kapitän ins Nebenzimmer und schlug die Tür zu.

Da standen wir. Was der rhetorische Anwalt F. gemacht hatte, war offenbar Unsinn gewesen, die Delegation abzuschicken, und nun hatte das rednerische Feuer Dr. F.s den wohlwollenden Kommandanten nur verärgert.

Dabei konnte ich mir nicht helfen, die Haltung F.s, so töricht sie war, hatte mir gefallen, in meinem Innern hatte ich ihm, während er sprach, Beifall geklatscht. Auch die andern, das ganze Lager, freuten sich, als sie von der »energischen« Rede F.s hörten. So wenig Sinn und Zweck es hatte, ja so schädlich es war, allen war es recht, daß man endlich einmal den französischen Herren gesagt hatte, was man von ihnen dachte.

Die Nacht, die nun folgte, wurde für die meisten von uns qualvoll.
Schon äußerlich unterschied sie sich von andern Nächten. Infolge der Schlägerei, welche die Nazis gestern in der Dunkelheit versucht hatten, war angeordnet worden, daß von nun an ein paar Glühbirnen mehr brennen sollten, auch wurden innerhalb des Gebäudes französische Wachen aufgestellt. Sie standen, die französischen Soldaten, an der Treppe, andere an dem großen Tor, sie wurden alle zwei Stunden abgelöst, sie gähnten und nickten einem »Gute Nacht«, zu, wenn man über die Treppe ging.
Der große Saal war in dieser Nacht noch mehr als sonst erfüllt von Geflüster, Angst und Erregung. Man spürte es geradezu körperlich, wie die andern auf dem Stroh lagen, jeder lauschend auf das Geflüster ringsum, wie jetzt in der Dunkelheit die Hoffnungen und die Ängste des Tages ins Riesenhafte wuchsen, und wie jeder immer wog, wog, wog: Wird es uns gelingen? Werden wir noch zurecht kommen? Werden die Nazi-Truppen uns überraschen? Werden wir gerettet werden?
Es wäre eine Lüge, wenn ich behaupten wollte, ich sei in dieser Nacht von Angst verschont geblieben. Andernteils war der Gleichmut, den ich zum Staunen meiner Kameraden zur Schau trug, keineswegs gespielt.
Ich habe im Eingang dieses Buches schon gesprochen von meinem Fatalismus. Ich muß hier mehr erzählen von dieser meiner Schicksalsgläubigkeit, weil meine Haltung während der Begebenheiten, von denen ich jetzt berichte, schwer zu verstehen ist, wenn man nicht diesen meinen Glauben oder Aberglauben in Rechnung setzt. Ich füge also den beiden Bekenntnissen im Eingang dieses Buches ein drittes hinzu.
Die meisten Ereignisse um uns herum sind von sehr vielen Ursachen bedingt, wir vermögen jeweils nur einige dieser Ursachen zu erkennen. Wir sehen nur das eine oder andre Glied der Kette, niemals übersehen wir die Kette ganz. Niemals gar erfahren wir etwas über ihren Anfang und ihr Ende. Wir tun

also gut daran, nicht einzelne Ursachen als *die* Ursachen herauszuklauben, sondern, so sehr sich unser hochmütiger Verstand dagegen wehrt, dem Zufall die Hauptrolle in unser aller Leben zuzuschreiben. Einstein hat resignierend festgestellt, er müsse bekennen, die Wissenschaft habe für die Geschehnisse im Universum keine bessere Erklärung, als daß es dort zugehe wie bei einem Hazardspiel.

Nun ist aber anderntteils der menschliche Geist so geartet, daß er durchaus eine Erklärung haben will dieses unerklärlichen Spieles: Leben, Schicksal. Wir können uns nicht damit bescheiden, daß unser Leben regiert wird vom Zufall, das heißt, von uns unbekannten Gesetzen. Und da eine Erklärung, die der Vernunft genügte, nicht zu finden ist, so suchen wir jenseits der Vernunft, im Aberglauben, in der Mystik, in der Religion. Es gibt keinen unter uns, und wenn er sich für noch so nüchtern hält, der nicht Tausende von abergläubischen Vorstellungen in sich herumtrüge, ihm selber unbewußt. Und gerade in den entscheidenden Momenten werden wir regiert nicht von unserer Vernunft, sondern von magischen Vorstellungen, die wir von Urvätern her ererbt haben.

Mir gefällt es, manchmal in mir selber zu graben, um die magischen Vorstellungen zu entdecken, die meine Handlungen bestimmen mögen. Ich suche diese meine Magie zu überraschen dann, wenn sie gerade bis zur Schwelle des Bewußtseins vordringt. Ich schäme mich meines Aberglaubens nicht, ich gestehe ihn ein, und ich halte mich darum nicht für dümmer als jene, die sich ihren Aberglauben nicht eingestehen.

Sehr wohl wissend also, daß es Unsinn ist, und mich darum verlachend, glaube ich wohlgleich eine Linie gefunden zu haben, ein geheimes Gesetz, das mein Leben bestimmt. Ich glaube nämlich, daß ich zwar in meinem Alltag immerzu von tausend kleinen Widerwärtigkeiten gequält werde, von tausend Tücken des Objekts, daß indes diese kleinen Übel nur das Lösegeld sind, welches das Schicksal von mir verlangt dafür, daß ich Glück habe in den großen, entscheidenden Dingen.

Ja, ich wurde und werde zeitlebens heimgesucht von kleinen, häufig läppischen Leiden. So muß zum Beispiel ich, ein Mensch, der auf Ordnung und Sicherheit hält, nun seit langen Jahren ohne richtige Legitimationspapiere leben, und gerade

ich, der ich vor solchen Geschäften eine besondere Scheu habe, muß immerzu mit den Behörden kämpfen um Ausweise, Bestätigungen, Erlaubnisscheine. Ähnlich steht es um meine Finanzen. Ich habe seit etwa zwei Dezennien auf anständige Art, durch produktive Tätigkeit Geld genug verdient, um so leben zu können, wie ich wollte; doch wo immer dieses Geld sich befand, überall wurde es blockiert oder konfisziert. Mein leibliches Befinden untersteht ähnlichen Gesetzen. Ich bin von zäher Konstitution und habe ernsthafte Krankheiten gut überstanden. Allein ich bin schwächlich, anfällig für Erkältungen, ich sehe schlecht, es kostet mich Mühe, deutlich zu sprechen, meine Verdauung funktioniert nicht so, wie sie sollte, und hat mir oft in entscheidenden Situationen unangenehme Streiche gespielt.
Kurz, auf allen Gebieten und was immer ich anfange, gerate ich in kleine, groteske Schwierigkeiten, von denen die meisten meiner Zeitgenossen verschont bleiben. Da hatte etwa einer meiner Verleger verabsäumt, ein Copyright einzuholen, und der Großteil der Einnahmen eines erfolgreichen Werkes ging mir flöten. Oder es hatten Angestellte von mir Dinge angerichtet, für die ich einstehen und ähnliche Summen bezahlen mußte. Immerzu hatte ich Geld, Zeit, Nerven, Leben aufzuwenden für Geschäfte von unsäglicher Albernheit. Stets war ich auf der Suche nach einem guten Anwalt, einem guten Arzt, einem guten Bankier, nach Leuten, die, besser versiert in solchen Geschäften, mir diese Dinge abnehmen könnten. Ich fand auch den rechten Arzt, den rechten Anwalt, den rechten Bankier. Der Anwalt kam, nachdem er ein halbes Jahr für mich gearbeitet hatte, bei einem Eisenbahnunglück um. Der Arzt, nachdem er mich zwei Jahre betreut hatte, verübte, unter Hitler, Selbstmord. Die Bank verwaltete mein Vermögen neun Monate, dann wurde sie von den Nazis beschlagnahmt.
Diese kleinen Leiden stehen entscheidende Glücksumstände gegenüber. Den ersten Weltkrieg erlebte ich zu einer Zeit, da ich noch nicht erstarrt war, sondern noch wandlungsfähig, so daß ich die Kriegserlebnisse in Erfahrung ummünzen konnte, die für mein Leben und für mein Werk entscheidend wertvoll wurden. Ich habe die Bücher geschrieben, die ich schreiben wollte, und die Arbeit, so oft ich sie verfluchte, bereitet mir

eine Lust, die ich mit keiner anderen vertauschen möchte. Überdies ist die Gesellschaft von heute so eingerichtet, daß sie mir nicht nur erlaubt, das zu tun, was ich gern tue, nämlich gut zu schreiben, sondern daß sie mich dafür sogar noch bezahlt. Ja, ich habe das außerordentliche Glück, Erfolg zu haben, wiewohl ich begabt bin. Dazu kommt, daß ich die Frauen und die Freunde gefunden habe, die ich mir wünschte, und sie haben zu mir gehalten. Alle diese Umstände zusammengenommen, lassen mich glauben, daß die Grundlinie meines Schicksals die oben beschriebene ist: daß ich nämlich Glück habe in den Dingen, auf die es ankommt, und Unglück nur im Unwesentlichen.

Ich weiß, daß das eine atavistische, fetischistische Vorstellung ist, verwandt dem Glauben jener, die da annehmen, sie seien in der besonderen Hut Gottes oder irgendeines Heiligen. Aber sie lebt nun einmal in mir, diese abergläubische Vorstellung, und ich bin eigentlich ganz zufrieden, daß dem so ist.

Bestärkt in dieser meiner Vorstellung werde ich durch einen zweiten Aberglauben, der merkwürdig gemischt ist aus Pedanterie und Hochmut.

Ich habe nämlich noch einige Bücher zu schreiben. Genauer gesagt, ich habe aus den paar Büchern, die mir vorschweben, einige auserlesen, um sie auszuführen, was immer kommen möge. Es sind vierzehn Bücher, die ich so in meinem Innern trage, vierzehn Bücher, die ich noch schreiben muß, weil ich annehme, daß nur ich sie schreiben kann, und weil ich glaube, daß sie höchst wichtig sind; doch meine Eigenliebe gebietet mir anzunehmen, sie seien wichtig auch für die Welt. Und ich kann mir einfach nicht vorstellen, daß mir irgend etwas Ernsthaftes sollte zustoßen oder daß ich gar sollte umkommen können, ehe ich diese vierzehn Bücher geschrieben habe. Gott oder das Schicksal kann das nicht zulassen.

Dieses Gefühl, daß mir am Ende nichts Ernsthaftes passieren könne, war wohl die Ursache jenen Gleichmuts, den die andern an mir bestaunten, und wenn ich in jener bösen Nacht weniger von Angst gepeinigt wurde als die andern, so war es die gleiche Vorstellung, die mich aufrecht erhielt.

Nun habe ich bereits erzählt, daß meine Sicherheit natürlich nicht die ganze Nacht hindurch ungetrübt vorhielt.

Ich erinnere mich dieser Nacht sehr genau, ich erinnere mich

vieler Einzelheiten. Da lag ich im Stroh, hörte, spürte die Nähe der andern, dachte vielerlei, fühlte vielerlei. Mein besorgter Verstand warnte mich vor Leichtfertigkeit, stellte sachlich alles zusammen, was Anlaß sein mochte zu höchster Furcht. Die Nazis waren wirklich verdammt nahe. Und selbst, wenn der Zug kommen, wenn wir abtransportiert werden sollten, auch dann war der Tag, da ganz Frankreich in der Hand der Nazis sein würde, nur hinausgeschoben. Und wo werden wir an jenem Tage sein? Werden wir wirklich jenseits der Grenze sein? Das war mehr als unwahrscheinlich.
Um mich aufzurichten, dachte ich wieder an die vierzehn Bücher, die ich noch schreiben wollte, die ich noch schreiben werde. Aber da wurde diese hoffnungsstärkende Vorstellung gestört durch eine andere, nicht minder abergläubische. Einige Zahlenmystiker in Deutschland nämlich hatten errechnet, daß die Zahl neun für deutsche Künstler verhängnisvoll sei. Beethoven, Brahms, Mahler hatten je neun Symphonien geschrieben, Wagner neun lebensfähige Opern, Schiller, Hebbel, Grillparzer je neun bühnenfähige Dramen, ganz kluge Leute haben ausgerechnet, daß auch von Goethes Werken nur neun wirklich lebendig seien, so also, daß er gewissermaßen nicht an seinen zweiundachtzig Jahren, sondern vor allem an der Vollendung des »Faust« gestorben sei. Nun hatte ich mit dem dritten Teil des Josephus gerade neun lebensfähige Werke vollendet, und das machte mich ängstlich.
So spielte ich auf trüb skurrile Weise mit der Idee meines Ablebens. Ich zog Bilanz. Suchte festzustellen, was ich gehabt hatte und was mir versagt geblieben war. War mein Leben ein erfülltes Leben gewesen? War es weise oder war es töricht gewesen, glücklich oder elend? War es lebenswert gewesen?
Ich kam zu dem Schluß, daß eigentlich meine sechsundfünfzig Jahre gute, volle, reiche Jahre gewesen seien. Ich hätte das Böse, das sie gebracht hatten, so wenig missen mögen wie das Gute; denn beides, Gutes und Böses, hatten mich reicher gemacht, und ohne den Hintergrund des Bösen hätte ich das Gute nicht werten und genießen können. »Willkommen Gut und Bös«, hat ein deutscher Dichter gedichtet, und als Knabe hatte ich in mir gewälzt einen Spruch des Talmud, der vom

Bösen sagt: »Gam su letovo« (Auch das zum Guten). Mit einer gewissen hartnäckigen Pedanterie untersuchte ich, ob ich unter den Plänen, die mich mein Leben über beschäftigt hatten, wirklich die rechten ausgeführt hatte, ob ich nicht vielleicht von den Büchern, die mir im Sinn lagen, besser dies oder jenes geschrieben hätte statt eines wirklich geschriebenen, und ob die Zeit, die ich an Frauen oder andere Vergnügungen gehängt hatte, gut angewandt gewesen sei oder nicht. Mit der gleichen hartnäckigen Pedanterie und mit dem Streben nach größter Ehrlichkeit suchte ich zu ermitteln, wieviel Zeit ich auf Lebenswertes verwandt hatte und wieviel Zeit auf Dinge und Menschen, die nicht gelohnt hatten.
Ich war zufrieden. Es war schon so: im Grunde hatte alles gelohnt, auch das Sinnlose. Ich dachte an gewisse, besonders sinnlose Dinge, die ich angestellt hatte, ich war froh daran in der Erinnerung, ich lächelte auf meinem Stroh.

Der Tag kam. Die Tore wurden geöffnet. Größte Spannung war: Was ist mit dem Zug? Kommt der versprochene Zug?
Von einer Stelle des Lagers aus konnte man eine Böschung und ein Stück Geleise übersehen. Scharfäugige glaubten auf dem Stück Geleise Waggons zu erkennen. Es standen wirklich Waggons da. Aber es waren – darüber klärten uns die Wachsoldaten bald auf – nur wenige, und sie waren nicht für uns bestimmt.
Unsre Hoffnung sank. Dann aber hieß es, aus technischen Gründen werde der Abtransport in Gruppen vorgenommen, und die Mannschaften der Gruppen 26 bis 50, soweit sie sich in die Liste der Abzutransportierenden hatten eintragen lassen, erhielten Befehl, um zwei Uhr mittags mit ihrem Gepäck im Westhof Aufstellung zu nehmen.
Die Gruppen 26 bis 50 wurden sehr beneidet. Ein paar freilich waren noch immer nicht fertig geworden mit dem Entschluß, zu gehen oder zu bleiben. Zwei ältere Männer vor allem redeten auf mich ein. Sie wußten durchaus nicht, was sie tun sollten. Sie waren tiefunglücklich, vor eine so folgenschwere Entscheidung gestellt zu sein. Es fehlte nicht viel, daß sie mir Vorwürfe machten. War nicht ich es, der den Kapitän dazu gebracht hatte, dem einzelnen die Entscheidung zu überlassen? Sie hätten es wahrhaftig vorgezogen, wenn

die Militärbürokratie über sie verfügt hätte, ohne sie zu fragen.
Alles in allem aber waren die vierhundert Abzutransportierenden der Gruppen 26 bis 50, als sie sich um zwei Uhr im Hofe versammelten, in glücklicher Erregung. Da standen sie und warteten, und wir andern warteten mit, beinahe ebenso gespannt.
Zehn Minuten vergingen, eine Viertelstunde, eine halbe Stunde, noch eine halbe Stunde. Dann wurden die Aufgestellten wieder zurückgeschickt. Der Zug ging heute nicht.
Enttäuschung, tiefste Niedergeschlagenheit. Wir verzehrten uns in ohnmächtiger Wut. Man hielt uns zum Narren. Man ließ uns hier sitzen, bis die Nazis kämen. Wenn man tat, als geschähe etwas, dann nur, um uns von der Flucht zurückzuhalten. Man wollte uns den Nazis ausliefern, um sich lieb Kind bei ihnen zu machen.
Meine jungen österreichischen Freunde redeten von neuem auf mich ein, ich solle doch mit ihnen durchbrennen, durch das Kanalrohr. Als sie merkten, daß ich nicht recht zog, setzten sie mir auseinander, wie ich, falls das Lager in dieser Nacht von den Nazis besetzt werden sollte, durch das Fenster springen könnte, um zu ihnen zu stoßen. Es war alles recht halsbrecherisch. Ich ließ es mir zweimal erklären. Begriffen habe ich es nicht, und geglückt wäre es bestimmt nicht.
Ich wollte allein sein, ich mußte ein paar Minuten allein sein. In einem Winkel des Areals gab es ein kleines Vorratsgebäude, in dem es dumpf, dunkel und muffig war. Vielleicht konnte ich dort eine Weile für mich auf dem Steinboden hokken, die Augen schließen, vor mich hindösen.
An der Steinrampe vor dem kleinen Vorratsgebäude stand eine Gruppe von ein paar Leuten. »Kommen Sie doch zu uns, bitte«, forderte einer mich auf. »Heben Sie ein wenig unsere Stimmung. Wir sind alle ganz down. Sie sind immer so optimistisch.« »Ja«, sagte ein anderer aus der Gruppe, es war der Dichter Walter Hasenclever, »ja, lieber Feuchtwanger, wir brauchen Mut heute. Wieviel Prozent Hoffnung geben Sie uns?« Wir standen in der Sonne, ein kleiner Wind ging, nicht zuviel und nicht zuwenig, es war immer herrliches Wetter in jener Zeit. Aber ich hatte so vielen Kleinmütigen Mut zugesprochen in den letzten Tagen, es erforderte Kraft, sich nicht

nur selber aufrecht zu halten, sondern auch Hoffnung an andere abzugeben, die Unterredung mit den Österreichern hatte mich mitgenommen, ich war ausgefüllt von dem Anblick derer, die hoffnungsfroh auf dem Hof gestanden und dann wieder zurückgeschickt waren. Ich war angesteckt von der allgemeinen Depression. »Wieviel Hoffnung?« fragte ich zurück, und »fünf Prozent«, sagte ich, und meine Stimme drückte wohl aus, wie trüb, müd und leer ich mich fühlte.
Ich hätte nicht so sprechen sollen, ich hätte das mit den »fünf Prozent« nicht sagen sollen. Es war nicht mein Ernst, es stimmte nicht, subjektiv nicht und objektiv nicht. Ich galt als optimistisch, und wenn ich, statt die andern aufzumuntern, so defaitistisch daherredete, dann war das sündhafte Leichtfertigkeit. Ich mußte denn auch wahrnehmen, daß meine Antwort auf die andern Eindruck machte. »Wirklich nur fünf Prozent?« erwog Hasenclever, und: »Ich fürchte, Sie haben recht«, beantwortete er selber seine Frage.
Dann sprach man wieder davon, wie man wohl am besten, wenn einen wirklich die Nazis überraschten, Schluß machen könnte. Hasenclever hatte ein neues Mittel gefunden. Man wende sich, riet er, an einen der Nazi-Wachsoldaten, gebe ihm, was man an Geld bei sich habe, und sage ihm: »Höre, Kamerad, ich werde jetzt einen Fluchtversuch machen. Ziele gut.«
Es war mittlerweile der österreichische Polyhistor zu uns gestoßen. Lauschend hatte er sein großes schmutziges Ohr vorgestreckt, und er begann jetzt, vom Tod des Sokrates zu erzählen. Aus dem Gedächtnis zitierte er eine Reihe von Quellenberichten. Ich hörte nur halb hin. Ich ärgerte mich, daß ich das mit den fünf Prozent gesagt hatte. Doch – so ist nun einmal der Mensch – statt sich selber zurechtzuweisen, war ich gereizt gegen den unschuldigen, verrückten österreichischen Polyhistor. Alles an ihm reizte mich, sein Schmutz, seine ölige Stimme. »Hören Sie, Dr. P.«, sagte ich zu ihm, »erklären Sie mir doch einmal, was Ihrer Meinung nach die dunkle Äußerung des Sokrates bedeuten soll: ›Freunde, wir müssen dem Asklepios noch einen Hahn opfern.‹ Ich hatte darüber nach vielen gezwungenen Kommentaren vor nicht langer Zeit eine plausible Erklärung gelesen, aber sie war mir entfallen. Der Österreicher hatte sie nicht gelesen. Es befriedigte mich, daß er versagte.

Der Nachmittag schritt vor. Er brachte eine Reihe von Anzeichen, daß unsere Depression grundlos war und daß der Transport dennoch abgehen werde.
Zuerst wurde, obgleich das nicht der dafür festgesetzte Tag war, Post verteilt. (Es war nicht viel Post, und nur wenige bekamen klare Mitteilungen über das Schicksal ihrer Angehörigen. Doch wenn man die verschiedenen Nachrichten zusammenhielt, dann wurde es wahrscheinlich, daß man unsere Frauen fast alle in dem riesigen Lager von Gurs untergebracht hatte, in den Pyrenäen.)
Dann erzählten die in der Küche Beschäftigten, es seien in großen Massen Konserven eingetroffen, Käse, Brot und dergleichen, Proviant offenbar für die Fahrt.
Weiter wurde bekanntgegeben, daß, wer wollte, das Geld zurückhaben könne, das er bei der Einlieferung ins Lager im Büro habe deponieren müssen. Da stand dann zum letzten Mal eine endlose Reihe Wartender vor dem kleinen Schalter, an dem Geld ausgezahlt wurde. Nicht ohne Ironie war es, daß wir bei dieser Auszahlung durch eine große Inschrift und auch durch direkte Aufforderungen des überwachenden Leutnants ermahnt wurden, Spenden für Frankreich zu geben.
Es stellte sich heraus, daß die hinterlegten Gelder mancher Transporte, die aus Nordfrankreich gekommen waren, fehlten. Die Kommandanten jener Lager hatten die Beträge bei ihren lokalen Banken deponiert, und die überstürzte Eile des Abtransports hatte es ihnen unmöglich gemacht, sie noch zu beheben. Jetzt stellte man den davon betroffenen Internierten Bescheinigungen aus, das Regiment Nummer Soundso schulde dem Internierten Soundso den oder jenen Betrag. Was aber konnte der Internierte mit einem solchen Schein anfangen? Er versuchte ihn an irgendeinen Franzosen zu verkaufen, zu welchem Preis immer.
Und dann, zuletzt, erfolgte etwas ganz Großes. Der Kommandant verkündete durch Anschlag, der Zug werde morgen, am 22. Juni, um elf Uhr vormittag, von der Station Les Milles abgehen. Angebracht war der Anschlag an einem der zurückgeschobenen Flügel jenes Haupttores ins Innere. Da standen wir, vor uns gähnte das schwarze Loch, und wir lasen den Anschlag. Schriftlich stand es da, schwarz auf weiß, mit

Schreibmaschinenlettern, und groß in seiner runden, ornamentalen Schrift, in hoffnungsvollem Blau, hatte der Kommandant seinen Namen daruntergesetzt: Goruchon.
Jeder eilte, den Anschlag zu lesen. Lange stand jeder davor. Wir schauten den Anschlag an, wir schauten uns selber an. Die meisten glaubten wohl, jetzt endlich sei es an dem. Allein sie wagten nicht, ihren Glauben einzugestehen; zu oft waren wir enttäuscht worden.
Ich, als ich den Anschlag sah, war sicher, daß sein Inhalt stimmte. Ja, der Zug wird abgehen, wir werden den Nazis entkommen. Ich schämte mich, daß ich eine kurze Weile kleingläubig gewesen war.
Zudem fiel mir auf einmal ein, was nach jenem von mir vergeblich gesuchten Kommentar der Ausspruch des Sokrates bedeuten sollte. Wenn er seine Freunde aufforderte, dem Asklepios, dem Gott der Heilkunst, der Chemie, einen Hahn zu opfern, dann deshalb, weil er, die Wirkung des Gifttrankes spürend, dem Himmel danken wollte, daß er den menschlichen Geist erfinderisch genug gemacht hatte, Drogen so genau nach Wunsch und wirksam zu dosieren. Ich freute mich, daß mein Gedächtnis einmal nicht versagt hatte, und nahm es als gutes Zeichen.
Befehl kam, am nächsten Tag um drei Uhr aufzustehen, um fünf Uhr abmarschbereit anzutreten, das Gepäck aufs Dringlich-Notwendige beschränkt.
Vorbereitungen wurden getroffen. Viele hatten ins Lager ihren letzten Besitz mitgenommen. Was sollten sie noch weiter mitschleppen, was zurücklassen? Sie packten, schnürten, sonderten aus, änderten ihre Meinung, entschnürten, packten von neuem ein, ließen anderes zurück. Was war »dringlich-notwendig«? Sie musterten immer von neuem. Viele schenkten, was sie jetzt zurücklassen mußten, den Bleibenden, viele verschacherten es.
Zahlreiche kamen und drangen mit Fragen auf mich ein. Da waren jene, die immer noch nicht, auch jetzt noch nicht wußten, ob sie nun gehen sollten oder bleiben. Dann gab es solche, die Zweifel hatten, ob sie auch wirklich mitgenommen würden. Der Platz war knapp, das war klar. Wenn er nicht für alle reichte, wird man nicht doch noch einmal mustern? Wird man dann nicht gerade sie zurücklassen? Sie wandten sich, die

Armen, an mich. Genügte wirklich die Eintragung in die Liste? War es sicher, daß alle mitgenommen würden? Da sie ja keinen Zutritt zum Kommandanten hätten, wohl aber ich, sollte ich doch zu ihm gehen und ihm auseinandersetzen, wie gefährdet gerade sie seien. Fünfzig Mal, hundert Mal mußte ich die gleichen beruhigenden Versicherungen abgeben.

Auch in dieser Nacht schliefen die meisten schlecht. Leise Zweifel nagten am Zuversichtlichen, leise Hoffnung war im Kleingläubigen.

Ich selber schlief gut in dieser kurzen Nacht in Les Milles, und als das Signal kam: »Aufstehen«, riß es mich aus tiefem Schlaf.

Alle waren angeregt. Geschäftiges Leben war. Nochmals wurde allerletzte Musterung gehalten unter den Sachen, die man mitnehmen wollte. Jeder machte sein Zeug fertig, schnürte im Wortsinn sein Bündel.

Ein sonderbar gespanntes Verhältnis war über Nacht entstanden zwischen denen, die gehen und denen, die bleiben sollten. So lange war man jetzt zusammen gewesen, zusammengeschweißt durch die gleichen Hoffnungen und Ängste, durch die gleichen Lebensbedingungen; jetzt trennten sich die Wege, vielleicht, wahrscheinlich für immer. Viele waren enttäuscht, daß solche blieben, die sie als nächste Kameraden angesehen, von denen sie bestimmt erwartet hätten, sie würden mitkommen. Ja, ein merkwürdig zwiespältiges Gefühl trennte die zum Transport-Bestimmten und die Zurückbleibenden. Es war drei Uhr morgens. Das Signal, aufzustehen galt nur jenen, die sich in die Listen hatten eintragen lassen, die andern hätten ruhig liegenbleiben können. Das aber taten sie nicht. Vielmehr standen sie auf, sie drückten sich zwischen uns herum, suchten sich nützlich zu machen, halfen uns pakken, schleppten unsere Sachen über die schmale, gebrechliche Treppe, gaben uns freundlich gemeinte Geschenke mit auf den Weg. Sie wußten genau, was die Abziehenden dachten, nämlich daß sie, die blieben, doch offenbar annahmen, sie hatten von den Nazis nichts zu fürchten, daß also sie, die Bleibenden, »Verräter« seien. Das waren nun die meisten wirklich nicht, es gab in unserm Lager wenige, die ernstlich mit den Nazis sympathisierten. Wer blieb, tat es, weil er sich zu alt und zu gebrechlich fühlte, die Strapazen des Transports auszuhalten, oder es waren jene armen Teufel, die eben nicht aus noch ein wußten und glaubten, durch ihr Bleiben ihr Leben und das ihrer Angehörigen eher zu retten. Es bedrückte sie, daß wir sie falsch einschätzten. Sie bemühten sich, uns und sich selber darzutun, daß sie gar nicht anders handeln könnten, als sie handelten, und wenn wir abwinkten und sagten: »Schon gut«, dann ließen sie gleichwohl nicht ab, sondern fingen hartnäckig von vorne an mit ihren Argumenten. Auch erwiesen sie uns immer wieder von neuem allerhand kleine Dienste, zeigten uns, daß sie sich uns zugehörig fühlten, nicht den andern. Aber das half nichts. Die meisten von uns schauten auf sie mit einer leisen Verachtung, gemischt mit Mitleid. Wir waren überzeugt, die Armen hätten das schlechtere Teil erwählt und würden, wenn die Nazis kämen, bittere Erfahrungen zu machen haben.

So hockten, standen, liefen wir herum, tranken den letzten Kaffee von Les Milles, schnürten unsere Bündel. Da, inmitten dieser Geschäftigkeit, während ich gerade die Stoffsandalen, welche ich die ganze Lagerzeit über getragen hatte, gegen feste Schuhe vertauschte, kam in großer Betretenheit ein junger österreichischer Arzt zu mir, der einige Strohschütten entfernt schlief, der Nachbar Hasenclevers. »Kommen Sie«, sagte er, »kommen Sie schnell, ich fürchte, es ist etwas passiert. Ich bringe Hasenclever absolut nicht hoch. Er wacht nicht auf.«

Wir gingen hinüber. Es standen schon vier oder fünf andere da, auch zwei Ärzte, wir hatten viele Ärzte unter uns. »Er hat ein Schlafmittel genommen, das ist sicher«, erklärten sie. »Man müßte ihm schleunigst den Magen auspumpen.«

Wir standen herum um den unbewegt daliegenden Körper. Hasenclever hatte immer etwas Beflissenes, Eiliges an sich gehabt, auf seinem gescheiten, lebendigen, spitzen, mäuseartigen Gesicht war in den letzten Jahren stets ein nervöses Zukken gewesen, man konnte ihn sich nur mit Mühe schlafend vorstellen. Da lag er nun, steinschwer, nicht zu erwecken.

Gestern abend, unmittelbar bevor das Licht ausgedreht wurde, war er bei mir vorbeigekommen; ich war gerade im Gespräch mit meinem Nachbarn, dem Mechaniker. »Kann

ich Sie sprechen, Feuchtwanger?« hatte Hasenclever gefragt. »Gewiß«, hatte ich erwidert, »nur einen kleinen Augenblick noch.« (Ich wollte mein Gespräch mit dem Mechaniker zum Abschluß bringen.) »Nein, nein«, hatte er geantwortet, »lassen Sie sich nicht stören, es ist nicht wichtig. Gute Nacht also.« Und drückend stieg mir die Erinnerung auf an das Gespräch gestern an der Steinrampe, in der Sonne: »Fünf Prozent Hoffnung«, hatte ich gesagt, und: »Wirklich nur fünf Prozent?« hatte Hasenclever erwidert. Und jetzt lag er da und war nicht wach zu bekommen. Hatte er den Glauben an den Abgang des Zuges verloren? Oder hatte er einfach die ewigen, schmutzigen Strapazen dieses kümmerlichen, erniedrigten Daseins nicht mehr mitmachen wollen?
Man brachte eine Bahre und trug den Bewußtlosen über die schmale, schmutzige Holzstiege. Er sollte in die Krankenbaracke, damit ihm dort der Magen ausgepumpt werde. Die Träger der Bahre erkämpften sich den Weg über die Holzstiege, die voll war von solchen, die mit ihren Bündeln hinunter in den Hof wollten. Einer der Verdrängten, als der trübe Zug vorbeikam, sagte erbittert: »Sie sollten ihn schon in Ruhe verrecken lassen.« Doch das zu tun wäre gegen die Gesetze der Humanität und der französischen Hospitalität gewesen.

Mittlerweile sammelten wir uns im Hof. Wir wurden in neue Gruppen eingeteilt, es geschah umständlich, mit der gewohnten Bürokratie, aber wir hatten ja Zeit, der Zug sollte erst um elf Uhr abgehen.
Wir standen herum und warteten. Die andern, die Zurückbleibenden, versammelten sich rings um uns, standen an den Fenstern, schauten zu, warteten mit, erregt wie wir, fanden immer noch etwas zu sagen.
Von den kultivierten älteren österreichischen Herren hatten sich nur zwei entschlossen mitzukommen. Die übrigen saßen auf ihren Klappstühlen, elegant und verschlissen, und schauten, auch sie, den Vorbereitungen unserer Abreise zu, würdig, resigniert. Einer vertraute mir heimlich an, er habe sich Blausäure verschafft. »Echte Blausäure«, sagte er.
Ich ging hinüber in die Krankenbaracke zu Hasenclever. Die Krankenbaracke war ein kahler, elender Steinbau. Die Kranken lagen auf abgenutzten Feldbetten, es roch entsetzlich.

Dort, in einer Art Sonderverschlag, lag der sterbende Hasenclever. Sein Gesicht war hochrot, sein Hals aufgequollen, die Zunge hing dick und blau heraus; man sagte mir, das komme vom Auspumpen des Magens. Er röchelte stark. Ein deutscher Arzt war bei ihm und ein französischer. Man versicherte, Hasenclever sei nicht bei Bewußtsein, er spüre nichts mehr, er höre nichts mehr. Der französische Arzt meinte, es sei noch Hoffnung, der deutsche hatte keine.
Ich ging zum Kommandanten. Der hörte mich ungeduldig an, es gab viel zu tun. »Ja, ja«, sagte er, »ich weiß schon, dieser Schriftsteller.« Ich sagte: »Wir können ihn nicht hier zurücklassen. Wir können ihn nicht in die Hände der Nazis fallen lassen. Wir müssen ihn mitnehmen.« Der Kommandant sagte: »Das steht nicht bei Ihnen und nicht bei mir. Ob er transportfähig ist, das zu entscheiden ist die Sache des Arztes.«
Ich ging wieder zurück zu meiner Gruppe. Wir warteten. Dann ereignete sich etwas Großes. Der Zug war da. Auf einmal war er da, man konnte ihn sehen. Von der gleichen Stelle aus, von der man gestern die paar Waggons hatte erraten können, konnte man auch heute Waggonartiges erblicken. Aber diesmal war es unser Zug. Unsere Wachsoldaten hatten ihn gesehen, sie hatten bereits mit unsern neuen Wachmannschaften gesprochen, die mit dem Zug gekommen waren. Alle starrten wir uns die Augen aus dem Kopf, das Waggonähnliche zu sichten. Das war er, der Zug, der lang erwartete, unser Zug.
Dann warteten wir weiter. Aber es war kein unangenehmes Warten mehr. Es war erst sieben Uhr früh und somit sicher, daß wir wirklich um elf Uhr abfahren würden, wie es der Kommandant in seinem Anschlag versprochen hatte.
Jetzt noch mehr als vorher fragte und redete man auf mich ein. Da kam etwa einer, und: »Sagen Sie ernstlich«, drängte er in mich, »ist es nicht doch besser, ich bleibe zurück? Warum sollten mir die Nazis etwas tun? Bloß weil ich ein kleines Weißwarengeschäft in Nice habe und Gustav Kohn heiße? Was für ein Interesse soll schon Hitler an mir haben? Meinen Sie nicht doch, ich soll bleiben?« Und ein anderer beschwor mich: »Sie müssen sogleich noch einmal zum Kommandanten und ihm sagen, daß der Zug schnell fährt. Es heißt, wir sollen

vier oder fünf Tage unterwegs bleiben. Dann hat ja das Ganze keinen Sinn. Dann kriegt er uns ja doch, der Hitler. Gehen Sie gleich zum Kommandanten und sagen Sie ihm, daß der Zug schnell fährt.«

Daß wir vier oder fünf Tage würden unterwegs bleiben müssen, schloß man aus der Quantität des verteilten Proviants, es wurden nämlich Konserven, Käse, Schokolade, Brot in Mengen verteilt, man hatte offenbar eine lange Reise vor sich.

Ich ging wieder in die Krankenbaracke und fragte den französischen Arzt, ob Hasenclever transportfähig sei. Der Arzt erwiderte, der Stabsarzt, der die endgültige Entscheidung zu treffen habe, sei noch nicht da. Er selber glaube nicht, daß der Kranke transportfähig sei.

Ich ging zurück zum Kommandanten. »Der Arzt meint«, sagte ich bedrückt, »er sei nicht transportfähig.« »Ich sagte es Ihnen ja«, antwortete der Kommandant und schlug mit der Reitgerte gegen seine Beine. »Was soll geschehen, Herr Kapitän?« fragte ich. »Wir können ihn so nicht zurücklassen.« – »Was halten Sie eigentlich von uns?« fragte der Kommandant. »Ich gebe Ihnen mein Ehrenwort als französischer Offizier: der Mann fällt nicht in die Hand der Nazis. Wenn es nicht anders geht, dann stecken wir ihm die Papiere eines gefallenen französischen Soldaten in die Tasche.«

Dann, gegen zehn Uhr, war es soweit. »Vorwärts marsch«, hieß es, und die erste Abteilung zog ab. In Abteilungen von je zweihundert Mann wurden wir an den Bahnhof gebracht, der unmittelbar neben dem Lager war und von wo aus ursprünglich wohl die Ziegel verfrachtet worden waren.

Ich gehörte zur zweiten Abteilung. Mein Karl war wieder von mir getrennt, ich hatte mein Gepäck selber zu schleppen. Es war nur eine kleine Viertelstunde, aber es war heiß, ich bin nicht geschickt im Tragen von Gepäck, bald war ich der letzte meiner Abteilung. Die Wachsoldaten, die uns geleiteten, trieben zur Eile. »Allez hop«, kommandierten sie, sowie ich den Koffer niedersetzte. Mein Nachbar, der Saarländer, der Mechaniker, nahm meine Not wahr und wollte mir helfen; aber er hatte selber zu schleppen. Der Schweiß strömte mir übers Gesicht, über die Brille, so daß ich nicht recht sah; zudem war es furchtbar staubig. Ich stolperte über die Schienen, ich schnaufte, ich versuchte mit dem Ärmel mir den Schweiß abzuwischen. Der Weg in die Sicherheit war schwer von den ersten Schritten an.

Dann aber sah ich ihn, den Zug. Da stand er vor uns, in unmittelbarer Nähe. Es war ein langer Zug; wie lang, das merkte ich, als ich mein Gepäck alle die Wagen entlangschleppte. Da waren zunächst Personenwagen, einige wenige, uralte, ausrangierte. Dann kamen Frachtwagen, einer und noch einer und ein zehnter, ein zwanzigster, ein ich weiß nicht wievielter. Sie trugen die Aufschrift: »Acht Pferde oder vierzig Mann.« Sie sahen ungeheuer ramponiert aus. Aber trotzdem war es ein Zug, er stand auf Schienen, die Schienen führten weiter, führten fort aus dem Bereich der Nazi-Truppen, führten in die Sicherheit. Während ich, schnaufend, stolpernd, schweißüberströmt, von den Soldaten gehetzt, die Wagen entlanghastete, dachte ich: »Dieses letzte Stückchen noch, dann bist du im Wagen, dann bist du in Sicherheit.«

Und dann erreichten wir den Wagen, der uns bestimmt war. »Hinein«, hieß es, »Allez hop«, hieß es. Das war leicht gesagt. Wie denn, allez hop? Der Wagen war furchtbar hoch und hatte keine Treppe. Doch dann erkletterten einige Gewandte das Chassis, jeder half jedem, man hob und schob das Gepäck hinein. Kräftige Hände streckten sich auch mir entgegen, kräftige Arme stützten mich von unten, von hinten, und dann war ich im Innern des Wagens.

Es waren vier Wände, sonst nichts. Eine Luke war an der Längswand rechts vorn, eine zweite links hinten. Viel Licht kam da wohl nicht herein. Doch vorläufig schien noch die helle Sonne durch die große, breite, offene Schiebetür, und das Ganze sah eigentlich gar nicht unangenehm aus. Wir waren einige dreißig, der Wagen war kahl, abgenutzt, doch geräumig.

Man diskutierte über die Unterbringung des Gepäcks. Soll man es in der Mitte zusammenstellen oder die Wände entlang bauen? Auf alle Fälle müssen die einzelnen Gepäckstücke kunstvoll übereinander und ineinander gestapelt werden, wenn nichts von dem kostbaren Raum verlorengehen soll. Ist ein Gepäckstück einmal verstaut, dann wird man es nur im äußersten Notfall wieder aus dem mühsam errichteten Haufen herausreißen dürfen.

Es gab Meinungsverschiedenheit, erbitterte Debatten, aber nachdem das Gepäck einmal zusammengestellt war, beruhigte man sich rasch, und alle waren angeregt, ja vergnügt. Sonne strömte herein. Man setzte oder legte sich auf den Boden, einer, ein dicker, junger Mensch, ein Holländer, hatte sogar sein Klappstühlchen eingeschmuggelt. Da also waren wir in unserm Zug, und in einer halben Stunde oder spätestens in einer Stunde wird sich der Wagen in Bewegung setzen und uns fortbringen aus der Gefahr, aus dem Bereich des Feindes.

Ein bitterer Tropfen war in unserer Freude, der Gedanke an Hasenclever.

Der Zug füllte sich. Mit Besorgnis sahen wir, wie sehr er sich füllte. Wie viele sind in unserm Wagen? Wir waren fünfunddreißig. Wachsoldaten werden wir sicher auch noch hereinkriegen. Wir werden sagen, wir seien zweiundvierzig.

Schon schrien Sergeanten von außen: »Wie viele seid ihr hier?« – »Fünfundvierzig«, sagten wir und schlossen vorsichtshalber die Tür. Damit hatten wir die Sonne ausgesperrt, und unser Wagen war auf einmal ein finsterer Käfig. »Wie viele seid ihr?« schrie es schon wieder von außen, und »Tür auf« kommandierte es, und ein Sergeant kam herein und zählte ab. »Noch zehn Mann hier herein«, kommandierte er. Wir protestierten verzweifelt. Vergebens. Schon kletterten die zehn herein. Sie machten verstörte Gesichter. Wir sträubten uns, wir ließen nur sieben oder acht ein, wir wehrten uns handgreiflich, es ging einfach nicht, es gingen nicht mehr Leute herein. »Es ist zuviel Gepäck in diesem Wagen«, erklärte ein schwitzender, zorniger Offizier. »Hinaus mit dem Gepäck«, befahl er. Alle protestierten. Es war wirklich nur das Notwendigste. Für viele war es die letzte Habe. Sie hatten mitgeschleppt, was sie noch besaßen, zwei Anzüge, zwei Paar Stiefel. Aber da half nun nichts, sie mußten es preisgeben. »Hinaus mit dem Gepäck«, schrie der Offizier. »Wollt ihr, daß eure Kameraden hierbleiben und verrecken, damit ihr euren Dreck mitschleppen könnt?«

Unter Gejammer, Geschrei, Gefluche wurde Gepäck hinausgeworfen, um jedes Stück erhob sich Streit, ob es hinaus müsse oder bleiben dürfe. Und dann, als wir schließlich aneinandergepreßt dastanden, irrten immer noch welche vor

dem Zug herum, die nicht untergebracht werden konnten, und dann kamen zwei algerische Soldaten herein, Araber, in Turban, unsere Wachen, und nahmen auch noch Platz weg. Und noch immer irrten draußen welche herum, und nochmals erkletterte ein Offizier das Chassis. Er konnte nicht herein, er hielt sich draußen am Gestänge fest. Aber: »Drei Mann noch hier herein«, befahl er. »Es geht nicht mehr«, schrien wir zurück, verzweifelt. »Es muß gehen«, kommandierte er, und wirklich wurde noch einer hereingepreßt.
Finster standen wir herum, eng einer am andern. An Sitzen war nun nicht mehr zu denken. Die algerischen Wachen waren freundlich. Der eine war ein bärtiger, älterer Mann, der andere etwa dreißig, ein schöner Mensch mit Tieraugen. Sie sprachen nur wenig französisch, aber zwei unter uns sprachen arabisch. Wir boten den Wachen Zigaretten an, wir verstanden uns gut mit ihnen.
Es ist merkwürdig, wie schnell man sich jeder Situation, auch der übelsten, anpaßt und das Bestmögliche aus ihr herausholt. Wir ordneten das Gepäck so, daß es noch weniger Raum einnahm. Wir beschieden uns. So war nun einmal unser Waggon. Er war eng, er war scheußlich, aber er wird uns in die Freiheit tragen.

Und dann – wir atmeten auf – setzte sich der Zug in Bewegung.
Die algerischen Wachen erlaubten, entgegen der Vorschrift, daß wir die große Schiebetür wieder öffneten. Ein paar Glückliche saßen in der weiten Öffnung und ließen die Beine hinunterbaumeln. Ich stand nach hinten gedrängt, aber so, daß ich, wenn ich mich auf die Zehen stellte, hinaussehen konnte. Der Zug ratterte das Lager entlang, den Hof der Ziegelei entlang, ich konnte die andern sehen, die Zurückbleibenden. An einer geschlossenen Schranke standen ein paar Soldaten, zwei Offiziere, der Kommandant. Mit der behandschuhten Rechten winkte er dem Zug zu, stolzen Gesichtes, er hatte es geschafft. Er war wohl auch froh, daß er uns los war.
Der Zug rumpelte und ratterte, man fiel immerzu aufeinander. Ein Stück löste sich aus dem kunstvoll errichteten Gepäckaufbau, ein zweites, schließlich stürzte der ganze Aufbau ein. Trotzdem waren wir, zumindest in dieser ersten halben

Stunde, glücklich. Wir waren fort aus Les Milles, wir brauchten nicht mehr mit gebundenen Händen auf die Schlächter zu warten.
Ich betrachtete mir die Fuhre Menschen, die der Zufall da zusammengewürfelt hatte. Da war zunächst mein hilfsbereiter Nachbar, der Mechaniker, der Saarländer. Ein Freund von ihm war mit im Wagen, ein kleiner Fabrikant und dessen Sohn. Der Fabrikant war ein gescheiter, welterfahrener Mann aus Odessa, und es traf sich seltsam, daß im gleichen Wagen nochmals Leute aus Odessa waren, und es war nochmals Vater und Sohn. Die beiden Paare hatte sich vorher nicht gesehen, sie lernten sich im Wagen kennen und waren sich vom ersten Anblick an zuwider.
Von dem phlegmatischen, fetten jungen Holländer und von seinem Klappstühlchen habe ich schon gesprochen. Er hielt solange er stehen mußte, sein Stühlchen fest an sich gepreßt, und es focht ihn nicht an, daß der Nachbar schimpfte, die Eisenschiene stoße ihn in die Rippen. Aber als er sich ein wenig Raum erkämpft hatte und beglückt sein Klappstühlchen aufschlagen wollte, empörten sich alle; denn es war unter uns ein Kranker, und der Holländer mußte verdrossenen Gesichtes edel, hilfreich und gut sein und dem Kranken sein Stühlchen abtreten. Es waren dann weiter da zwei sehr umfangreiche Kaufleute. Von ihrem Gepäck war beinahe alles aus dem Wagen herausgeworfen worden, aber gerettet hatten sie eine zusammengerollte Matratze, auf der saßen sie stolz, als die Reihe zu sitzen an sie kam. Dann war da ein jüngerer Herr mit einem Knabengesicht und von bescheidenem, aber sehr sicherem Wesen; ihm fiel, ohne daß er sich bemüht hätte, die Leitung und Organisierung des Wagens zu. Eine dankbare Aufgabe war das nicht. Der Holländer zum Beispiel war sichtlich erfüllt von tiefem Widerwillen gegen diesen jungen Herrn, weil er es gewesen war, der ihm sein Stühlchen für den Kranken weggenommen hatte. Alle diese Menschen, vom ersten Augenblick an einander angenehm oder zuwider, waren jetzt aneinandergepreßt, ineinander verfilzt, für die Dauer der Fahrt unlöslich miteinander verbunden.
So ratterten wir also von Les Milles fort, und wir zerbrachen uns den Kopf, wohin wir fuhren. Brachte man uns in die Pyrenäen? In eins der Lager in den Ostpyrenäen? Oder weiter

weg nach dem Westen! Vielleicht nach Gurs, wo unsre Frauen waren? Oder hatte man gar vor, uns übers Meer zu verfrachten, in eine der Kolonien? Wie immer, unser nächstes Ziel war die Rhône. In Sicherheit waren wir erst, wenn wir jenseits der Rhône waren. (Einer von uns übrigens konnte sich nicht enthalten, bei den Erörterungen über diesen Punkt, sooft einer, wie das üblich ist, »*die* Rhône« sagte, zu korrigieren »*der* Rhône«; womit er recht hatte, was aber alle ärgerte. »Wir wissen schon, lieber G.«, wies ihn schließlich unser stiller junger Organisator zurecht, »es heißt *le* Rhône, das Wort ist maskulin. Aber es wäre trotzdem nett von Ihnen, wenn Sie uns *die* Rhône sagen ließen.«)

Über die Brücke also mußten wir. Nun führten aber südlich von Les Milles keine Brücken mehr über die Rhône (beziehungsweise über den Rhône). Wir mußten also nach Norden. Nach Norden, das hieß, den Hitler-Truppen entgegen. Keineswegs somit waren wir in Sicherheit. Die Hitler-Truppen waren nahe, die Hitler-Truppen waren schnell, und es war sehr die Frage, wer zuerst die Rhônebrücke erreichen würde, die Deutschen oder wir.

Der Zug fuhr entsetzlich langsam und hielt jeden Augenblick. Endlich, endlich kamen wir nach Arles, und hier war die Rhônebrücke.

Wir fuhren aber nicht über die Brücke, vielmehr fuhr der Zug über die Station Arles hinaus, und dann hielt er auf einem Nebengeleis, auf freiem Feld.

Es war jetzt schon ziemlich spät am Nachmittag, wir waren noch immer diesseits der Rhône, und der Zug hielt und machte durchaus keine Anstalten weiterzufahren.

Dafür aber erlaubte man uns jetzt auszusteigen.

Wir kletterten hinaus, und da war Grünes, und da war ein kleines fließendes Wasser, und da kamen Bauern, uns Aprikosen zu verkaufen, schlechte, saure, halbreife Aprikosen. Aber wir hatten Durst, wir kauften sie, und sie schmeckten uns. Ein sanfter Abhang führte hinunter zu dem kleinen Fluß, der Abhang war grün, bewachsen mit Buschwerk und frischem, hohem Gras. Wir hatten so lange nichts gehabt als den staubigen Hof. Jetzt hockten wir uns ins Gras oder streckten uns darin aus und atmeten den erquickenden Geruch des Grases und des kleinen Flusses. Es war herrlich.

Zwei Stunden beinahe dauerte die Rast. Wir waren sehr früh aufgestanden und den ganzen Tag auf den Beinen gewesen, voll Erwartung und voll Erregung, wir waren müde, die meisten schliefen im Gras. Es war eine gute Rast. Allein es war auch eine gefährliche Rast, und jede ihrer Minuten erhöhte die Gefahr; denn mit jeder Minute kamen uns die Hitler-Truppen näher. Doch das Glückgefühl, nach so langer Entbehrung auf einem grünen Hang zu liegen, mauerlos, unter hellem Himmel, ließ keine Angst hochkommen, und fast bedauerten wir, als es hieß: »Zurück in die Wagen.«

Und dann fuhren wir über die Brücke. Es war eine lange Brücke, wir schauten sie genau an, sie war zur Sprengung vorbereitet.

So, und jetzt waren wir am andern Ufer der Rhône und, zumindest für einige Tage, in Sicherheit.

Doch wir genossen dieses Gefühl der Sicherheit nicht so tief, wie wir erwartet hatten. Es hatte zu lange gedauert, ehe man uns von unserer Angst befreit hatte, und die Befreiung war in zu vielen kleinen Etappen erfolgt. Auch brach bald die Nacht ein, und die Mühsale dieser Nacht sollten den letzten Rest jedes Glücksgefühls erdrücken.

Als die Nacht einbrach, wagten unsere algerischen Wachen nicht länger, die Tür, entgegen der Vorschrift, offen zu halten. Sie schoben sie zu, unser Käfig schloß sich.

Daß man hätte liegen können, daran war nicht zu denken. Aber es war auch viel zuwenig Platz, als daß alle hätten sitzen können. Der junge Organisator mit dem Knabengesicht fand eine Lösung. Es sollten je zwanzig Mann je zwei Stunden sitzen und schlafen und dann weiteren zwanzig ihre Plätze abtreten. Er hatte eine ruhige, bestimmte Art, und Abzählung und Einteilung wurden rasch und ohne Reibung vorgenommen.

Die zwei algerischen Wächter legten sich quer vor die Tür. Die ersten zwanzig von uns hockten oder setzten sich die Wände entlang, so gut es ging. Es ging nicht gut.

Wir andern standen. Der Wagen war voll Dunkelheit, Kälte und Gestank. Der Zug ratterte. Wir schwankten hin und her mit der Bewegung des Zuges.

Man schloß die Augen, man döste, aber man kann nicht schlafen im Stehen. Auf die Dauer ist es eine Tortur, im Dun-

keln aufrecht zu stehen, todmüde und ohne Schlaf. Du trittst von einem Fuß auf den anderen, du machst eine Bewegung, die den Nachbarn stört, du lehnst dich an den Vordermann, an den Hintermann, der lehnt sich an dich. Ein Gepäckstück fällt herunter, einer von den Stehenden tritt einem der Hokkenden auf die Füße. Ständig reißt Lärm an den Nerven, leises, dann wieder lautes Gefluch, Gestöhn, Geschnarch.
Regen hatte eingesetzt, es wurde immer kälter. Die Fugen des Wagens waren undicht, der Boden, vor allem in der Nähe der Wände, war naß. Wir Stehenden schaukelten hin und her, dicht aneinandergedrängt, in Wellen, mit der Bewegung des Zuges. Die Flüche in der Dunkelheit, wenn einer den andern getreten hatte, mehrten sich. Auch Bitten kamen aus der Dunkelheit, Bitten des einen zum andern, flehentliche, gereizte, doch ein wenig, nur ein klein wenig zu rücken.
Aber dann wurde es Morgen. Grauer, nebliger Tag kam durch die Luken und hob die ganze Erbärmlichkeit dieser Fuhre Mensch ins Licht. Doch die einfache Tatsache, daß es hell wurde, machte den Schrecken geringer. Ja, trotz aller Erschöpfung und Qual fühlte man sich im Grunde wohl. So relativ sind Behagen und Elend.

Und es wurde ganz hell, und wir hielten an einer Station. Die Türen wurden auseinandergeschoben. Mit steifen Gliedern krochen wir heraus. Freilich gab es nur Schienen und Steine, sich irgendwo hinlegen konnte man nicht, auch war es reichlich kalt. Aber man konnte seine Notdurft verrichten. Mehr als das, es gab Wasser, man konnte sich waschen, man konnte trinken. Und ferner konnte man sich strecken, man konnte die Arme kreisen und die Beine werfen, man konnte sich irgendwo hinsetzen. Und dann kam sogar ein bißchen Sonne. Jetzt war die üble Nacht vergessen. Nichts mehr war da als das frohe Gefühl, daß man fort war aus Les Milles und daß die Hitler-Truppen fern waren, jenseits der Rhône.
Man tauschte Gefühle aus und Gedanken, Freuden und Sorgen. Die Hauptfrage blieb: wohin fahren wir eigentlich? Niemand wußte es. Die Offiziere erklärten, sie wüßten es selbst nicht. Der Lokomotivführer wußte, daß er den Zug nach Toulouse zu führen hatte; dann, sagte er, werde er durch einen anderen ersetzt werden.

Es ergab sich, daß wir in der Hafenstadt Sète waren. Man erwog den Gedanken, durchzubrennen; vielleicht fand sich in Sète ein Schiff. Die Wachmannschaften erzählten, es lägen dort zwei große Schiffe, bestimmt für jene Engländer, die jetzt nach Frankreichs Zusammenbruch in ihre Heimat zurückkehrten. Vielleicht nahmen diese englischen Schiffe auch einige von uns mit.

Doch schon während man das erwog, wußte man, daß Projekte solcher Art Phantasterei waren. Es wäre Wahnsinn gewesen, auf die nebelige Hoffnung hin, ein englisches Schiff werde uns aufnehmen, das Transportmittel aufzugeben, das man hatte, unsern Zug. In diesem Zug, so elend er war, waren wir vorläufig wenigstens in Sicherheit. Es blieben denn auch alle.

Die Sonne wurde wärmer. Wir aßen von unsern Konserven, von unserm Brot, es gab Trinkwasser, wir konnten sitzen, wir lebten, wir freuten uns, daß wir lebten.

Aber dann mußten wir zurück in die Wagen, und die Freude verflog. Heute achteten die Offiziere darauf, daß die Wagen auch bei Tag geschlossen blieben, Luft und Licht kam nur durch die spärlichen Luken. Bis in jede üble Einzelheit wiederholte sich der Jammer von gestern. Wenn man sich noch so klein machte, nahm man dem Nachbarn Raum und Luft weg. Man war einander zur Qual.

Gestank war im Wagen. Zwei litten an Dysenterie. Es war ihnen ein Kübel in den Wagen gestellt worden. Böse schauten sie um sich, böse wurden sie von den anderen angeschaut.

Denn wir andern konnten natürlich unsere Notdurft nicht im Innern des Wagens verrichten. Wir mußten warten, bis der Zug irgendwo hielt. Er hielt fast immer auf offener Strecke. Dann kletterte man hinaus, oder, wenn man geübt war, sprang man hinaus; ich habe schon gesagt, daß die Gestelle der Wagen sehr hoch waren und daß es keine Treppen gab. Draußen dann standen oder hockten die Männer an den Gleisen und verrichteten ihre Notdurft. Niemals aber wußte man, wann der Zug wieder abfahren werde. Manchmal, unvermutet, fuhr er schon nach Sekunden wieder an. Auf dann schnellten die Hockenden und liefen dem Zuge nach. Alte waren unter uns, sie liefen erbärmlich, grotesk, sich die Hosen haltend, in großer Angst. Sie rannten, sie versuchten mühselig, das hohe Gestell ihres Wagens zu erklettern. Der

eine oder andere geriet wohl auch an einen falschen Wagen. Die Insassen schlugen ihm auf die Hände, ihn fortzuscheuchen; denn der Wagen war voll, es ging wirklich keiner mehr herein. Er aber mußte hinein: was wurde aus ihm, wenn er zurückblieb?
Es war unter uns auch ein orthodoxer Jude, der an seinen Bräuchen festhielt. Mitten in der höllischen Enge und dem scheußlichen Lärm des ratternden Zuges holte er Gebetmantel und Gebetriemen heraus, erkundigte sich, wo der Osten sei, Jerusalem, der Tempel, stellte sich mit dem Gesicht nach Osten, verrichtete seine Gebete.
So fuhren wir und fuhren. Wir waren alle krank vor Müdigkeit, bitter und aufs äußerste gereizt. Immer von neuem erhob sich Streit, wer der Gruppe zugehöre, die jetzt sitzen durfte, ob nun die den Sitzenden zugebilligte Zeit nicht abgelaufen sei, ob nicht überhaupt die gesamte Gruppeneinteilung falsch sei. Immer wieder mußte der ruhige, geduldige Organisator eingreifen. Selbst die beiden umfangreichen, friedlichen Kaufleute vertrugen sich nicht auf ihrer Matratze. Und inmitten dieses Gezänkes stöhnten und jammerten die Kranken, und endlos hämmerte der Regen auf den Zug.
Wir hatten nur einen Wunsch: endlich angelangt zu sein wo immer. Nur heraus aus diesem Wagen. Nur die Glieder strekken dürfen. Wir wünschten nur, eingeliefert zu werden in das nächste Konzentrationslager.
Ich habe übrigens eine Beobachtung gemacht, die ich hier nicht verschweigen will. Es gab natürlich Ausnahmen, doch im allgemeinen ertrugen die Intellektuellen die Strapazen gefaßt und geduldig. Sie erwiesen sich als zäher, stiller, geduldiger als viele, die kräftiger waren und körperlich mehr geübt.

Und es kam die nächste Nacht.
In dieser Nacht ereignete sich die erbärmliche Geschichte mit dem Gebiß. Der Mann, dem sie passierte, mochte etwa vierzig Jahre alt sein, er war ein schmächtiger Mann mit bläßlichen Augen; doch hatte ihm niemand angesehen, daß er schon ein Gebiß hatte. Er hatte sich sehr sanft verhalten bisher, unauffällig, aber jetzt tobte und schrie er und war nicht zur Ruhe zu bringen. Es war dies. Als an ihn die Reihe ge-

kommen war, sich niederzusetzen, hatte er, um vielleicht ein wenig schlafen zu können, sein Gebiß herausgenommen und es in der Tasche des Rockes verwahrt. In der Dunkelheit war, wie es schien, jemand darauf getreten, jedenfalls war das Gebiß zerbrochen, unwiederbringlich dahin. Der Mann schrie und jammerte. Es war ein klägliches Gewinsel; denn er murmelte, er konnte nicht recht sprechen ohne sein Gebiß. Keiner hatte Mitleid mit ihm.
Wir fuhren die Pyrenäen entlang. Es regnete und regnete und war sehr kalt. Auch diesmal war es eine kleine Erleichterung, als durch die Luken der grauende Tag hereinkam. Aber alle waren wir zerschlagen. Viele sagten verbissen, eine weitere solche Nacht hielten sie nicht aus.
Einige fielen über mich her und warfen mir vor, ich sei an dem ganzen Elend schuld. Wenn ich nicht wäre, wenn ich nicht erwirkt hätte, daß man ihnen die Wahl gelassen hätte, in Les Milles zu bleiben oder mit uns zu gehen, dann säßen sie wohl jetzt noch ruhig in Les Milles. Und sie beschimpften mich, und sie verlangten zurück aus dem schrecklichen Zug nach den Fleischtöpfen Ägyptens.

Wenn unser Zug auf einer Station oder in der Nähe einer Station hielt, dann machten sich immer einige Wagehälse auf, um Lebensmittel zu erstehen. Unsere Wachsoldaten, die Franzosen sowohl wie die Araber, waren gutmütig, es war leicht, sich mit ihnen zu verständigen, sie behinderten die Wagehälse nicht. Die Gegend, durch die wir fuhren, der Südwesten Frankreichs, war überflutet von Flüchtlingen, die Lebensmittel wurden knapp, die Läden waren voll von Käufern. Die Wagehälse verheimlichten natürlich, wer sie waren, sie gaben sich für flüchtige Belgier oder Holländer aus, und gewöhnlich gelang es ihnen auch, zu bekommen, was sie wollten. Sie gaben sodann – es waren meist die Ärmeren, die solche Abstecher unternahmen – die erstandenen Lebensmittel mit Gewinn an die andern ab. Zu essen hatten wir genug während unserer Fahrt; nur konnten wir nie etwas Warmes bekommen, und groß war die Sehnsucht nach Kaffee oder Tee oder Suppe.
Mancher kannte die Strecke genau, die wir fuhren. Er erläuterte uns andern, wohin es von hier aus ging und von dort, und die Spannung wuchs, wohin wir wohl gebracht werden wür-

den. Vor allem, wenn wir in Orte kamen oder in die Nähe von Orten, in deren Umgebung sich Konzentrationslager befanden, waren wir gespannt, ob nun wohl dieses Konzentrationslager unsere Bestimmung sei.
Schon waren wir in den Westpyrenäen und passierten die berühmten Städte dieses Gebirges, Tarbes, Lourdes, Pau. Dann erreichten wir die Station Oleron, von der aus es nach dem Lager Gurs ging, in dem viele von uns ihre Frauen vermuteten. Erregt warteten wir, ob wir hier wohl ausgeladen würden, und waren enttäuscht, als der Zug weiterging.
Schließlich wurde es klar, daß wir der Stadt Bayonne zufuhren, dem südlichsten Atlantikhafen Frankreichs.
Immer hockten fünf oder sechs von uns dicht aneinandergedrängt an der großen Türöffnung, nicht abgehalten von dem nie aufhörenden Regen, und ließen die Beine hinaushängen. Wir begegneten Zügen, die so endlos waren wie unser eigener, und endlose Züge überholten uns. Alle diese Züge waren vollgestopft mit Menschen. Sie hockten auf den Trittbrettern, sie lagen gefährdet auf den Dächern. Ganz Frankreich war in Bewegung. Ganz Frankreich floh, sinnlos, hierhin, dorthin. Nicht nur die Schienenwege, auch die Landstraßen Südfrankreichs waren überflutet von Menschen, Holländer, Belgier, Millionen von Nordfranzosen waren auf der Flucht. Im strömenden Regen zogen sie die Straßen entlang, endlos, der spanischen Grenze zu.
Und was hatte man mit uns vor? Heftige Diskussionen entbrannten in unserm Zug. Was früher eine leise Möglichkeit gewesen war, wurde jetzt beinahe zur Gewißheit: man wollte uns übers Meer verfrachten, nach den Kolonien, nach Marokko vielleicht oder auch tiefer nach dem Süden, nach Dakar. Vielen war das recht. Viele sagten, das sei die einzige Sicherheit vor den Hitler-Leuten, und sie waren gerne bereit, den Franzosen zu verzeihen, was sie Böses an uns getan hatten, wenn sie uns wirklich zum guten Ende solche Sicherheit verschaffen sollten. Viele aber auch sträubten sich gegen eine solche Verschiffung, ja, sie waren empört. Nein, sie wollten sich nicht übers Meer bringen lassen. Sie wollten nicht getrennt werden von ihren Weibern und Kindern, auf lange Zeit, vielleicht für immer, sie wollten sich nicht ins durchaus Ungewisse schicken lassen.

Zudem kamen aus den Waggons der Fremdenlegionäre üble Geschichten über solche Transporte zur See. Man wurde da im Kielraum irgendeines alten Kastens verstaut. Dort unten lag man in drangvoller Enge, es war dunkel und stank, alles war voll von Ratten und Ungeziefer, man lag halb im Wasser, und wer im leisesten dazu neigte, wurde seekrank. In unserm besonderen Fall kam dazu das ständige Bewußtsein der Gefahr. Denn bei einer solchen Seereise mußte man damit rechnen, von einem italienischen Kriegsschiff oder Flugzeug gesichtet und bombardiert zu werden. Was es heißt, in der Dunkelheit auf dergleichen zu warten, hilflos eingesperrt, das wußten wir aus unsern Erfahrungen in Les Milles während der Bombardements. Nein, eine solche Seereise wird kein Spaß sein. Niemals, unter keinen Umständen, erklärten viele, würden sie sich verschicken lassen. Lieber würden sie ausreißen, lieber würden sie Hitler in die Hände fallen.

Schon waren wir ganz nahe an der Stadt Bayonne. Schon rochen wir das Meer, schon spürten wir die Luft des Atlantischen Ozeans, und siehe, da waren auch Masten und Schiffe.

Der Zug hielt außerhalb der Station. Die Landstraße führte am Bahngeleise entlang, führte unsern Zug entlang, durch ein niedriges Geländer von ihm getrennt. Ich konnte mein Auge und mein Hirn nicht losreißen von dem Anblick dieser Landstraße, von dem Anblick der wüsten, heillos verknäuelten Prozession, die sich über diese Landstraße bewegte. Es waren da Fahrzeuge jeder Art, vom ältesten Handkarren bis zum modernsten Auto, bepackt alles, ungeheuerlich bepackt alles und vollgestopft, Matratzen überall auf dem Verdeck der Autos, wahrscheinlich zum Schutz gegen Fliegerangriffe. Und zwischen diesen Fahrzeugen drängten sich Pferde, Radfahrer, Maultiere, Fußgänger, alle der nahen spanischen Grenze zustrebend.

Unser Zug hielt lange. Endlich fuhr er wieder an. Fuhr zum Hauptbahnhof. Die Spannung stieg. Ging es jetzt aufs Schiff? Wieder standen wir endlos. Wir wurden nicht ausgeladen.

Dann fuhr der Zug zurück, wieder dem Stadtbahnhof Bayonne zu.

Der Zug hielt an der gleichen Stelle, an der er vorher gehalten hatte. Über die Landstraße zog wie vorher die Prozession der Fliehenden. In unserm Wagen debattierte man heftig. Diejenigen, die nicht aufs Schiff wollten, fanden schwerlich je eine bessere Gelegenheit durchzubrennen als heute, jetzt.
Während wir so standen und warteten, kam zu mir jener ruhige Herr mit dem Knabengesicht, der Organisator. Er sagte: »Hören Sie, Sie müssen sogleich zum Kommandanten. Es heißt, daß die Hitler-Truppen in zwei Stunden hier sein werden.
Ich starrte ihn an. Wie sollten die Nazis auf einmal nach Bayonne kommen? War er einem der albernen Gerüchte aufgesessen, die jetzt das Land durchflogen? Aber er war ein ernster Mensch, ohne Hysterie. Und in den Zeitungen hatte es geheißen, die Deutschen seien nicht weiter ins Rhônetal vorgedrungen, sie hätten vielmehr die Richtung nach Bordeaux eingeschlagen. »Kommen Sie«, drängte er.
Wir hasteten den Zug entlang, vor, zum Waggon des Kapitäns. Wollte der Zug denn gar kein Ende nehmen? Endlich langte ich an. Da waren schon einige von uns. Der Kommandant stand auf dem Trittbrett seines Wagens, die von uns starrten schreckerfüllt zu ihm hinauf. Als er mich sah, sagte er: »Hören Sie, Monsieur, sagen Sie Ihren Kameraden, wir müssen zurück. In zwei Stunden werden die Deutschen in Bayonne sein. Verhüten Sie Panik.«
»Verhüten Sie Panik.« Das war leicht gesagt. Ich selber war ruhig. Ich zwang mich zur Ruhe. Aber schon war rings um mich aufgeregtes Geschrei, Gejammer, empörte Klagen. Es war also gekommen, wie wir befürchtet hatten. Die Franzosen waren zu spät daran, wie immer. Wir waren zu spät daran. Wir hatten es gleich gesagt. Doch Empörung und Anklagen führten nicht weiter. Was sollten wir tun? Die spanische Grenze war in unmittelbarer Nähe. War es nicht das Gescheiteste, sich einfach dem Strom der Flüchtlinge anzuschließen und zu versuchen, ob man über die spanische Grenze entkommen konnte? Hundert Erwägungen wurden angestellt, hundert überstürzte Vorschläge gemacht. Man solle auf das amerikanische Konsulat gehen, sich dort Rat holen, Rettung, Hilfe. Hier im Zug zu bleiben sei unsinnig. Sich auf eigene Faust durchschlagen müsse man ohne die Franzosen. Die

Franzosen hatten versagt. Kläglich und immer wieder. Auf sie weiterzubauen sei Narrheit.
Narrheit waren die Rettungsvorschläge, die da gemacht wurden. Das sagte einem der gesunde Menschenverstand, und das erwies sich später, als man die Tatsachen in Ruhe überprüfen konnte. Richtig war, daß die Spanier in diesen Tagen ihre Grenzen noch offen hielten; aber natürlich verlangten sie Papiere, Ausweise, und sie ließen nur Franzosen hinüber. Und ein amerikanisches Konsulat gab es überhaupt nicht in Bayonne.
Sich fortmachen aus diesem unseligen Zug, die Versuchung lag nahe. Aber was war gewonnen, wenn man es tat? Zwei, drei Tage konnte man sich vielleicht halten. Aber wenn uns dann die Nazis verfolgten, wenn sie uns suchten, was dann? Sie führten die Siebung durch, welche die Franzosen nicht hatten durchführen können, sie fanden, wen sie suchten.
Und selbst von den Franzosen, von der Bevölkerung hatten wir Schlimmes zu befürchten, wenn wir uns so ohne Papiere im Land herumtrieben. Nur wenige von uns sprachen das Französische so akzentlos, daß sie sich hätten für Franzosen ausgeben können. Viel wahrscheinlicher war, daß die Bevölkerung uns für versprengte Nazis nahm, für Feinde. Wenigstens ordentliche Papiere mußten wir haben. Wenigstens den Franzosen mußten wir beweisen können, daß wir Nazigegner waren, daß wir Anspruch hatten auf Schutz.
Wir gingen zurück zum Wagen des Kapitäns. »Viele von uns«, erklärten wir ihm, »wollen versuchen, sich auf eigene Faust durchzuschlagen.« »Tun Sie das«, antwortete kühl der Kapitän. »Wer versuchen will, sich allein zu retten, mag es tun. Aber ich rate ab. Sie haben wenig Hoffnung, einzeln und zu Fuß aus dem Bereich der Hitler-Truppen herauszukommen. Ich aber und mein Zug, wir haben vorläufig noch den gesamten Apparat der Militärbehörde zur Verfügung. Wir haben Aussicht, Sie in ein Gebiet zu bringen, das nicht in der Hand der Deutschen ist, wenn der Waffenstillstand abgeschlossen wird.« Er sprach sehr ruhig, er stand immer noch auf dem Trittbrett seines Wagens, er machte einen zuverlässigen Eindruck. »Geben Sie uns wenigstens unsere Papiere zurück«, baten wir. »Dazu habe ich keine Vollmacht«, erklärte er. »Übrigens«, sprach er vernünftig weiter, »hätte ich auch in

der kurzen Zeit, die zur Verfügung steht, gar nicht die technische Möglichkeit, die Papiere zu verteilen. Wer sich davonmachen will, tut es auf eigene Gefahr.« Wir drängten, baten, drohten, beschworen ihn. Er stand auf der Treppe seines Wagens. »Geben Sie doch Ruhe«, redete er auf uns ein. »Ich habe wirklich Wichtigeres zu tun, Besseres, in euerm Interesse.« Aber wir ließen nicht ab, wir flehten und drohten. Schließlich wurde er zornig. »Nein, nein«, rief er und verschwand im Innern seines Wagens.

Der Zug stand und stand. Ein anderer Zug fuhr ab, ein zweiter, ein fünfter, zehnter, alle bis auf den letzten Winkel voll von Soldaten und Zivilisten. Unser Zug stand. Einige von uns machten sich fort, immer mehr machten sich fort, ohne Papiere, viele ohne Geld, auf Glück oder Unglück. Es regnete in Strömen, der Nachmittag rückte vor, alles war grau, hoffnungslos.

Meine Freunde, die jungen Österreicher, kamen zu mir. Forderten mich auf, nicht länger zu zögern, sondern mit ihnen durchzugehen. In diesem völlig desorganisierten Südfrankreich könne man ohne Mühe und Gefahr untertauchen. Eine so günstige Gelegenheit werde nicht wiederkommen. Der Zug sei auffällig. Von dem Zug würden die Hitler-Leute bestimmt hören.

Das alles war richtig. Doch was der Kommandant gesagt hatte, war auch richtig. Wir redeten hin und her. Zuletzt wurde folgendes beschlossen. Meine Freunde wollten ihre Flucht aufschieben. Ich sollte in ihren Wagen übersiedeln, aus dem einige bereits geflüchtet waren, so daß ich dort unterkommen könnte. Sollte ich mich dann in den nächsten Stunden, während der Fahrt, entschließen, den Zug zu verlassen und mich ihnen anzuvertrauen, dann seien sie da und in Bereitschaft.

Ein Zug nach dem andern ging ab. Wir, die Boches, kamen offenbar erst ganz zuletzt. Keiner glaubte mehr an Rettung, alle erwogen private Fluchtpläne. Einige versuchten es, sich in andere Züge einzuschleichen. Doch nur wenigen gelang es, die Züge waren voll, überall kämpfte man um Plätze. Wehe dem Boche, der in einem solchen Zug gefaßt worden wäre. Einigen älteren jüdischen Herren – das hörte ich später, doch es gehört hierher –, einigen älteren jüdischen Herren also war es geglückt, sich in ein verschlossenes Abteil eines abfahrbereiten Militärzuges einzustehlen. Da saßen sie, wartend auf die Abfahrt, fürchtend, sie möchten entdeckt und schimpflich ausgetrieben werden, und wirklich, es öffnete sich die Tür des Abteils. Unsern jüdischen Herren stand das Herz still. Doch eine Stimme erklang: »Schokolade gefällig, die Herren, für die lange Reise.« Es war einer von uns, der, frech und vital inmitten der allgemeinen Hoffnungslosigkeit, noch schnell ein Geschäft machen wollte.

In unserm Zug war keine Ordnung mehr. Nicht nur von uns Gefangenen, auch von den Wachsoldaten hatten sich welche davongemacht. Umschichtungen von einem Wagen zum anderen waren vorgenommen worden, bisher getrennte Freunde hatten sich zusammengefunden.

Es bedurfte nur kurzen Parlamentierens, bis ich in den Wagen meiner Österreicher übersiedeln konnte. Wiewohl sich drei oder vier Insassen dieses Wagens verdrückt hatten, war er immer noch gestopft voll, an Sitzen war nicht zu denken, der Wagen war schlimmer als der, aus dem ich kam. Es waren da drei Kranke, sie hatten einen Kübel. Es war da außerdem ein dicker Mann mit einer Krücke, der immerfort jammerte, weil er gestoßen oder getreten wurde. Auch der österreichische Polyhistor war in dem Wagen, der leicht Verrückte.

Das kunstvoll aufgebaute Gepäck hatte man wieder auseinandergerissen. Denn wer zur Flucht bereit sein wollte, konnte wirklich nur das mitnehmen, was er am Leib zu tragen imstande war, und das suchte man sich jetzt heraus. Der schmutzige Boden des Wagens war voll von allerlei Zeug, man trat darauf herum, es war kein Platz. Einige rafften etliches an sich, das Kostbarste, und erkundigten sich gierig bei den bisherigen Besitzern, ob sie, wenn die Herren wirklich fliehen sollten, die Sachen in Verwahrung nehmen dürften.

Im übrigen geschah bei dieser letzten Durchmusterung des Gepäcks etwas Sonderbares, und Ähnliches, hörte ich später, ereignete sich auch in andern Wagen. Während seinerzeit, beim Betreten des Zuges, die Leute erbittert und verzweifelt darum gekämpft hatten, ihr Gepäck behalten zu dürfen, gaben sie es jetzt ohne Bedauern preis. Nicht nur schonten sie ihre Sachen nicht, sie trampelten zerstörerisch darauf herum, mit Wollust.

Meine jungen Österreicher ließen sich anstecken von diesem Zerstörungstrieb. Sie suchten aus meinen Sachen heraus, was ich auf unsere allenfallsige Flucht mitnehmen wollte, warfen, wiewohl das nicht gerade nötig war, das nicht Mitzunehmende achtlos auf den Boden, traten, auch sie, darauf herum mit einer gewissen Absicht, gegen den Einspruch meines Karl. Dabei hatten sie sich bisher stets als Burschen erwiesen, die auf Ordnung und Sauberkeit bedacht waren. Auch der leichte, geschmeidige Lederband aus der schönen Dünndruckausgabe der Werke Balzacs, den ich selbst in diesen Zug mitgenommen hatte, ging jetzt verloren. Beschmutzt auf dem schmutzigen Boden des Wagens lag er, getreten von schweren, schmutzigen Schuhen, und als mein Karl ihn entrüstet aufhob, sah der Band so aus, daß ich ihn nicht mehr anrühren mochte.

Endlich fuhr der Zug los. Doch er fuhr langsam, und schon nach kurzer Zeit, nach einer kleinen halben Stunde, machte er von neuem halt.

Da gaben viele die Hoffnung auf, daß hier noch Rettung sei. Der Abend war eingefallen, es war kalt, es regnete in Strömen. Aber sie hielten es nicht länger aus in unserm Todeszug. Sie kletterten hinaus in den regnichten, hoffnungslosen Abend, wohl an die hundert. Auch Alte waren darunter, Schwerbewegliche. Es war ein trostloser Anblick, diese Menschen zu sehen, wie sie zerlumpt und zerfetzt über die feuchten Wiesen stapften, mühselig, im schweren Regen, ohne Gepäck, ohne Kleider, ohne Geld, ohne Papiere, ins Ungewisse hinaus, in ein Land ohne Freude, das morgen, vielleicht noch in dieser Nacht, von ihren schlimmsten Feinden besetzt sein wird.

Viele meiner Bekannten habe ich so zum letzten Mal gesehen, über die feuchten Wiesen stapfend, in die einfallende Nacht hinein. Unter denen, die so davongingen, war jener Maler aus Sanary und sein junger Sohn. Auch der ruhige Herr mit dem Knabengesicht, der gute Organisator, war unter ihnen und jener Biolog, der in Les Milles mein Nachbar im Stroh gewe-

sen war und der Les Milles und sein Asthma so tapfer und klaglos ertragen hat. Sie und manche andere habe ich damals zum letzten Mal gesehen, eine halbe Stunde hinter Bayonne, und ich habe seither nichts mehr von ihnen gehört.
Hier geschah es auch, daß meine jungen österreichischen Freunde mich verließen. Sie hatten jetzt eine gute Landkarte aufgetrieben, und sie drängten: »Der Zug steht und wartet, und die Nazis holen ihn sicher ein, und alles ist besser, als sich hier im Zug schnappen zu lassen.« Und sie stellten mir ein Ultimatum: »Gehen Sie oder gehen Sie nicht? Wir gehen jetzt.«
Ich erwog noch einmal das Für und Wider. Für die nächste Stunde oder für die nächsten zwei oder drei Stunden, damit hatten die Jungens recht, war die Gefahr innerhalb des Zuges größer als außerhalb. Aber strebte man eine Rettung über die nächsten Stunden hinaus an, dann durfte man den Zug nicht aufgeben. Auf die Dauer war der einzelne in dem von den Nazis besetzten Gebiet verloren. Ich dankte meinen Österreichern, ich dankte ihnen von Herzen, und ich blieb.
Auch meine jungen Österreicher habe ich seither nicht wiedergesehen.

In dem Wagen, in dem ich mich jetzt befand, war es noch immer so eng, daß an Sitzen nicht zu denken war. Habsüchtige Hände suchten die zurückgelassenen Sachen der Entflohenen an sich zu raffen, die Enge des vollgepackten Wagens machte den Streit um die Beute noch wüster.
Und dann wurde es dunkel, und dann wurde es Nacht, und es regnete, und die feuchte Kälte drang einem unter die Haut. Wir waren todmüde, erschöpft von der Spannung und Erregung des Tages und voll von Furcht, jetzt, im nächsten Augenblick, werde der Zug von motorisierten Hitler-Leuten überfallen werden. Elend, Angst, Erschöpfung machten uns gereizt, bösartig. Jeder haßte jeden, jeder stritt sich mit jedem, nie in meinem Leben habe ich so unflätige Flüche gehört wie in dieser Nacht, und das breite Österreichisch, sonst so behaglich und angenehm, ließ die Flüche noch gemeiner klingen.
Und es stöhnten die Kranken, und es schimpften die Gesunden, und es waren einige, die schnarchten, und der Wagen

war voll von Nacht und Furcht und grauenvollem Gestank. Wir standen und schwankten hin und her, einige schluchzten, alle wünschten sehnlichst: Oh, wäre es Morgen. Und sooft der Zug hielt, erschraken wir tief in unserem Herzen und fürchteten: Jetzt sind sie da, die Deutschen.
Einmal hielt der Zug in einem Tunnel. Es war stockdunkel, und der Zug hielt lange. Doch diesmal fluchte keiner von uns, und keiner jammerte, auch die Kranken nicht, und keiner regte sich. Es war eine tödliche Stille, man hörte nichts als den Schlag unserer Herzen. Denn über den Hügel, innerhalb dessen unser Zug hielt, fuhren deutsche Motorkolonnen.
Und dann hieß es, die Gefahr sei vorbei, und wir fuhren weiter, und der Regen wurde stärker, und die Nacht wurde kälter. Jedes Glied, jedes Haar tat mir weh vor Müdigkeit. Doch selbst als die Zeit kam, da ich mich niedersetzen durfte, konnte ich nicht einschlafen. Und in meine schmerzhafte, schlafgierige Müdigkeit hinein klang eine Stimme, klang und klagte die ganze Nacht hindurch, monoton: »Gott meiner Väter, Gott meiner Väter.« – »Halt's Maul«, schrie man. »Halt's Maul, Sauhund«, fluchte man. Die Stimme aber winselte weiter: »Gott meiner Väter, Gott meiner Väter«, und ich konnte nicht schlafen.
So fuhren wir dahin durch die feindliche Nacht. Langsam fuhr unser Zug, und mit ihm fuhr unser Elend und die Angst unserer Herzen und unsere Bosheit und unser Jammer.

Gestern hatten wir uns so beeilt, nach Bayonne zu kommen, in den Bereich der Hitler-Truppen. Jetzt zögerte unser Zug und zögerte und kam nicht von der Stelle. Es war schon nahe an Mitternacht, als wir endlich wieder nach Pau kamen.
Pau ist ein großer komfortabler Kurort. Hier packte es plötzlich einen der Insassen unseres Wagens, einen älteren Mann, der sich bisher besonders ruhig und vernünftig verhalten hatte. Er erklärte: »Hier in Pau kennt man mich, ich habe hier jedes Jahr ein paar Monate gewohnt, immer im gleichen Hotel. Ich geh jetzt fort aus diesem Zug. Ich habe genug. Ich will jetzt schlafen, in einem richtigen Bett. Gegen viel Geld muß sich hier in Pau ein Bett finden. Wenn ich Hitler in die Hände falle, dann will ich wenigstens zuvor einmal in einem richtigen Bett geschlafen haben.« Und er machte sich davon.

Es wurde Tag, und wir waren immer erst in Lourdes. Hier hatten wir wieder Aufenthalt, drei Stunden, vier Stunden. Zwei endlose Züge, beladen mit Kriegsmaterial, standen auf den Geleisen neben unserm Zug. Auf dem dritten Geleise aber, bewacht von französischen Soldaten, stand ein Zug mit gefangenen Frauen, deutschen Frauen, Frauen von uns. Immer wieder versuchten welche von uns, über die Tender der Wagen der Materialzüge zu klettern, um zu den Frauen zu gelangen, immer wieder wurden sie von den Soldaten, die strenge Order hatten, zurückgejagt. Nichts weiter konnten wir tun, als von unserm Perron aus zwischen den Wagen der Materialzüge hindurch hinüberzuschreien zu den Frauen, und die Frauen schrien herüber zu uns.

Zettel und Briefe gingen hin und her. Es ergab sich: die Frauen fast von uns allen waren interniert in dem Pyrenäenlager Gurs.

In Lourdes auch erfuhren wir, daß ein alter General die Regierung übernommen habe und daß er und sein faschistisches Kabinett erklärt hatten, sie gäben den Kampf auf. Sie hatten die Deutschen um Waffenstillstand gebeten. Welche Forderungen werden die Deutschen stellen? Welche Teile Frankreichs werden sie besetzen? Wo werden wir sein, wenn der Waffenstillstand abgeschlossen wird, in besetztem oder in unbesetztem Gebiet? Hundert Gerüchte gingen. Bestimmtes war nicht zu erfahren.

Und wir fuhren zurück, immer die Strecke zurück, die wir gestern gefahren waren. Da meine jungen, hilfsbereiten Österreicher fort waren, hatte es keinen Sinn mehr, in ihrem wüsten Wagen zu bleiben. Die Insassen meines früheren deutschen Waggons luden mich freundlich ein, zurückzukommen. Ich tat es. Es war mehr Platz in diesem Wagen und mehr Gesittung. Es war wie eine Heimkehr.

Im Laufe des Tages, während wir langsam, langsam zurückfuhren, stießen manche der Geflohenen wieder zu uns. Sie hatten erkannt, daß es aussichtslos war, sich allein durchzuschlagen, sie hatten irgendeiner Militärbehörde oder einem Bahnhofsvorsteher erklärt, sie hätten ihren Transport, uns, verloren, und sie wären uns nachgesandt worden. Uns einzuholen war nicht schwer, die meisten Transporte kamen schneller voran als wir. Gut gehabt hatten sie es nicht, diese

Entflohenen. Sie erzählten von langen Fußmärschen durch die Nacht im schweren Regen, nicht viele hatten Unterkunft gefunden.
Zurück kam auch jener Herr, der sich in Pau davongemacht hatte, um wieder einmal in einem Bett zu schlafen. Er hatte eine Enttäuschung erlebt. Ein Bett zwar hatte er aufgetrieben. Doch die lange Gewöhnung an Stroh und harten Boden hatte ihn in dem weichen Bett keinen Schlaf finden lassen. Schließlich hatte er sich auf den Boden gelegt. Er war sehr erbittert.
Im übrigen stellte sich jetzt heraus, daß die Deutschen gar nicht nach Bayonne gekommen waren, daß sie noch immer nicht in Bayonne waren. Vielmehr hatte unser unglückseliger Transport auf der ganzen Strecke, die wir durchfahren hatten, die albernsten Gerüchte hervorgerufen, bis wir zuletzt selber die Opfer eines grotesken Mißverständnisses geworden waren. Wir konnten jetzt genau überblicken, wie alles zusammenhing. Die Gegend, die wir hatten durchfahren müssen, war überfüllt von Flüchtlingen, überall gingen die Lebensmittel aus. Der Kommandant unseres Transportes hatte also unsere Ankunft rechtzeitig melden müssen, schon um warme Mahlzeiten für sich und seine Soldaten zu erhalten. Überall hatten die Verpflegungsoffiziere gemurrt, er hatte von einem Ort zum andern telefonieren müssen. »Ich komme mit zweitausend Boches«, hatte er telefoniert, »habt Ihr was für uns zu essen?« Gerüchte von diesen Telefongesprächen hatten sich verbreitet, Gerüchte von unserm Transport. In dem desorganisierten, von Panik erfüllten Land hatte es geheißen, die Boches seien im Anzuge. Die Gerüchte waren ernst genommen worden. Wir waren vor unserm eigenen Schatten geflohen.

Der Zustand des Kranken in unserm Waggon hatte sich in der Zwischenzeit verschlimmert. Wir holten einen unserer Ärzte, ihn zu untersuchen. Der Arzt erklärte, der Mann leide an Typhus, und abgesehen von der Gefahr, in die ihn selber der Weitertransport bringe, bedeute es Gefahr auch für uns alle, ihn im Waggon zu belassen. Er müsse an der nächsten Station ins Hospital. Er, der Arzt, werde das bei dem Kommandanten veranlassen.

Allein der Kranke weigerte sich. Er wollte nicht fort von uns, er wollte nicht aus dem Wagen. Blaß, eingefallen, hilflos hockte er da, vornübergeneigt, schwitzend, erschöpft, und wiederholte immer wieder störrisch: »Nein, ich gehe nicht heraus aus dem Waggon.« Er glaubte sich verloren, wenn er heraus müsse. Er sprach kein Wort Französisch. Er wollte nicht allein und hilflos sterben in einem französischen Hospital. Er wollte nicht von den Nazis verscharrt werden wie ein Hund.
Er wurde dann schließlich doch von französischen Heilgehilfen herausgeholt. Er protestierte kläglich, verzweifelt. Aber die Franzosen verstanden ihn nicht.

Am nächsten Tag hieß es mit aller Bestimmtheit, der Waffenstillstand sei abgeschlossen. Wir hielten außerhalb einer größeren Station, ich glaube, es war Toulouse. Unserm Zug gegenüber stand eine Reihe leerer Wagen, eine Scheuerfrau putzte die Fenster. Wir schrien ihr zu: »Sagen Sie, Madame, ist der Waffenstillstand abgeschlossen?« Die Frau putzte ihre Fenster weiter: »Ja«, sagte sie, »ich glaube, ja.«
Wir trieben eine Zeitung auf. Die Zeitung war schwarz umrändert. Der Waffenstillstand war abgeschlossen.
Wir studierten das Zeitungsblatt. Die Nachrichten waren kärglich, ihr Inhalt vage. Aber eine Karte war da, auf der das zu besetzende Gebiet schraffiert, das frei bleibende weiß eingezeichnet war. Wir befanden uns im weißen Teil, das war gewiß.
Ich hockte auf dem Trittbrett eines der leeren Wagen, welche die Frau gereinigt hatte. Einige von den Unsern sprachen zu mir. Ich hörte nicht hin. Waffenstillstand. Dieser Krieg war unser Krieg. Hatten wir ihn verloren? Wir hatten ihn nicht verloren. Die französischen Faschisten hatten ihr Land unserm Feind ausgeliefert. Das war ein Schlag für uns, aber es bedeutete keineswegs, daß der Krieg verloren sei. Es bewies nicht einmal sehr viel für die militärische Kraft unseres Gegners. Es war nicht so sehr ein militärischer Sieg. Es war nichts anderes als ein Beweis für die Tatsache, die wir von vornherein gewußt hatten: daß nämlich die Faschisten aller Länder, wenn es darauf ankommt, das nationale Interesse ihres Landes ohne Skrupel ihren Sonderinteressen opfern.

Keinen Augenblick zweifelte ich an dem Endsieg unserer Sache. Selbstverständlich wagte ich nicht, mir oder den andern auszumalen, welche Einzelergebnisse dieser Krieg bringen werde. Aber das hatte ich von Anfang an gewußt, mit einer aus dem Verstand nicht weniger als aus dem Gefühl herrührenden Sicherheit, mit einer Sicherheit, die kein Zwischenereignis gefährden konnte: daß am Ende dieses Krieges der Nationalsozialismus, der Faschismus, besiegt sein wird.

»En voiture, einsteigen«, riefen die Wachsoldaten. In unserm Waggon wurde heftig diskutiert. War nun der Krieg zu Ende? Nur wenige glaubten das. Die militärische Niederlage Frankreichs war Tatsache gewesen von dem Augenblick an, da eine unfähige und zum Teil den Nazis und Faschisten, zumindest innerlich, verbundene Generalität die Nazis ins Land gelassen hatte. Der Waffenstillstand war also gewissermaßen nur die aktenmäßige Feststellung einer Tatsache, an der schon lange niemand mehr gezweifelt hatte. Uns hier, den Insassen des Zuges, brachte für die nächste Gegenwart dieser Waffenstillstand nur Vorteile. Wir hatten den Krieg mitmachen müssen, gebunden, gefangen, ohnmächtige Opfer einer unvernünftigen, wenn nicht böswilligen Militärclique. Jetzt war der Krieg aus, und was immer der Ausgang mit sich bringen wird, es konnte nur besser sein als die wüsten Erlebnisse dieser letzten Wochen. Noch immer war alles übel und unsicher; aber verglichen mit dem, was gewesen, war es das reine Behagen. Unsere Stimmung war denn auch eher gut.

Jetzt kam gar noch die Sonne heraus. Die Hochpyrenäen mit ihrem Regen lagen hinter uns. Wir wurden geradezu übermütig in unserm Waggon. Eng aneinander in der weiten Türöffnung saßen wir und ließen die Beine baumeln. Wir winkten den Insassen der Züge zu, die uns entgegenkamen.

Sie winkten zurück. Im Grunde fühlten die französischen Flüchtlinge in diesen vollgestopften Zügen ähnlich wie wir. Die Zeitungen waren schwarz gerändert, aber das besiegte Frankreich atmete auf. So wiewohl die Verwandten am Lager eines langsam Sterbenden stehen, der Kranke ist aufgegeben, man weiß, er muß sterben, aber sein Sterben dehnt sich qualvoll lang hin, und die Verwandten stehen da, sie selber sind todmüde und erschöpft von den Nachtwachen und andern Strapazen eines mühseligen Pflegedienstes, und der Sterbende röchelt und röchelt, doch er stirbt nicht; nun aber ist er tot, der Arzt stellt es fest, und die Überlebenden, so schmerzlich ihnen sein Hingang sein mag, atmen auf und fühlen sich beinahe erlöst: so ging es den Franzosen in diesen ersten Tagen nach dem Waffenstillstand. Ihr Frankreich war tot, aber die schauerlichen Strapazen dieser letzten Wochen waren vorbei.

Es war Waffenstillstand. Es war Sonne. Es war keine Gefahr mehr, man war nicht mehr am Leben bedroht, man brauchte nicht mehr zu befürchten, man werde sich in den Kellern verstecken müssen und die Bomben würden einem das Haus überm Kopf zertrümmern. Die Soldaten nahmen an, sie würden jetzt nach Hause gehen, die Millionen der Flüchtlinge glaubten, sie könnten jetzt zurückkehren, die Frauen glaubten, sie würden jetzt ihre Männer, ihre Söhne wiederhaben. Die Zeitungen waren schwarz gerändert, aber die Franzosen in den vollgestopften Zügen, die uns begegneten, hatten keine traurigen Gesichter, es gab welche, die sangen.

Wir in unserm Waggon waren zufrieden wie sie.

Dabei wußten wir im Grunde jetzt erst recht nicht, was aus uns werden würde. Und schon gar nicht, wo wir landen würden. Aber die Frage, wohin man uns bringen werde, war nicht mehr lebenswichtig. Wir waren in einem Gebiet, das die Hitler-Leute nicht besetzen werden. Im Gegenteil, immer weiter fort von den Hitler-Leuten fuhren wir, und es erfaßte uns, je tiefer wir in den Südosten Frankreichs hineingerieten, das Gefühl von Leuten, die in ihre Heimat zurückkehren. Die Konzentrationslager im Westen, das war die Fremde, die Konzentrationslager im Osten, das war unsere Heimat.

Und da waren wir wieder am Meer. Doch es war nicht der Atlantische Ozean; dieses böse, westliche Meer lag jetzt hinter uns, getrennt von uns durch die ganze lange Kette der Pyrenäen. Wir waren wieder an unserm Meer, am östlichen, am Mittelländischen Meer. Da lag es, in der Sonne, dunkelblau glänzte es, feine Linien zarten, weißen Schaumes hüpften auf, unsere Herzen erhoben sich.

Hatten wir uns erbittert gezankt um Kleinigkeiten? Einander beschimpft, verflucht? Wie war das möglich gewesen? Es war vergessen, es war nicht wahr. Freundlich betrachteten wir einander. Einige von denen, die gerade an der Reihe waren, sitzen zu dürfen, spielten sogar Karten. Das war nicht leicht, die Karten konnten nicht auf einen Tisch gehauen, sie mußten vorsichtig dem andern aufs Knie gelegt werden, und es war kaum zu vermeiden, daß man einander in die Karten schaute. Aber man lachte darüber, und wenn man sich stritt, war es der gutmütige Zank wackerer Bürger beim Wein oder beim Bier.

Es war ein langer Weg gewesen, den wir von Les Milles nach Bayonne zurückgelegt hatten. Jetzt waren wir den weitaus größten Teil dieses Weges, beinahe die ganze Strecke, wieder zurückgefahren. Der Knotenpunkt, an dem wir jetzt anlangten, war, erklärten die Sachverständigen, der letzte. Hier mußte es sich entscheiden, wohin wir gebracht würden, ob wieder nach Aix-Les Milles oder woanders hin.

Wir stellten uns die Gesichter vor, mit denen uns der Kommandant von Les Milles und seine Offiziere, mit denen unsere bisherigen Kameraden uns begrüßen würden, wenn wir jetzt wieder in Les Milles ankämen.

Der Zug fuhr an. Größte Spannung herrschte. Er fuhr nicht nach Les Milles, er fuhr nach der Stadt Nîmes. In unserm Zug war einer, der in Nîmes seine Wohnung, eine französische Frau und französische Kinder hatte. Er wird den Zug verlassen, sobald wir in Nîmes ankommen, wird nach Hause gehen, sich seiner Frau, seiner Kinder erfreuen, er wird in einem Bett schlafen, noch dazu in seinem eigenen, er wird gut essen, guten Wein trinken. Er war völlig aus dem Häuschen. Er schlug uns auf die Schultern, umarmte uns, lärmte, sang, lud uns ein, so viele wie wollten, mit ihm zu kommen, seine Heimkehr zu feiern.

Der Abend fiel ein, die Sonne ging glorreich unter. Wir fuhren nicht nach der Station, unser Zug wurde um die Stadt Nîmes herumgeleitet und hielt schließlich auf einem Nebengeleise, ein paar Kilometer vor der Stadt. Es wurde uns bedeutet, dies sei das Endziel unseres Zuges; morgen würden wir ausgeladen werden.

Da hatten wir also diese qualvolle, grauenvolle Reise gemacht, da hatten wir diese bösen Nächte durchgestanden, im Wortsinn durchgestanden, um jetzt wieder ungefähr in der gleichen Gegend zu landen, von der wir ausgefahren waren.

Unser Zug hielt inmitten einer großen, mit Steinen übersäten

Wiese. Man sagte uns, wer wolle, könne den Zug verlassen und auf der Wiese schlafen. Der Tag war heiß gewesen, aber wie häufig im südlichen Frankreich wurde es mit Beginn der Nacht sehr kalt. Trotzdem kletterten viele aus dem Zug und suchten sich einen Platz auf der Wiese, in der scharfen Kälte. In den Waggons entstand dadurch, daß viele auf der Wiese schliefen, Platz zur Genüge, so daß man sitzen, ja liegen konnte.

Ein großer Bauernhof war in der Nähe, es gab Wasser, Milch, auch etwas Wein. Wir streckten uns aus, die in dem Wagen und die auf der Wiese. Lang, dunkel, schäbig stand der Zug da. Aber dies war die letzte Nacht in ihm und um ihn, morgen werden wir ihn nicht mehr sehen.

Ich hatte mir die Wiese gewählt, auf ihr zu schlafen. Ich räkelte mich, dehnte mich, wickelte mich fester in meine Decke. Zu meinen Häupten war der besternte Himmel. Glücklich schlief ich ein.

DIE ZELTE VON NÎMES

Wie schön sind deine Zelte, Jakob,
Und deine Wohnungen, Israel.

Am nächsten Morgen mußten wir früh aufstehen und in der alten Einteilung, Deutsche, Österreicher, Fremdenlegionäre, antreten.
Dann warteten wir wieder einmal. Es war das übliche, endlose Gewarte, und wir fragten uns, warum man das Wecksignal so früh geblasen hatte. Im übrigen war diesmal das Warten nicht einmal so schlimm. Man hatte viel Schlaf nachzuholen, viele streckten sich denn auch aus und schliefen in der guten, höher steigenden Sonne, die andern hockten und dösten. Der Himmel war hell, die Luft rein, sehr würzig. Sanfte blaue Berge hoben sich im Umkreis. Der Zug freilich, jener gespenstische Zug, der uns diese schlimme Ewigkeit hindurch beherbergt hatte, stand noch immer da. Aber siehe, jetzt ratterte auch er fort. Mit einem tiefen Aufatmen sahen wir, wie er um die Kurve bog, entschwand. Mit ihm glitt von uns fort die Bitterkeit der scheußlichsten Fahrt unseres Lebens.
Wohin wir gebracht werden würden, wußten wir nicht. In der Umgebung der Stadt Nîmes kamen für Lagerzwecke zwei oder drei Örtlichkeiten in Frage. Alles deutete darauf hin, daß ein längerer Fußmarsch vor uns lag. Der Marsch als solcher schreckte uns nicht; was aber sollte mit dem Gepäck werden? Es wird mühsam sein, es hinauf in die Berge zu schleppen.
Einige ältere Herren machten sich an den Kapitän heran. Der war ein Neuer; unsere alten Wachmannschaften, Offiziere und Soldaten, waren mit dem Zug davongefahren. Der neue Kapitän erklärte barsch, Wagen stünden nur für das Gepäck der Kranken zur Verfügung, die Gesunden sollten ihre Bagage gefälligst selber schleppen. Die älteren Herren murrten. Sie hatten den Rest ihrer Habe durch all die Schrecken dieser Fahrt gerettet, sie wollten ihn nicht verlieren. Die Strapazen des Zuges hatten sie tapfer ertragen, jetzt, bei diesem geringfügigen Anlaß, begehrten sie auf. Erregt und finster eröffneten sie dem Offizier, sie seien alte Männer und einfach nicht mehr imstande, ihr Zeug die Berge hinaufzuschleppen. Der

Offizier antwortete grob, dann müßten sie eben darauf verzichten. Vor sich hin murrte er, die Militärbehörde habe zur Zeit andere Sorgen als die Unterwäsche einiger Boches.

Dann marschierten die ersten Gruppen ab. Das heißt, sie marschierten nicht, sondern noch auf der Wiese lösten sie sich auf, und ein jeder ging, wie er konnte und wollte. Durcheinandergemischt, Wachsoldaten, Sergeanten, Internierte, zogen wir dahin durch die schöne Landschaft, auf steinigem Weg. Blaue Berge, viel Gehölz, viele Steineichen. Täler, Bäche, Heideland, alles unfruchtbar, Schluchten und ein Fluß und darüber ein sehr heller Himmel. Es ging immer bergauf, in großen, langsamen Kehren. Ich schaute zurück auf unsere Wiese. Die war übersät mit Gepäckstücken jeder Art. Die meisten hatten einfach ihre Sachen zurückgelassen. So hatte auch ich es getan.

Niemand beeilte sich. Ein Sergeant, ein paar Wachsoldaten drängten, ohne Ernst. Das Ganze war eher ein Spaziergang, wir hatten ihn verdient nach der bösen Fahrt. Vielleicht kamen wir wiederum in ein Gebäude wie die Ziegelei von Les Milles. So kosteten wir diesen Spaziergang unter freiem Himmel noch nach Kräften aus und blieben oft stehen, um zu verschnaufen und den schönen Ausblick zu genießen.

Der Weg dehnte sich. Jetzt folgte er ein paar hundert Meter der Landstraße. Sie war leer, es gab nur wenig Autos, es fehlte an Benzin. Einmal überholte uns ein dicht besetzter Autobus, er trug die Aufschrift: »Nîmes–Uzès.«

Wir stiegen nun bereits an die zwei Stunden. Ich entdeckte einen Steig, der zunächst in eine Wiesensenkung hinunterführte, um später steil hochkletternd die Chaussee wieder zu erreichen. Ich schlug den Steig ein. Unten war ein kleiner Bach und viele gelbe, hohe Blumen. Ich hockte mich auf einen Stein nieder. Ich war allein. Seit vielen Wochen war es das erste Mal, daß ich allein war, und noch dazu auf einer weiten Wiese unter einem blauen Himmel. Überall ringsum war welliges Land, überall blaue, verdämmernde Berge, reinste Luft. Ich war viele Wochen eingesperrt gewesen, jetzt saß ich in der schönen Freiheit. Ich sah die Berge und den Himmel und die Wiese, das kleine Wasser floß zu meinen Füßen, ich weiß nicht, ob ich eine kurze oder lange Weile so saß, aber es war eine gute Zeit, das weiß ich.

Dann stieg ich langsam wieder hinauf zur Landstraße. Der Aufstieg war nicht beschwerlich, doch auch nicht ganz mühelos, und als ich an der Straße anlangte, setzte ich mich von neuem auf einen Meilenstein und rastete.
Militär-Camions kamen vorbei. Sie trugen unser Gepäck. Der barsche Offizier hatte nicht nur das auf der Wiese verstreute Gepäck einsammeln lassen, die Camions hatten Auftrag, auch das Zeug derjenigen, die es selber schleppten, aufzunehmen. Obendrein hatte einer von uns in der Stadt zwei oder drei Leiterwagen aufgetrieben, auf denen man Plätze haben konnte. Den Rest unseres Weges fuhr ich.

Wir gelangten, nachdem wir insgesamt fünfzehn Meilen mochten zurückgelegt haben, an ein altes Ziertor. Darauf stand in verwitterten Lettern: »San Nicola«. Durch dieses Tor ging es in einen Gutshof, der seit längerer Zeit aufgelassen schien. Dieser Gutshof und seine Umgebung war offenbar zu unserer neuen Wohnstätte bestimmt. Ein Herrenhaus war da und einige kleine Ökonomiegebäude, alles altmodisch, primitiv, doch hübsch anzusehen. Die Offiziere und Wachmannschaften werden wohl im Haus und in den Ökonomiegebäuden untergebracht werden. Was aber wird aus uns?
Für uns war nichts da als freies Gelände, eine weite, mit Maulbeerbäumen bestandene Wiese und ringsum Gehölz und wieder Grasland, das Ganze sehr lieblich gelegen, doch zur Unterbringung vieler Menschen schwerlich geeignet. Wir litten nach dem langen Fußmarsch stark unter Durst. Die vorhandenen Brunnen gaben zweifelhaftes Wasser her für etwa zwanzig Leute, bestimmt nicht für zweitausend. Vorläufig waren wir auf die Maulbeeren angewiesen.
Immer mehr Nachzügler kamen. Schon auch hatten Leute aus der Stadt ihren Weg zu uns herauf gefunden. Sie boten Zigaretten an, Schokolade, Bonbons. Alles sehr teuer. Sie begründeten ihre hohen Preise mit dem langen, mühseligen Weg. Die Fahrt von der Stadt Nîmes hier herauf, erklärten sie, sei sehr umständlich. Unterwegs gebe es nichts, auch kein Wasser; alles müsse aus der Stadt heraufgeschafft werden. Dabei leide die Stadt Nîmes selber unter Mangel, sie sei voll von französischen, belgischen, holländischen Flüchtlingen, ihre Einwohnerschaft sei auf das Dreifache angeschwollen.

Wir schauten uns an, besorgt. Die Bedürfnisse all dieser Flüchtlinge gehen den unsern voran: wer wird sich um uns kümmern? Doch wir schüttelten unsere Befürchtungen ab. Es war schöner Frühsommer und freier Himmel über uns. Es war zehnmal besser als in der Ziegelei von Les Milles, hundertmal besser als in dem verdammten Zug.
Und da kamen ja auch schon die ersten Wagen mit den Dingen, die uns die Militärbehörde schickte. Gespannt eilten wir, zu beschauen, was es geben mochte. Wasser? Lebensmittel? Es war nicht Wasser, es waren nicht Lebensmittel, es waren auch nicht Bretter, um Baracken zu bauen, oder Hacken, um Latrinengräben auszuheben. Es war Stacheldraht.

Während wir so auf der Wiese herumlungerten, kamen zu mir zwei jüngere Männer, ernsten Gesichtes, und sagten, sie hätten mir etwas mitzuteilen. Sie möchten es mir aber nicht vor den andern sagen, ich möchte mit ihnen kommen.
Wir gingen in einen kleinen, mit Kopfsteinen gepflasterten Wirtschaftshof, der durch ein Gatter von der Wiese getrennt war. Eine Seite dieses Hofes war eingenommen von einer offenen Remise. Dort gingen wir hin. Die Remise hatte ein schräges Dach, auf dem Boden war Stroh verstreut, eine Raufe war da, ein großer Trog, ein alter Leiterwagen. Ich erinnere mich des Ortes genau.
Wir standen im Schatten, auf dem besonnten kleinen Hof schlenderten und hockten Soldaten herum, auch einige von den Unsern, mehrere standen an dem Pumpbrunnen, der kein Wasser geben wollte. Schon kamen, da sie mich erspäht hatten, welche von uns heran, um mit mir zu schwatzen. Doch die beiden, die mich hergebracht hatten, baten sie, uns allein zu lassen, sie hätten mit mir zu sprechen, und sie zogen mich in einen beschatteten Winkel und versuchten mich vor den andern zu decken.
Sie gaben mir ein Zeitungsblatt. »Lesen Sie«, sagten sie. Ich las. Es war eine Zeitung von heute morgen, eine Zeitung der Stadt Nîmes, und mitgeteilt waren in ihr die Bedingungen des Waffenstillstandes. Ich erinnere mich genau, wie ich las, ich erinnere mich des Formats der kleinen Zeitung, der Satzordnung, in welcher der Wortlaut der Waffenstillstandsbedingungen gedruckt war. Ich las gespannt, mit allen Sinnen,

langsam und gleichzeitig schnell, Klausel um Klausel. Ich las Klausel eins, Klausel fünf und Klausel fünfzehn und schließlich Klausel neunzehn. Klausel neunzehn schrieb vor, daß die Franzosen den Nazis alle jene Deutschen auszuliefern hätten, welche sie, die Nazis, begehrten.
Die Knie zitterten mir, ich las weiter. »Alle jene Deutschen, welche die Nazis begehrten.« Ich war in den Reden und Zeitungen der Nazis hindurch »Feind Nummer eins« genannt worden. Wenn sie eine Auslieferungsliste überreichten, dann stand ich sicher weit oben.
»Danke«, sagte ich und gab das Zeitungsblatt zurück.
Es war binnen kurzer Zeit das dritte Mal, daß ich den Tod recht nahe spürte. Das erste Mal hatte ich ihn nahe gespürt damals in der Nacht, als die Nazis immer näher rückten und der Zug nicht kam. Das zweite Mal dann in Bayonne, als die Nazis uns umstellt zu haben schienen. Und jetzt also griffen sie ein drittes Mal nach mir, aus nächster Nähe, und diejenigen, deren Schutz ich mich anvertraut, hatten eingewilligt, mich herauszugeben.
»Was denken Sie«, fragten die beiden. »Was sollen wir tun?« – »Ich bin Tr...«, sagte der eine, »vielleicht erinnern Sie sich. Nach der Messerstecherei bei der Demonstration am soundsovielten haben die Nazis mich beschuldigt, ich hätte den P. G. Fischer umgebracht. Ich wurde freigesprochen. Aber für die Nazis bin ich natürlich der Mörder.« »Was sollen wir tun?« fragten sie wieder, »wir sind in der gleichen Lage, Sie und wir. Jetzt ist es noch leicht, sich zu drücken. Morgen ist es vielleicht zu spät.« Sie sprachen ruhig, verständig. »Lassen Sie mich in der Ruhe eine Stunde überlegen«, bat ich. »Ich bin langsam, ich muß das Für und Wider in Ruhe überdenken können.« – »Gut«, sagten sie. »Wir haben es Ihnen gesagt, weil Sie am meisten bedroht sind. Wollen Sie die Zeitung behalten?« – »Nein«, sagte ich, »ich weiß genug.« Wir trennten uns.
Als ich den kleinen Wirtschaftshof verließ, kam mir Karl entgegen, vergnügt. »Ihr Koffer ist da«, sagte er. »Ich habe alle Ihre Sachen zusammengestellt. Ich habe was zu trinken für Sie«, sprach er stolz weiter. »Ich habe auch einen Platz gefunden, wo Sie sich ruhig hinlegen können. Soll ich Ihnen die Decke hinbringen?« – »Tun Sie das«, sagte ich. »Danke, Karl.«

Er hatte in einer Thermosflasche etwas Tee für mich. Ich trank. Dann holte er die Decke und brachte mich über die Wiese zu einem sanften Abhang unter Bäumen. Er breitete die Decke hin, sie war gesprenkelt von dem Licht der Sonne und dem Schatten der Bäume. Ich legte mich hin und schloß die Augen.

Kameraden, die mich in den übelen und manchmal lebensgefährlichen Situationen jener Monate zu beobachten Gelegenheit hatten, finden, ich hätte mehr Mut und Gleichmut gezeigt als die meisten andern. Meine Anschauungen über die sittliche Bedeutung des Mutes, insbesondere des physischen Mutes, weichen ab von den üblichen; ich bin in meiner Wertung der Eigenschaft Mut ein Ketzer, wie es der Philosoph Plato war und wie es der Flieger Saint-Exupéry ist. Plato weist dem Mut in der Rangordnung der Tugenden den letzten Platz an, und der Flieger, berühmt um seiner persönlichen Tapferkeit willen, ein Sachverständiger also, konstatiert, daß Mut, zumindest physischer Mut, sich zusammensetzt aus Strebungen und Gefühlen von zweifelhaftem Wert, nämlich aus sturer Wut, aus Eitelkeit, aus ordinärer Lust am Sport.
Ich möchte hier aus eigenem Erleben eine kleine Episode beisteuern. Ich habe einen Bruder, der im ersten Weltkrieg, ein Siebzehnjähriger, freiwillig ins Feld ging und dort Heldentaten verrichtete. Er bekam die höchste Kriegsauszeichnung und ist einer der ganz wenigen gemeinen Soldaten, die während des Krieges im Bericht der obersten Heeresleitung genannt wurden. Als ich ihn fragte, wieso er eigentlich dazu gekommen sei, Heldentaten zu verrichten, antwortete er, ein wenig geniert und vermutlich wahrheitsgemäß, es wäre sonst zu langweilig gewesen.
Physischer Mut ist eine ziemlich weitverbreitete Eigenschaft. Der vorige Krieg und noch vielmehr dieser haben erwiesen, daß ein erheblich größeres Quantum physischen Mutes in der Welt ist, als wir gemeinhin angenommen haben. In beiden Kriegen galt es unzählige Male, Taten auszuführen, deren Erfolgsaussichten viel geringer waren als die Wahrscheinlichkeit, daß sie mit dem Untergang des Täters enden würden. Überall und immer waren Tausende von Freiwilligen bereit, solche Taten zu verrichten.

Sigmund Freud hat in einem kleinen großen Buch, das während des ersten Krieges zu veröffentlichen er den geistigen Mut aufbrachte, das physische Heldemtum darauf zurückgeführt, daß zwar jedermann vom Verstande her um seinen Tod weiß, daß aber in seinem heimlichsten Innern niemand an diesen seinen Tod glaubt. Die Erfahrungstatsache, daß alle Menschen sterben müssen, ist keinem von uns so tief ins Unterbewußtsein gedrungen, daß sich nicht sein letztes Innerstes mit aller Macht wehrte gegen die Vorstellung einer Welt, die ohne ihn weiter existieren könnte.

Ist, wie gesagt, in unserer Epoche physische Tapferkeit häufig anzutreffen, so ist in dieser unserer Welt von heute geistige Tapferkeit, Zivilcourage, um so spärlicher. Solche, die größten körperlichen Mut an den Tag gelegt haben, versagen zuweilen, wenn es gilt, geistigen Mut zu zeigen. Ich habe erlebt, daß Menschen, die in diesem Krieg inmitten höchster physischer Gefahr ihren Mann standen, Flieger von Rang, nicht den Mut aufbrachten, sich bei einer Cocktail-Party zu ihrer Überzeugung zu bekennen, wenn diese Überzeugung den Teilnehmern der Party gegen den Strich ging.

Was mich selber anlangt, so macht mich physische Gefahr im Augenblick ihres Auftretens nervös. Wenn etwa auf einer einsamen Straße ein paar verdächtig aussehende Kerle aus dem Dunkel auftauchen und mich um Feuer ersuchen oder wenn in Zeiten eines Umsturzes Bewaffnete bei mir Haussuchung halten und mich zu verhaften drohen, dann kriecht mir ein widerwärtiges Gefühl den Magen hinauf, und ich beginne, auf der Oberlippe zu schwitzen. Ja, schon wenn einer auf der Bühne mit dem Revolver herumfuchtelt, ist mir das unangenehm. Wenn meine Lagerkameraden aus meinem Verhalten in der Gefahr gleichwohl den Eindruck hatten, ich sei mutig, dann wohl deshalb, weil meine Panik gewöhnlich nur Augenblicke dauert und nach außen kaum sichtbar wird. Es pflegt nämlich in mir rasch wieder jene Schicksalsgläubigkeit zu erwachen, von der ich mehrmals sprach. Vielleicht ist auch in mir jener Freudsche Aberglaube besonders lebendig und versichert mir gerade in Minuten der Gefahr, es könne und werde mir schon nichts geschehen.

Wenn ich also glaube, daß es im ganzen trotz des gegenteiligen äußeren Anscheins um meinen physischen Mut nicht all-

zugut bestellt ist, so glaube ich andernteils, daß ich es an Zivilcourage nur in seltenen Fällen habe fehlen lassen.
Der Trieb, herauszusagen, was ich denke, ist mir tief eingeboren. Ich kann den Mund nicht halten, auch wenn es gefährlich ist. Wenn jemand zum Beispiel äußert, Montaigne sei um 1600 geboren worden, dann kann ich mich nicht bezähmen, dann muß ich, auch wenn diese Äußerungen von einem mächtigen und leicht zu erzürnenden Mann getan wurde, den Mund aufmachen und erwidern: »Mein Herr, Sie irren, Montaigne ist 1533 geboren.«
Daß ich nicht das Talent habe, zur rechten Zeit den Mund zu halten, hat mir viele Gegner verschafft und mich in manche peinliche Situation gebracht. Da hat zum Beispiel gelegentlich jemand erklärt, die Sowjetregierung lasse alle paar Jahre die Hände aller Sowjetbürger untersuchen und schicke diejenigen, an denen sie zarte und gepflegte Hände finde, in die Bergwerke. Ich konnte nicht umhin zu erwidern, daß ich eine ganze Reihe von Sowjetrussen kannte mit zarten, gepflegten Händen, die aber gleichwohl nicht in den Bergwerken arbeiteten, zum Beispiel den Schriftsteller Alexei Tolstoi, den Filmregisseur Eisenstein, den Parteisekretär Stalin. Der Herr verfocht seine Meinung über die Kriterien, nach denen die Bergarbeiter der Sowjetunion ausgelesen würden, nicht länger, aber er kann mich seither nicht leiden.
Ein andermal, als ein großer Herr die Behauptung vertrat, der Durchschnittsamerikaner lebe im Überfluß, konnte ich mir die Anmerkung nicht verkneifen, daß gemäß einer glaubwürdigen Statistik von den hundertdreißig Millionen Amerikanern achtzig Millionen ein Durchschnittseinkommen von neunundsechzig Dollar pro Familie und pro Monat hätten. Seither ist auch dieser Mächtige mein Freund nicht mehr.
Im übrigen ist ja jede Eigenschaft doppelbodig. So mag man auch meine Sucht, die Dinge, die ich mit einiger Sicherheit zu wissen glaube, also zum Beispiel den Satz zwei mal zwei ist vier, den Dingen, die ich nicht für unbedingt gesichert halte, also zum Beispiel dem Satz zwei mal zwei ist fünf, entgegenzustellen, so mag man denn auch diese meine Sucht nach Belieben Vorwitz nennen oder Bekennermut. Auf alle Fälle ist dieser Vorwitz oder Bekennermut eine meiner her-

vorstechendsten Eigenschaften und eine, die mich von den meisten Zeitgenossen unterscheidet.
Wahrscheinlich habe ich diese Eigenschaft in mir deshalb in solchem Maße ausgebildet, weil ich mich für einen Schriftsteller halte. Zu sagen was ist, beziehungsweise das, wovon man glaubt, es sei, scheint mir an der ganzen Schriftstellerei der Hauptspaß. Selbst wenn ich, wie es der Fall war und ist und sein wird, diesen Spaß sehr hoch bezahlen muß, finde ich ihn nicht zu teuer bezahlt. Wozu wäre ich ein Schriftsteller von einigem Ansehen, wenn ich mir nicht einmal diesen Luxus sollte leisten können?
Merkwürdig ist, daß man mir, wenn ich erkläre, zwei mal zwei sei vier, so häufig den Einwand entgegenhält, das sei Politik und ein Schriftsteller habe sich nicht in Politik zu mischen. Es ist verwunderlich, von wieviel Feststellungen, historischen, philologischen, biologischen, soziologischen, ökonomischen, die Leute behaupten, sie seien Politik. Dabei bin gerade ich an Politik durchaus nicht interessiert. Ich bin kein aktiver Mensch, Geschäftigkeit, Betriebsamkeit, ohne die doch nun einmal Politik nicht zu denken ist, widert mich an. Was mir Freude macht, ist Betrachtung, Darstellung.
Als Schriftsteller bin ich interessiert an der Verbindung von zweierlei Arten geistiger Betätigung, von zwei Wissenschaften, wenn man so will, nämlich an der Verbindung von Geschichte und Philologie. Wobei ich wiederum an jenen Theodor Lessing denke, der Geschichte als Sinngebung des Sinnlosen bezeichnet hat.
Es ist dieses mein Interesse an Historie, das mich veranlaßt, manchmal laut darüber nachzudenken, wie wohl ein Schriftsteller des Jahres 2000 das ausdrücken wird, was ein Journalist des Jahres 1940 auf die oder jene Weise ausdrückt. Und es ist meine Freude an der Philologie, mein Wille zur Schärfe und Präzision des Ausdruckes, der mich, wenn einer erklärt, es sei kalt, und der andere, es sei warm, veranlaßt, auf das Thermometer zu schauen und zu sagen: »Meine Herren, es hat hier 19 Grad Celsius.«

Ich kehre zurück zu der Wiese, auf der ich lag. Soll ich, überlegte ich, hier, in Obhut der Franzosen warten, bis die Nazis mich abholen? Wenn jemand nach einem greift, dann läuft

man doch davon. Das ist der erste Ratschlag, den der Instinkt einem gibt. Die beiden Freunde, die mir die Nachricht gebracht, hatten recht. Durchgehen. Es bleibt einem überhaupt nichts anderes übrig.
»Was haben Sie«, fragte Karl. »Fühlen Sie sich nicht wohl? Ist irgend etwas Unangenehmes passiert?« – »Ja«, sagte ich, »es ist etwas Unangenehmes passiert. Aber sprechen Sie jetzt nicht zu mir. Ich sage es Ihnen später.«
Man soll ersten Regungen nicht trauen. Der Instinkt ist keineswegs immer ein guter Ratgeber. Gewiß, ich könnte jetzt durchgehen. Aber wohin soll ich gehen? Wenn die Nazis meine Auslieferung verlangen, wenn sie die Franzosen zwingen, eine ernstliche Suche anzustellen, dann bin ich verloren, wohin immer ich gehe. In einem Land, das vom Feinde besetzt ist und dessen Grenzen abgesperrt sind, kann man sich auf die Dauer nicht verstecken. Wenn die Deutschen das Land durchkämmen, dann finden sie mich.
Ist es nicht klüger, ganz offen mit den Franzosen zu reden? Vielleicht wollen sie mich gar nicht ausliefern. Marschall Pétain spricht viel von Ehre. Geht es nicht gegen die Ehre, Menschen auszuliefern, denen man feierlich Gastrecht und Schutz zugesagt hat? Auf mich allein angewiesen, werde ich es nicht leicht haben, zu verschwinden; aber wenn die Franzosen mich verschwinden lassen wollen, dann haben sie dazu tausend Wege. Ja, ich werde erst einmal offen mit dem Kommandanten reden. Durchgehen, hier, in die Wälder gehen, dazu ist immer noch Zeit, noch im letzten Augenblick.
Ich mische mich wieder unter die andern. Es ist merkwürdig, was für eine tiefe Kluft eine das Leben ändernde Neuigkeit aufreißt zwischen dem, der sie weiß, und den noch nicht Wissenden. Soeben noch, vor einer kleinen Stunde noch, bevor ich die Nachricht gelesen hatte, war zwischen mir und den andern völlige Gemeinschaft gewesen. Meine Interessen waren genau die gleichen gewesen wie die ihren: Wie steht es ums Gepäck? Kriegen wir endlich Wasser? Werden die mittlerweile versprochenen Zelte kommen? Jetzt war alles verändert. Jetzt existierte nichts mehr für mich als die Gefahr sehr nahen Unterganges. Ich verachtete die andern mit ihren läppischen Sorgen um das bißchen Gepäck und um das Wasser.

Im übrigen begann die Nachricht von der Klausel neunzehn sich herumzusprechen. Gruppen entstanden, debattierten. Viele waren ernstlich bedroht, und ich verstand gut ihre Angst, Sorge, Verzweiflung. Es gab aber auch solche, die sich, wiewohl sich die Nazis bestimmt nicht um sie scherten, wichtig vorkamen und das Auslieferungsbegehren zum Anlaß nahmen, vor sich selber und vor den andern aufzuspielen. Kleine Kaufleute, die einmal ein paar Franken für ein antifaschistisches Unternehmen gezeichnet hatten, fragten voll eitler Angst, ob sie wohl als politische Persönlichkeiten anzusehen seien, ob wohl die Nazis ihre Auslieferung verlangen würden.

Ein paar Juristen legten mir dar, daß die Klausel neunzehn uns hier im Lager gar nicht beträfe. Die meisten Lagerinsassen seien unpolitisch, um sie kümmerten sich die Nazis bestimmt nicht. Uns andre aber, uns politische Gegner der Nazis auszuliefern, seien die Franzosen nach dem Wortlaut der Klausel gar nicht verpflichtet. Denn uns, ihren politischen Gegnern, hatten die Nazis die deutsche Staatsbürgerschaft aberkannt. Wir waren keine »Deutschen« im Sinne Hitlers, im Sinne des Waffenstillstandsvertrages. Wenn die Franzosen uns nicht ausliefern wollten, dann bot ihnen der Wortlaut jener Klausel eine bequeme Handhabe für Einwände.

Einige jüngere Linksleute nannten das leeres Gerede. Im Grunde, fanden sie, hätten die französischen Faschisten, die jetzt an der Macht seien, genau die gleichen Interessen wie die Deutschen. Les loups ne se mangent pas entre eux, die Wölfe fressen einander nicht auf. Die Regierung Hitler und die Regierung Laval arbeiteten einander in die Hände, wir deutschen Linksleute seien den heutigen faschistischen Führern Frankreichs viel mehr verhaßt als die Nazis, selbstverständlich würden sie uns ausliefern. Es bleibe uns gar nichts anderes übrig, als durchzugehen. Noch sei ein großer Teil der französischen Bevölkerung für uns. Doch wer könne wissen, wie lange diese Leute noch Bewegungsfreiheit hätten. Wir dürften also nicht zögern, wir müßten durchgehen, noch heute, jetzt.

Das war eine Ansicht, die mancherlei für sich hatte. Aber ich wollte sie nicht gelten lassen. Wieder einmal gewann mein Fatalismus, meine innere Trägheit Macht über mich. Ich hörte gerne auf die Juristen, ich hörte gerne auf die Bedenken, die sich gegen die Meinung unserer Linksleute vorbringen ließen.

Mittlerweile waren die versprochenen Zelte angekommen. Man schlug die Pflöcke ein, man schlug die Zelte auf. Es waren hübsche, weiße, spitz zulaufende Zelte, sogenannte Marabous, wie sie bei den französischen Kolonialtruppen in Gebrauch sind, und sie boten, diese fröhlichen weißen Zelte auf den grünen Wiesen inmitten der lieblichen Landschaft einen schönen, heitern Anblick.
Das Innere der Zelte freilich, das stellte sich bald heraus, war weniger angenehm. Stroh gab es nicht viel, vom Erdboden stieg des Nachts Feuchtigkeit und Kälte auf. Da die Zelte spitz zuliefen, mußte man im Kreise schlafen, den Kopf an der Zeltbahn, den Körper schräg nach innen, so daß die Füße ständig an die Füße des Nachbarn stießen; auch streifte einem die Zeltwand, sowie man den Kopf drehte, das Gesicht. Es war dunkel im Zelt, und so kalt die Nacht war, so drückend schwül war der Mittag.
Platz zum Schlafen gab es auch hier nicht viel. Ein Zelt faßte je sechzehn Mann. Hatte früher die Gruppe, der man zugehörte, vieles im Leben des einzelnen bestimmt, so spielte jetzt die Zeltgemeinschaft eine große Rolle.
Wir in unserm Zelt waren zunächst nur vierzehn, fast lauter Leute, die schon in Les Milles in der gleichen Gruppe gewesen waren. Die meisten waren hilfsbereit und anstellig.
Das Essen hier im Zeltlager war im ganzen besser als in Les Milles und reichlicher. Sehr schlecht war das Brot, das man uns lieferte, es war immer feucht und schimmelig, schwer verdaulich, die Ursache mancher Krankheit.
Das einzige, was uns an unsere Gefangenschaft erinnerte, war der Stacheldraht, der das Lager umgab. Bald indes hatten wir ihn an mehreren Stellen so zurechtgebogen, daß man ohne große Anstrengung durchkriechen konnte. Tief bücken mußte man sich freilich, und häufig zerfetzte einem der Stacheldraht den Rock oder das Hemd oder die Haut. Ich habe nicht viel Sinn für Würde, aber immer wieder empfand ich es als erniedrigend, daß man sich so oft des Tages und so sinnlos bücken mußte.

Sinnlos. Denn niemand nahm Anstoß daran, daß wir durch den Stacheldraht krochen. Die Wachsoldaten, die ein paar Meter entfernt an den Eingängen standen, schauten unbeteiligt zu. Wollte man aber das Lager aufrecht verlassen, durch einen der ordentlichen Eingänge, dann riefen sie einem zu: »Nicht weitergehen.« Einmal, als der Wachsoldat mir das zurief, fragte ich ihn, neugierig wie ich bin: »Was würden Sie tun, wenn ich doch weiterginge? Würden Sie schießen?« – »Ich bin doch nicht verrückt«, antwortete der Mann. »Aber«, fügte er vernünftig hinzu, »machen Sie es sich und mir leicht und kriechen Sie durch den Stacheldraht.«

Da man uns so wenig Hindernisse in den Weg legte, das Lager zu verlassen, versuchten viele, sich zu drücken. Doch die meisten kamen nicht weit. Die Straßen, die Eisenbahnen, die Autobusse waren nach wie vor überwacht, die Gendarmerie besorgte diese Überwachung inmitten der allgemeinen Desorganisation stur und zuverlässig. Wer der Gendarmerie in die Hände fiel, wurde ins Lager zurückgeliefert, fast immer gefesselt, nach einem mühseligen Polizeitransport. Im Lager selber wurde er vierundzwanzig Stunden bei Wasser und Brot in den Schweinestall gesperrt, das war ein ungemütlicher Ort, voll Gestank, voll Ratten, und man konnte dort nicht aufrecht stehen.

Das entfernteste Ziel, das man ohne ernstliches Risiko erreichen konnte, war die Stadt Nîmes. Man tat freilich gut daran, die Hauptstraße zu vermeiden, auch sonst gab es ein paar Kreuzpunkte, an denen man sich besser nicht sehen ließ. Hatte man aber die Stadt Nîmes einmal erreicht, dann konnte man sich leicht verlieren in der ungeheuren Menge der Flüchtlinge, die vom Norden kamen. Viele von uns stiegen denn auch hinunter in die Stadt, aßen in einem der guten Restaurants, schliefen in einem guten Bett, gönnten sich ein gutes, warmes Bad. Am andern Morgen dann fuhren sie sehr früh in einer Autodroschke zurück, ließen sie in der Nähe des Lagers halten, krochen durch den Stacheldraht, schlichen sich zurück in ihr Zelt und waren zum Morgenkaffee brav wieder da. Einer erzählte grinsend, er habe in seinem Hotel Wand an Wand mit einem Mitglied der deutschen Kontrollkommission geschlafen.

Viele von uns machten den immerhin anstrengenden Marsch

nach Nîmes, nicht um sich eine Nacht zu verschaffen, in der sie sich erholen konnten von den Unannehmlichkeiten des Zeltlagers, sondern aus Gründen ihres Lebensunterhalts, aus Gründen ihrer Geschäfte. Sie nahmen Rucksäcke, stiegen nächtlicherweise durch die Wälder und auf den Bergpfaden hinunter, kauften Lebensmittel und schleppten sie herauf, um sie mit Gewinn weiter zu veräußern.

Schon in der Ziegelei von Les Milles und selbst später in unserm schauerlichen Zug hatte es viel Handel gegeben. Hier im Zeltlager war Handel und Gefeilsche überall. Jene Wiener Caféhausbesitzer waren wieder da, sie schienen zugenommen zu haben, an allen Ecken und Enden boten sie ihren Kaffee und ihren Tee an, nicht heimlich wie in Les Milles, sondern öffentlich, sie riefen ihn aus: »Der gute Kaffee, der frische, der heiße«, sie machten einander Konkurrenz, sie ließen sich primitive Bänke und Tische zimmern, bald gab es auch Gebäck jeder Art.

Mehr und mehr nahm unser Lager das Wesen eines Jahrmarktes an. Die Händler hatten die Hauptstraße, welche die Zelte entlangführte, ganz für sich okkupiert. Dort gab es Kaffeeausschanke, die Inhaber hatten sich Bretter verschafft, man stand und saß dort wie an einer Bar. Es gab Leckereien, es gab heiße Suppe, Würstchen, kaltes Fleisch. Es wurde Musik gemacht, mit Geschrei priesen die Händler ihre Waren an. Es gab Verkaufsstände, wo Hemden ausgestellt waren. Uhren, Schuhe, die Hinterlassenschaft jener, die geflohen waren. Häufig auch gab es Streit, weil einer einen Gegenstand, der dort zum Verkauf ausgestellt war, als sein Eigentum reklamierte.

Es ist wohlfeil, sich zu entrüsten über die armen Teufel, welche sich durch Schacher jeder Art ein paar Franken zu erraffen suchten und welche wohl gar die andern, ihre Gefährten im Elend, bestahlen. Was sollten diese Unseligen tun? Ihre Kleider zerlumpten, das Essen, welches die Lagerleitung bot, genügte gerade zur Fristung des Lebens und ließ einen hungrig. Es gab unter den zweitausend Lagerinsassen vielleicht hundert, die sich die paar erhältlichen Zutaten und Annehmlichkeiten ohne Rücksicht auf den Preis verschaffen konnten. Die meisten aber mußten rechnen, und sehr viele gab es, die nichts besaßen, im Wortsinne nichts, auch keinen Freund oder Verwandten außerhalb, der ihnen einen Centime hätte geben können. Diese Leute waren angewiesen auf die Mildtätigkeit der Wohlhabenden. Und da der Wohlhabenden so wenige, ihrer aber, der Bedürftigen, so viele waren, blieb ihnen kaum etwas anderes übrig, als zu schachern oder noch bedenklichere Mittel anzuwenden.

Alles in allem war der Aufenthalt im Lager von San Nicola viel weniger qualvoll als der in der Ziegelei von Les Milles oder gar der im Zug. Wir hatten unsere fröhlichen Zelte, wir hatten den heitern Himmel, die liebliche Landschaft. Es gab keinen Appell, der Stacheldraht war reine Kulisse, man ließ uns tun und lassen, was wir wollten.

Aber es hatte seine Tücken, das Leben in der weißen, hübschen Zeltstadt.

Da war zunächst die Sache mit den Latrinen. Wir hatten Schaufeln und Hacken bekommen, um an einer bestimmten Stelle in der Nähe des Stacheldrahts einen tiefen, langen Graben auszuheben. Aber es war widerwärtig, in diesem Graben seine Notdurft zu verrichten, man rutschte, man stand im Kot. Die meisten begaben sich zur Verrichtung der Notdurft in das Gehölz außerhalb des Stacheldrahts. Bald war wie Dornröschen von ihrem Wall unser lieblich anzuschauendes Lager umzirkt von einem Kreis von Gestank. Dieser Kreis erweiterte sich immer mehr, da jeder unwillkürlich immer weiter wegging. Der Mangel an Wasser, das schlechte Brot, die Zusammenpferchung, das Fehlen geeigneter Latrinen ließ von neuem Dysenterie entstehen. Auch gab es wieder leichte Fälle von Typhus.

Es fehlte an Medizin, es fehlte an Opium.

Tag für Tag standen an hundert Menschen Schlange vor dem Zelt, in welchem der junge französische Arzt amtierte, der unserm Lager zugeteilt war. »Was fehlt Ihnen«, fragte er. »Diarrhoe«, antwortete der Kranke, »ich glaube, Dysenterie.« Der Arzt zuckte die Achseln. »Tant pis pour vous«, sagte er. »Le suivant«, sagte er. (»Um so schlimmer für Sie, der nächste.«)

Abgesehen von der Dysenterie, an welcher wir alle reihum litten, gab es eine andere große Plage: die Moskitos. Mit dem vorrückenden Sommer nahmen sie zu. Schon in Les Milles

hatten viele von uns in ihren zerlumpten, phantastisch zusammengestoppelten Kleidern ausgesehen, als wären sie auf einem Kostümfest. Jetzt bedeckten zudem die meisten ihr Gesicht mit grünen oder roten Gazeschleiern, um es gegen die Moskitos zu schützen. Es war ein bunter, grotesker Anblick. Des Nachts zündete man vor jedem Zelt ein großes Feuer an, um durch den Rauch die Moskitos zu verscheuchen. Zerlumpte Männer standen an den Feuern und wedelten mit belaubten Zweigen, um den Rauch in die Zelte zu treiben. Stand man auf einem der kleinen Hügel, die rings das Lager umgaben, dann sah man vor sich die weißen Zelte, zahllose Feuer dazwischen und an den Feuern zerlumpte Männer, wild mit grünen Zweigen im Rauche fuchtelnd.
An das Leben im Lager von Nîmes akklimatisierte man sich noch schneller als seinerzeit an das in Les Milles. Man gewöhnte sich an das Schlafen im Zelt, man gewöhnte sich an den ständigen Lärm, man gewöhnte sich daran, daß man niemals allein sein konnte, man gewöhnte sich an den Anblick der abgezehrten, wankenden Dysenteriekranken, man gewöhnte sich an den Gestank, man nahm es fatalistisch, daß man selber bestimmt Dysenterie bekommen wird. Diese Dinge waren erträglich. Man ließ sich ihrethalben das Essen nicht weniger schmecken und genoß ihrethalben ein gutes Männergespräch nicht weniger.
Doch woran man sich nicht gewöhnen konnte, ein Stachel, der mit der Zeit nicht stumpfer wurde, sondern schärfer, das war die tiefe Unsicherheit, das war die Sorge wegen jener Klausel neunzehn.
Sie war immer da, diese Sorge, die tödliche Frage: werden die Franzosen uns ausliefern? Sie saß neben uns, diese Sorge, wenn wir aßen und tranken, und über uns, wenn wir sprachen, und in uns, wenn wir schliefen. Wir taten, als nähmen wir die kleinen Dinge wichtig, die rings um uns waren, Essen und Trinken und das Jahrmarktsgewese des Lagers und die Hotels der Stadt Nîmes und ihre Restaurants und ihre Mädchen. Doch wenn wir uns damit beschäftigten, dann geschah es mit Vorbehalt; die Nichtigkeit dieser Dinge angesichts der Gefahr, in der wir schwebten, blieb uns immer bewußt. Morgen schon konnte die Hand sich schließen, in deren Griffbereich wir waren. Von allen Dingen, nach denen wir in der

Stadt Nîmes Jagd machten, war immer noch das am meisten Begehrte ein bißchen Blausäure.
Ernstlich bedroht waren von den zweitausend Insassen des Lagers etwa zwei- bis dreihundert. Die zwei- bis dreihundert Männer waren sehr verschieden von Wesen. Es gab unter ihnen Melancholiker und Heitere, Betrachtsame und Tatenlustige, Dumme und Gescheite, Oberflächliche und Grübler. Einen gemeinsamen Zug aber hatten sie alle, diese Bedrohten. Ihre Gedanken kehrten, ob sie wollten oder nicht, immer wieder zurück auf einen Punkt. Haben die Deutschen ihre Listen aufgestellt? Werden die Franzosen uns ausliefern? Sie versanken, diese Bedrohten, mitten im Gespräch in sich selber, und es kam vor, daß sie abrupt fragten: »Glauben Sie nun, daß die Liste da ist? Glauben Sie, daß wir ausgeliefert werden?«

Ich hatte, wie man sich erinnern wird, beschlossen, offen mit dem Kommandanten zu reden, um herauszubekommen, ob die Franzosen uns wirklich ausliefern wollten oder nicht. Der Ausgang dieser Unterredung sollte darüber entscheiden, ob ich blieb oder ob ich mich davonmachte.
Der Kommandant empfing mich im Wirtschaftsgebäude, in einem Raum, der ehemals als Speisezimmer gedient haben mochte. Verblaßte, ramponierte Fresken, Obst und Geflügel darstellend, liefen die Wände entlang. Der ziemlich große Saal war voll von Tischen, an denen Schreibersoldaten arbeiteten, und das Geklapper der Schreibmaschinen störte mich. Leicht war die Aufgabe sowieso nicht, die ich mir gestellt hatte. Es galt, in vorsichtigen Andeutungen in einer fremden Sprache über ein heikles Thema zu sprechen, und es hing viel von der Geschicklichkeit ab, mit der ich die Unterredung führte.
Der Kommandant hörte mich mit höflicher Reserviertheit an. Schon während ich sprach, merkte ich an seiner Miene, daß er nur damit beschäftigt war, eine Antwort zu ersinnen, die Teilnahme beweisen und ihn gleichzeitig zu nichts verpflichten sollte. Als ich zu Ende war, hatte er auch seine Antwort fertig. Es war ein gänzlich unverbindliches Einerseits-Andrerseits. Zuerst setzte er lange auseinander, daß wir jetzt im Grunde gar keine Internierten mehr seien. Wir seien hier ver-

sammelt lediglich, um regulär entlassen zu werden, genauso wie jetzt die französischen Militärverbände demobilisiert würden. Man könnte nicht Hunderttausende Menschen alle auf einmal nach Hause schicken. Das müsse sorgfältig organisiert werden, sonst würde das Transportwesen und die Lebensmittelversorgung völlig lahmgelegt. Auch uns werde man in absehbarer Zeit nach Hause schicken, vermutlich sogar recht bald; doch Geduld müßten wir haben. Diejenigen von uns, die sich während der Fahrt verdrückt hatten, und diejenigen, die jetzt versuchten, sich davonzumachen, begingen einen schweren Fehler. Wer nicht im Besitz eines ordentlichen Entlassungsscheines sei, würde keine Lebensmittelkarten erhalten und während seines ganzen weiteren Aufenthalts in Frankreich auf immer neue Schwierigkeiten stoßen. Und ganz unmöglich werde es für einen solchen Mann ohne ordentliche Papiere sein, das Land zu verlassen. Man begreife das Peinliche unsrer Situation, aber unsere Befürchtungen seien unbegründet. Marschall Pétain sei überaus empfindlich in allem, was militärische Ehre angehe. Sicherlich nicht werde er Leute, denen Frankreich Gastrecht zugesagt habe, umkommen lassen.

Ich fragte, ob das die persönliche Meinung des Kommandanten sei oder die offizielle Ansicht der französischen Behörden. Der Kommandant erwiderte, er sei kein Jurist, er könne keine autoritative Erklärung abgeben, wie jene Klausel neunzehn aufzufassen sei. Aber er sei französischer Offizier und könne sich nicht vorstellen, daß der Marschall irgend etwas sollte unterschrieben haben, was gegen die französische Ehre gehe.

Das war alles, was bei jener Unterredung herauskam, der ich so gespannt entgegengesehen hatte. Viel war es nicht. Immerhin gewann ich den Eindruck, daß die französischen Behörden eher gutwillig seien und daß sie mich lieber verschwinden lassen, als mich den Deutschen ausliefern wollten. Doch durfte man nicht vergessen, wie lässig die französischen Militärbeamten waren. Französische Ehre, Hospitalität, gut und schön: aber im Ernstfall hatte bis jetzt immer der Je-m'enfoutismus gesiegt, der französische Teufel.

Ich überlegte hin und her. Wenn der Kommandant erklärt hatte, es sei nicht klug, einen Fluchtversuch zu machen ohne

den Besitz regulärer Papiere, so war das sicher richtig. Es war gescheiter, hierzubleiben. Gewiß, ich wäre vielleicht unangefochten nach meinem Sanary zurückgekommen, es war auch durchaus möglich, daß inmitten der allgemeinen Auflösung die Gendarme des Nachbarstädtchens Ollioules die Augen zugedrückt und mich nicht gesehen hätten: aber was, wenn dann wirklich ein Auslieferungsverfahren gestellt wurde? In Sanary werde ich schwerlich rechtzeitig gewarnt werden. Hier im Lager indes konnten mir die Franzosen, wenn sie guten Willens waren, rechtzeitig einen Wink geben.
Das war alles richtig. Doch in meinem heimlichsten Innern fürchtete ich, diese schönen Erwägungen seien nichts als Ausreden, die es mir ermöglichen sollten, mich vor einem Entschluß, mich vor einem Fluchtversuch zu drücken. Höchstwahrscheinlich wollte ich nichts als bequem weiterwursteln, ähnlich wie damals in Sanary, vor dem Krieg, als ich mich davor gedrückt hatte, Frankreich rechtzeitig zu verlassen. Höchstwahrscheinlich war ich einfach zu träge und zu bequem, um die Gefahren und Strapazen einer Flucht auf mich zu nehmen.
Die Unterredung hatte am Nachmittag stattgefunden. Nachts schlief ich nicht gut, ich erwog nochmals das Für und Wider, und nochmals kam ich zu dem Schluß, es sei klüger, zu bleiben.
Den Morgen darauf, zwischen den Zelten, begegnete mir ein jüngerer Mann von derbem Aussehen, der offenbar erst an diesem Morgen ins Lager eingeliefert oder wieder eingeliefert worden war. Er blieb, als er mich sah, in höchster Überraschung stehen, er hielt wirklich für ein paar Augenblicke den Mund aufgesperrt, dann brach er in grobem, ehrlichem Wiener Vorstadtdialekt in die Worte aus: »Ja, bist du denn immer noch hier? Ja, bist du denn ganz deppert?«
Diese Worte bewegten mich mehr, als der Mann wohl vermutet hatte. Blitzhaft erkannte ich in ihnen den impulsiven Ausdruck des gesunden Menschenverstandes. Alles, was ich mir vorgesagt hatte, um bleiben zu können, war Dunst. Der Mann hatte recht. Es war verbrecherischer Leichtsinn, wenn ich länger hier im Lager blieb. Von einem Tag zum andern konnten die Deutschen darauf drängen, daß man der lockern Disziplin hier ein Ende mache und uns strenger überwache.

Schon hörte man davon, daß deutsche Kontrollkommissionen einzelne Lager besichtigt hätten. Ich beschloß zu fliehen.

Es gab im Lager einen jungen Landwirt, der mir besonders anstellig schien. Die Franzosen haben ein hübsches Wort für so einen, der sich geschickt aus allen peinlichen Lagen herauszuziehen weiß, sie nennen ihn einen Débrouillard; ich weiß heute nicht mehr, was mich auf diese Meinung brachte, und sie war wohl auch nicht richtig.
Dieser junge Landwirt hatte sich schon vor Tagen erboten, mir bei einem Fluchtversuch behilflich zu sein, und ihn wollte ich mitnehmen. Ohne Zögern war er bereit. Sofort, meinte er, jetzt in einer Viertelstunde sollten wir losziehen. Es war gegen elf Uhr morgens, über die Mittagsstunden waren die Straßen am schlechtesten bewacht, denn den Gendarmen, wie allen Franzosen, war die Essenszeit heilig.
Einer aus der Gruppe des Anwalts und Redners F. hatte mir seinen Ausweis angeboten, einen jener Ausweise, mit denen seinerzeit der junge französische Offizier den Trupp Dr. F.s ausgestattet hatte. Diese Ausweise – man erinnert sich – waren gestempelt und unterschrieben, trugen aber keine Namen. Ich ließ mir jetzt von dem freundlichen jungen Mann den Ausweis geben.
Dann machten wir uns fort, der Débrouillard und ich. Ich trug auf seinen Rat den Anzug, mit dem ich seinerzeit nach Les Milles gekommen war, einen städtischen Anzug, der, wie er fand, mich am wenigsten auffällig machte. Unterm Arm hatte ich eine Aktenmappe mit Nachthemd, Kamm und Zahnbürste. Wir schlugen von Beginn an einen rüstigen Schritt ein, es war heiß, und mein Anzug erwies sich als nicht sehr geeignet für einen Marsch durch Unterholz und über steinige Bergpfade. Nicht nur war er zu warm, er war auch gleich voll von allerlei klettigem Zeug.
Nach einer guten halben Stunde gerieten wir an einen Kreuzweg. Der Débrouillard, der ein derbes, volkstümlich klingendes Französisch sprach, begab sich in ein nahegelegenes Haus, um sich nach dem Weg zu erkundigen. Ich setzte mich auf eine niedrige Mauer aus ungefügten Steinen. Ich war müde nach dem raschen Marsch, ich saß in der Sonne, hart

und unbequem, doch das Sitzen tat mir wohl. Ich sah meine zerkratzten Schuhe, meinen braunen, städtischen Anzug, an dem das klettige Zeug hing, neben mir lag die Aktentasche mit der Zahnbürste und dem Nachthemd. Ich spürte das Groteske der Situation, ich saß in der Sonne und lächelte.
Zwei Männer kamen, schauten mich an, schauten einander an. Mir war nicht recht geheuer. Sie gingen an mir vorbei. Dann kam einer zurück und fragte auf Deutsch: »Gehen Sie durch? Türmen Sie?« Ich zögerte mit der Antwort. Da lächelte er und sagte: »Sie türmen also. Sie haben recht, Sie sind mehr gefährdet als wir. Wir machen nämlich nur einen Ausflug. Wir sind Fremdenlegionäre. Viel Glück, Kamerad Feuchtwanger.«
Mein Begleiter, der Débrouillard, kam zurück mit genauer Auskunft. Etwa eine Viertelstunde entfernt, schon jenseits des Hauptgefahrenpunktes, sei eine Autobushaltestelle. Wie wäre es, wenn wir den Autobus nähmen? Es sei gewagt, doch vielleicht am sichersten. Um die Mittagszeit fänden nur selten Kontrollen statt.
Wir versuchten es. Der Autobus war voll, viele Soldaten waren darin, man machte uns freundlich Platz. Mein Begleiter ließ sich mit seinen Nachbarn in Gespräche ein, er hatte eine vertrauenerweckende Art. Überhaupt finden ja überall auf der Welt Bauern und Arbeiter leichter zueinander als wir andern.
In der Vorstadt stiegen wir aus und setzten unsern Weg zu Fuß fort. Nachdem der Anfang so gut abgelaufen war, wollten wir gleich einen Autobus weiter nach Avignon nehmen. Um die Abfahrtstelle zu erreichen, mußten wir durch die Hauptstraße gehen. Sie war sehr belebt, sie war so, wie man uns gesagt hatte, die Stadt gurgelte von Flüchtlingen, überall waren Autos, in denen Leute schliefen, die Tore der öffentlichen Gebäude standen weit offen, und man sah, daß ihre Säle und Treppen belegt waren mit Strohlagern für die Flüchtlinge.
Wir kamen an vielen Polizisten vorbei. Es war das erste Mal in meinem Leben, daß ich vorbeiging an Polizisten, von denen ich wußte, sie hätten das Recht und die Pflicht, mich festzunehmen. Ich schaute mir meine Polizisten an, mehr neugierig als ängstlich. Ich wurde frech, den nächsten Polizisten

schaute ich lange an und prüfend. Er gab mir meinen Blick zurück, verwundert.
Auf dem Platz, von dem der Autobus nach Avignon abfahren sollte, warteten viele Leute. Sie sprachen davon, daß man Passierscheine haben müsse. Wir schauten uns an. Der Autobus fuhr eine halbe Stunde vor der festgesetzten Abfahrtzeit vor. Man stieg ein, man drängte sich, es ergab sich, daß man lediglich Plätze belegte. So taten auch wir.
Wir gingen in ein Café. Es gab keinen Kaffee, auch keinen Alkohol. Wir tranken irgend etwas Süßliches, künstlich Schmeckendes und aßen, da es kein Brot gab, etwas Kuchenartiges. Der Débrouillard besorgte Fleisch und Obst. Dann fuhr der Autobus, der inzwischen in der Garage gewesen war, von neuem vor, diesmal zur Abfahrt. Wir setzten uns auf unsre Plätze. Der Chauffeur kam, nahm seinen Führersitz ein, warf einen Blick auf die paar Passagiere, die sich bereits eingefunden hatten. Sah uns an, nahm die Zeitung vor, gähnte, steckte sie wieder weg. Stand langsam auf, schlenderte an uns vorbei und sagte halblaut: »Der Bus wird bestimmt kontrolliert, bevor er abfährt.« Mich überlief es unangenehm. Mein Begleiter sagte: »Ich denke, wir steigen besser aus.« Das taten wir. Der Chauffeur nickte uns zu.
Wir setzten uns in ein Café, aßen noch einen der schlechten Kuchen, tranken noch eines der künstlichen Getränke. Was sollten wir tun? Ein proletarischer Freund, der seither durchgebrannt war, hatte mir die Adresse einer Dame gegeben, an die ich mich wenden könnte, wenn ich einmal in Nîmes Rat und Hilfe bräuchte.
Wir gingen zu ihr. Sie wohnte in einem kleinen Hotel in einer öden Seitenstraße. Eine Angestellte hieß uns in einem unordentlichen Speisezimmer warten. Nach kurzer Zeit kam die gesuchte Dame – sie war dick und hatte ein energisches Gesicht – und fragte erregt: »Bringen Sie mir Nachricht von meinem Mann?« Wir sagten: »Nein.« Ich nannte meinen Namen und sprach von meinem proletarischen Freund. Sie sagte: »Kommen Sie mit mir hinauf in mein Zimmer.« Sie war bekümmert, enttäuscht. Ihr Mann war mit in unserm Zug nach Bayonne gewesen. Er hatte ihr ein Telegramm aus Pau geschickt. Seither hatte sie nichts mehr von ihm gehört, sie hatte gehofft, wir würden ihr Nachricht bringen.

Im übrigen zeigte sich die Dame hilfsbereit, doch war sie, im Gegensatz zu der Energie ihres Gesichts, etwas ängstlich, auch war sie nicht sehr geschickt. Sie verwies uns an eine zweite Dame, Madame L., die Frau eines Lagerinsassen, eines Arztes. Die könne uns wahrscheinlich helfen. Der Débrouillard machte sich auf, zu ihr zu gehen, während sie selber, die Ängstlich-Energische, eine dritte Dame aufsuchte, die auch vielleicht Rat und Hilfe wisse. Der Débrouillard kam bald zurück, er hatte seine Dame nicht gefunden. Die Ängstlich-Energische aber brachte die dritte Dame mit. Auch diese wollte gerne helfen, doch war auch sie nervös und ängstlich, ja, alle fünf Minuten begann sie krampfhaft zu weinen. Immerhin hatte sie einen Plan. Sie kannte einen Weinspediteur; der konnte uns vielleicht in einem leeren Faß nach Marseille schaffen, er hatte dergleichen zweimal getan. Die Dame ging sogleich zu ihm. Doch sie kam unverrichteterdinge zurück. Wenn überhaupt, erzählte sie, aufgelöst weinend, dann wollte der Mann den Versuch frühestens in drei Tagen unternehmen. Aber er versprach nichts, er hatte erklärt, die Kontrolle sei unterdessen verschärft worden, und die Dame zweifelte, daß er es wagen werde.
Der Débrouillard fand, unter diesen Umständen habe es nicht viel Sinn, daß er in Nîmes bleibe. Ich sei vorläufig in der Obhut der drei Damen gut aufgehoben, und es erschwere nur meine Situation, wenn die Damen noch für die Unterbringung eines zweiten Flüchtlings zu sorgen hätte. Für alle Fälle wisse er jetzt, unter welcher Adresse ich zu erreichen sei. Damit verließ er mich und kehrte ins Lager zurück.
Die beiden Damen nahmen an, Madame L., von der sie sich am meisten versprachen, sei wohl mittlerweile nach Hause gekommen. Ich machte mich daran, sie aufzusuchen. Die Energische wollte mich begleiten, war aber zu ängstlich, sich mit mir zu zeigen. Ich durfte ihr nur in einer Entfernung von etwa zwanzig Schritten folgen.
Madame L. wohnte in der Nähe der Arena. Die Arena von Nîmes ist unter den erhaltenen Baulichkeiten des römischen Imperiums eine der eindrucksvollsten. Ich hatte sie mehrmals besichtigt, ich verdanke ihr eine lebendige Anschauung römischen Zirkuswesens. Jetzt war sie belegt mit Flüchtlingen.

Madame L. war zu Hause. In ihr traf ich den ersten jener selbstlos hilfsbereiten Menschen, die es mir am Ende ermöglichen sollten, dem Teufel in Frankreich und seiner sanften, schlampigen Hölle zu entkommen.
Das Haus, in welchem Madame L. wohnte, war niedrig, engbrüstig, die ganze Wohnung bestand aus einem kleinen Zimmer mit einer anstoßenden winzigen Küche. Sie hatte für diese Nacht bereits einer Französin Quartier zugesagt, die aus Nizza gekommen war, um ihren Freund zu besuchen, einen im Zeltlager internierten Berliner Anwalt. Außerdem erwartete sie für die Nacht eine junge Deutsche, die keine andre Unterkunft hatte finden können. Trotzdem hätte Frau L. auch mich beherbergt, ich hätte eben auf dem Boden oder auf einem Stuhl schlafen müssen. Allein sie war des jungen Mädchens nicht sicher, und es war klüger, wenn Deutsche, deren Gesinnung nicht durchaus zuverlässig war, mich nicht zu Gesicht bekamen.
Die Damen zerbrachen sich die Köpfe, wo man mich unterbringen könnte. Die Stadt war überschwemmt mit Flüchtlingen, nirgends gab es Unterkunft. Madame L. schien jemand zu wissen, der mich vielleicht aufnahm. Aber dort konnte offenbar nur die Ängstlich-Energische vermitteln, und die hatte Bedenken. Schließlich, nach eifrigem Zureden Madame L.s, machte sie sich gleichwohl auf den Weg, seufzend, bekümmert.
Madame L., freundlich um mich besorgt, gab mir zu essen, dann aber mußte sie fort in Geschäften anderer Flüchtlinge. Wir verabredeten, daß ich sie eineinhalb Stunden später an der Ecke ihrer Straße treffen sollte, um zu erfahren, was man in meiner Sache erreicht habe.
Immer meine Aktenmappe unterm Arm, ging ich in der Stadt Nîmes herum. Es war heiß, die Stadt roch schlecht. Ich wollte mich in ein Café setzen, aber es gab keinen Platz, auch in einem zweiten Café war kein Stuhl frei. Mit einem Mal fehlte mir die Sicherheit, unbefangen durch ein menschengefülltes Lokal zu gehen und die Blicke der Leute auf mir zu spüren. Ich gab es also auf und schlenderte weiter durch die Stadt. Ich fühlte mich unbehaglich, und die Ungewißheit, ob ich und wo in der Nacht Unterkunft finden würde, machte mir noch heißer und unbehaglicher. Es hätte mir nichts ausgemacht,

die Nacht durch herumzustrolchen und gelegentlich auf einer Bank zu dösen; aber das wäre nach Ansicht der Sachverständigen der sicherste Weg gewesen, von der Polizei festgenommen zu werden.
Ich war froh, als endlich die Stunde meines Rendezvous mit Madame L. da war. Sie kam spät, abgehetzt, atemlos. Sie besorgte, die Gütige, hundert Geschäfte für hundert Menschen. Wir machten uns gleich auf den Weg in die Vorstadt, wo wir die Ängstlich-Energische treffen sollten. Madame L. merkte, wie die Sorge um eine Unterkunft für die Nacht mich beschäftigte. Tröstend meinte sie, selbst wenn die Ängstlich-Energische nichts finde, sei noch lange nichts verloren. Da komme zuerst in Frage ein gewisses Landhaus, mit dessen Inhaber sie, Madame L., befreundet sei. Dieses Landhaus stehe zur Zeit leer. Ich müßte einfach über eine Gartenmauer klettern und dann durch das Fenster des Gerätehauses ins Hauptgebäude einsteigen. Und wenn das nicht klappte, dann, so fügte sie mit Entschlossenheit hinzu, müßte ich eben trotz des unsicheren jungen Mädchens auch in ihrem Zimmerchen schlafen.
Der Weg zu dem Treffpunkt mit der Ängstlich-Energischen war weit. Madame L. schritt rüstig aus, sie fragte, ob sie mir nicht zu schnell gehe. Sie hatte sicher viele Wege hinter sich und war kaum weniger müde als ich. Doch: »Wenn man heute helfen will«, sagte sie und lachte, »dann muß man schnell und viel gehen.« Sie hatte in Berlin Wagen und Chauffeur gehabt. Sie war eine großartige Frau, anspruchslos, von gütigem Herzen.
Wir waren jetzt am vereinbarten Treffpunkt angelangt, an der Ecke eines breiten, baumbestandenen Boulevards in einer ländlichen Straße. Bald stellte sich auch die Ängstlich-Energische ein. Ganz sicher, erzählte sie, sei es nicht, ob man mich aufnehmen werde, doch die Aussichten seien nicht schlecht.
Während die beiden Damen mich die ländliche Straße hinauf begleiteten, setzten sie mir auseinander, worum es ging. Der Mann, der mich aufnehmen sollte, war ein Polizeiwachtmeister außer Dienst, der sich ein Haus gekauft hatte und dort von seiner Pension lebte. Er war ein bißchen vertrottelt. Besorgt wurde das Haus von einer resoluten Haushälterin, einer

Tschechin. Die ihresteils hatte ihren früheren Dienstherrn aufgenommen, einen levantinischen Bankier, der sich für seine Frau ruiniert hatte. Jetzt lebten beide, die resolute Tschechin und der verarmte Levantiner, bei und von dem vertrottelten Franzosen. Ganz klar war mir die Sache nicht; mir ging es auch nur um ein Bett, und ob das einem reichen oder armen Mann gehörte, einem Türken oder Engländer, war mir gleichgültig.
Die Ängstlich-Energische schärfte mir ein, daß mein Name unter keinen Umständen genannt werden dürfe. Die Version, die sie der Tschechin erzählt hatte, war, ich hätte in der Stadt kein Hotel finden können und wäre nun froh, wenn ich für Geld und gute Worte bei Monsieur S. unterkommen könnte. Falls man nähere Auskunft verlange, dann solle ich ruhig sagen, ich sei aus dem Lager entlassen worden, müsse aber warten, bis ich von der Präfektur einen Transportschein bekäme. Ich solle für die Unterkunft soundsoviel Franken anbieten, keinen zu hohen, doch auch keinen niedrigen Preis. Die tschechische Haushälterin sei dem Unternehmen wohlgesinnt, und wenn ich auf den alten Polizisten keinen gar zu schlechten Eindruck machte, dann werde die Sache wohl klappen.
Kurz vor dem Haus des Polizisten trennte sich Madame L. von uns. Es war nicht ratsam, daß sie mitkam. Madame L. war mit der Tschechin gut bekannt gewesen und hatte manches Mal im Hause des Polizisten mit ihr Kaffee getrunken, Kuchen gegessen, geschwatzt. Allein Madame L. hatte einen Hund, den konnte sie nur zu Hause lassen, wenn er wohlbehütet war. Einmal hatte sie einen Hüter für den Hund nicht gefunden und den Hund ins Haus des Polizisten mitgenommen, der Hund hatte die Katze des Polizisten erschreckt, die Katze hatte den Polizisten gekratzt, und jetzt betrachtete der Polizist Madame L. mit übelwollenden Augen. Es war schon klüger, wenn sie nicht mitkam.
Die Ängstlich-Energische brachte mich also allein vor das Haus des Polizisten. Die tschechische Haushälterin öffnete. »Das ist also Monsieur Feust«, sagte sie verschwörerisch. »Ich habe meinen S. schon vorbereitet. Warten Sie einstweilen hier. Haben Sie irgendeinen Ausweis bei sich?« – »Ja«, erwiderte ich stolz und pries die Vorsicht, die mich den von

jenem Offizier ausgestellten Ausweis hatte mitnehmen lassen. »Aber es ist noch kein Name darauf.« – »Das macht nichts«, sagte die Tschechin, »wenn nur ein Stempel darauf ist. Geben Sie her.« Und sie ging mit dem Papier und mit der Ängstlich-Energischen ins Haus.

Es war inzwischen beinahe Nacht geworden, doch am Himmel war noch starkes Abendrot. Ich saß müde auf der Steinschwelle des Hauses und wartete darauf, ob der Polizist mir Obdach gewähren werde. Ich war recht erschöpft. Ich hatte wenig Lust, über die Gartenmauer zu klettern und durch das Fenster des Gerätehauses in die verlassene Villa einzusteigen. Ebensowenig lockte mich die Aussicht, mit der gutmütigen Madame L. den langen Weg in die Stadt zurückzumachen und dann in Gegenwart der Französin und des jungen Mädchens mit der unerprobten politischen Zuverlässigkeit auf dem Fußboden des Zimmerchens zu nächtigen.
Ein Mann kam aus dem Haus, höflich, neugierig, offenbar der Levantiner. Er war ein älterer jüdischer Herr, schon ein bißchen wackelig, sein Gesicht war schlau, doch nicht ungeistig, er mochte einmal ein gutaussehender, eleganter Herr gewesen sein. Er begrüßte mich höflich und leistete mir freundlichen Zuspruch. »Sie sind also Monsieur Feust«, sagte er. »Es wird sich schon machen lassen. Monsieur S. ist zuerst immer sehr umständlich und ein bißchen widerhaarig, aber Madame F.« – das war offenbar die Tschechin – »ist resolut und weiß ihn zu nehmen.«
Jetzt kamen die beiden Frauen wieder aus dem Haus und mit ihnen der alte Polizist. Er war klapperig, seine Stimme brüchig von Alter. Er schaute mich an. »Sie finden also keine Unterkunft in der Stadt«, sagte er. »Ja, es gibt viele Flüchtlinge, und jeder will schlafen. Ich habe sehr gute Beziehungen zur Präfektur. Alle hiesigen Polizeiinspektoren schätzen mich. Am Montag müssen Sie sich also den Stempel verschaffen. Und in der Stadt gibt es also keine Unterkunft für Sie? Schon möglich, schon möglich. Und Sie wollen also an Madame F. soundsoviel Franken zahlen?« Ich sagte: »Ja. Und wenn Sie wollen, dann zahle ich gleich für heute und morgen, denn vor Montag kann ich nicht zur Präfektur gehen.« Der alte Polizist dachte scharf nach. Dann sagte er: »Wenn jemand weniger als

dreißig Franken bei sich hat und keine Schlafstätte, dann ist das Vagabundage, und wir nehmen ihn fest. Früher, als es noch gute Franken gab, mußte man nur fünf Franken bei sich haben.« Die Tschechin sagte: »Dann zeige ich also Monsieur Feust sein Zimmer.« Der Levantiner schaute mich schlau an. Der Alte murmelte etwas wie: »Er hat mehr als dreißig Franken bei sich. Aber am Montag muß er auf die Präfektur.«
Die Ängstlich-Energische verabschiedete sich, jetzt war sie nurmehr energisch. »Das ist die weitaus beste Lösung«, sagte sie autoritativ und befriedigt. »Hier bei dem Polizisten sucht Sie kein Mensch, hier sind Sie sicher. Ich komme morgen wieder oder Montag. Seien Sie auf alle Fälle Montag Vormittag um elf Uhr bei Madame L.«
Die Tschechin zeigte mir mein Zimmer. Es war sehr einfach, die Toilette war außerhalb des Hauses, es gab nur eine winzige Waschschüssel und einen Miniaturkrug. Auch hatte das Zimmer keine Tür, ein Moskitovorhang trennte es vom Korridor. Aber mir schien es ein Paradies. Ein Bett war da und ein Stuhl, und draußen war, wie es schien, ein großer Garten, und die Tschechin nahm sich meiner sogleich mütterlich an und sagte, sie werde mir morgen heißes Wasser bringen, und wann ich frühstücken wolle, und natürlich könne ich im Bett frühstücken, und es gebe zwar nur ganz wenig Butter, aber Honig und Eier und etwas Kuchen, und morgen sei Sonntag, und ich würde sehen, was für ein überraschend gutes Mittagessen sie mir vorsetzen werde. Ich solle es ruhig sagen, wenn ich irgendwelche Wünsche hätte. Essen und alles übrige sei natürlich miteinbegriffen in den soundsoviel Franken, die ich ihr bezahlt hätte. Der alte Monsieur S. sei etwas redselig, aber ein herzensguter Mann. Ich müsse nur Geduld haben und Interesse für seine langatmigen Erzählungen.
Ich ging bald zu Bett. Es war kein gutes Bett, und am andern Morgen merkte ich, daß ziemlich viele Moskitos dagewesen sein mußten. Doch das hatte mich nicht gehindert, ausgezeichnet zu schlafen. Nun brachte mir gar die wackere, mütterliche Tschechin vortreffliches Frühstück und das versprochene heiße Wasser. Wie lange hatte ich mich nicht mehr mit heißem Wasser gewaschen, wie lange nicht mehr im Bett gefrühstückt. Ich fühlte mich wohl.
Ich zog mich an und ging hinaus in den Garten. Der Levanti-

ner stieß zu mir und bat mich, noch zu warten, ehe ich mich tiefer in den Garten begäbe. Der Polizist wolle mir seinen Garten selber zeigen, er sei stolz auf den Garten, er bearbeite ihn mit Liebe, es sei auch ein schöner Garten.

So war es. Der Stolz, mit dem mich Monsieur S. in seinem Garten herumführte, war berechtigt. Der Garten zog sich einen Hang hinab, er bot an verschiedenen Stellen nette, kleine Blicke ins Land und über die Stadt, ein Teil des Gartens war verwildert, dann wieder gab es Bäume, Alleen, Gemüsebeete, sogar die Reste einer römischen Villa waren da und eine Gartenlaube.

In der Laube war ein Tisch. Der alte Polizist, dem ich, dem Rat der Tschechin folgend, immer interessierten Gesichtes zuhörte, brachte mir einen behauenen Baumstamm. Da hatte ich denn Tisch und Hocker, und da saß ich und schrieb. Ich schrieb an meine Nächsten. Ich schrieb an meine Frau, den Brief sandte ich zur Weiterleitung an Leontine, unser treues Dienstmädchen in Sanary, und ich schrieb an meine Sekretärin und an meine Freunde in Amerika. Auch an den amerikanischen Botschafter schrieb ich und an den amerikanischen Konsul in Marseille. Ich wußte natürlich nicht, ob von diesen Briefen irgendeiner sein Ziel erreichen werde. Seltsamerweise erreichten alle Briefe, die ich in jenem verwilderten Garten schrieb, ihr Ziel. Viele freilich erst nach langen Umwegen, der Brief an meine Frau zum Beispiel erreichte sie erst nach fünf Monaten und in Amerika.

Es war schön, in der sommerlichen Laube zu sitzen und an die Menschen zu schreiben, die mir lieb waren. Endlich hatte ich Stille und Sammlung, endlich war ich allein, endlich sah ich deutlich die Gesichter, die ich sehen wollte.

Überhaupt war der Sonntag im Haus und im Garten des Polizisten einer der besten Tage meines Lebens. Monsieur S. war redselig, damit hatten seine Hausgenossen recht, und manches von dem, was er daherschwatzte, hatte keinen rechten Zusammenhang oder war wohl auch schlechthin Gefasel. Aber ab und zu erzählte er auch verständlich und Wissenswertes. Er war stationiert gewesen in Tunesien in der großen Zeit des französischen Imperiums. Er hatte den Eingeborenen als absoluter Machthaber gegolten, als höchste Instanz, er hatte sich offenbar als gutmütiger, aufgeklärter Despot ge-

führt. Er erzählte von seinen Arabern, dann wieder sprach er von seiner Gemüsezucht, dazwischen schimpfte er zuweilen ein wenig auf Madame L. und ihren Hund, der seine Katze veranlaßt hatte, ihn zu kratzen, dann machte er sich trotz meiner Einwände steifen Schrittes auf, um mir gewisse arabische Süßigkeiten zu holen.
Die Tschechin hatte mittlerweile ein ausgezeichnetes Mittagessen zubereitet. Nur war es viel zu reichlich. Man saß gute zwei Stunden zu Tisch. Dann, während die andern sich schlafen legen durften, mußte ich eine weitere Stunde den Erzählungen des Polizisten lauschen, immer interessierten Gesichtes.
Doch den Rest des langen Nachmittags verbrachte ich allein in meinem Garten. Schon war es mein Garten, und nach dem Lärm und dem wüsten Betrieb des Lagers genoß ich tief seine Stille und meine Einsamkeit.
Nach dem Abendessen gesellte sich der Levantiner zu mir, und wir gingen eine Weile durch die Nacht spazieren. Der Levantiner äußerte allerlei kluge Dinge, aber sie kamen aus einer vergangenen Zeit. Wenn er seine feinen Anmerkungen machte zu den Ereignissen von heute, dann war es, als ob ein Herr aus der Biedermeierzeit Urteil abgäbe über eine moderne Flugzeugfabrik. Dann erzählte er auch aus seinem Leben, er erzählte von seiner Frau, die auf dem Schloß bei Marseille lebe, das er ihr gekauft habe in den Zeiten seines Reichtums, und er pries die tüchtige, gutmütige Tschechin, die ihn, offenbar ihren früheren Herrn und Freund, nachdem es ihm schlecht ging, zu sich gerufen und ihm Obdach gegeben habe.

Am andern Morgen verabschiedete ich mich von meinen freundlichen Wirten, packte Nachthemd, Zahnbürste und Socken in die Aktenmappe und ging in die Stadt, angeblich um auf der Präfektur meinen Passierschein zu holen und nach Sanary zurückzufahren, in Wirklichkeit, um bei Madame L. auszukunden, ob die drei hilfsbereiten Damen mittlerweile für mich eine Gelegenheit zur Weiterfahrt gefunden hätten.
Das Zimmerchen Madame L.s war ganz voll. Nicht nur war bei ihr die französische Freundin des internierten Berliner

Anwalts und die nervöse Dame mit den Weinanfällen, sondern auch der dicke, joviale Herr B., der sich aus dem Lager davongemacht hatte, weil er glaubte, er könne mit Hilfe eines befreundeten Weinhändlers nach Montpellier gelangen. Vorläufig war auch er in dem Zimmerchen der gutmütigen Madame L. gelandet und hatte dort übernachtet.
Für mich hatte sich noch keine Gelegenheit ergeben, weiterzukommen. Im Gegenteil, Madame L. erzählte, schon in aller Frühe sei die Ängstlich-Energische zu ihr gekommen und habe berichtet, es sei jetzt in Nîmes eine deutsche Kommission eingetroffen, um unser Zeltlager zu besichtigen. Die Ängstlich-Energische sei noch ängstlicher gewesen als sonst; ich müsse, habe sie erklärt, unter allen Umständen sogleich verschwinden, um sie, die Ängstlich-Energische, nicht zu kompromittieren und ihren Mann, der irgendwo auf der Flucht sei, nicht zu gefährden. Unter keinen Umständen dürfe ich zurück in das Haus des Polizisten, da sonst sie, die Ängstlich-Energische, der Hilfeleistung bei einem verbotenen Unternehmen geziehen werden könnte.
Madame L. nahm auch die Mitteilungen der Ängstlich-Energischen nicht sehr tragisch. Wenn wirklich eine deutsche Kommission da sei, meinte sie, dann gerade müsse ich zurück ins Haus des Polizisten und dort abwarten, bis sich die Möglichkeit der Weiterreise finde. Nur müsse ich mir für den Polizisten eine gute Ausrede einfallen lassen, warum ich den Passierschein noch nicht erhalten hätte. Auf die Hysterie der Ängstlich-Energischen Rücksicht zu nehmen, wäre Wahnsinn. Vorläufig solle ich in der Stadt bleiben. Um drei Uhr erwarte sie zwei Wachsoldaten aus unserm Lager mit Botschaft von ihrem Mann. Vielleicht hätten die etwas gehört über die Kommission. Ich solle also um drei Uhr wieder bei ihr sein.
In der Zwischenzeit ging ich essen, in Begleitung der französischen Dame, der Freundin des internierten Berliner Anwalts. Wir gingen in ein gutes Restaurant. Es gab zu einem vernünftigen Preise reichlich und schmackhaft zu essen. Nur ganz beiläufig fragte man nach unsren Lebensmittelkarten, niemand scherte sich darum, daß wir keine hatten. Die Zurichtung des Tisches war geschmackvoll, die Bedienung beflissen. Die Gäste des Restaurants, zumeist französische

Flüchtlinge, ließen sich durch die allgemeine Umwälzung nicht hindern, behaglich zu sitzen, zu essen und zu trinken.
Ich hatte lange Zeit nicht mehr an einem hübsch gedeckten Tisch unter schwatzenden Menschen gesessen, meine Begleiterin war gut anzuschauen und von liebenswürdigen Sitten, und wiewohl meine Aktenmappe mich immerfort an die peinlichen Umstände erinnerte, unter denen ich in Nîmes weilte, wurde es ein angenehmes Mahl.
Die Dame hatte, wiewohl erst zwei Tage in Nîmes, bereits schriftliche Verbindung mit ihrem Freund im Lager aufgenommen, sie erwartete Nachricht von ihm durch die beiden Soldaten, die wir um drei Uhr bei Madame L. treffen sollten. Sie rechnete damit, morgen in die Umgebung des Lagers zu fahren und dort ihren Freund zu sehen. Sie sprach von ihm mit Neigung und Ergebenheit.
Überhaupt hat sich während unserer ganzen Leidenszeit erwiesen, wie fest die Verbindungen waren zwischen deutschen Emigranten und ihren französischen Frauen oder Freundinnen. Fast alle diese Frauen waren nach Nîmes gekommen, die Schwierigkeiten der Reise in diesen üblen Zeiten nicht scheuend. Sie nächtigten, zum Teil mit ihren Kindern, im Freien, auf den Plätzen, welche die Stadt Nîmes den Flüchtlingen anwies. Sie fanden Mittel und Wege, in die Umgebung des Lagers zu kommen, manche gingen die vier Stunden steinigen Weges zu Fuß. Sie lungerten herum im Gehölz in der Nähe des Lagers, auf den Wiesen, von den Gendarmen immer wieder fortgejagt. Fast allen Frauen gelang es, ihre Männer zu sehen, zu sprechen, ihnen Lebensmittel zuzustecken, Botschaften, kleine Dinge des Bedarfs.
Die französische Dame, mit der ich aß, hatte Empfehlungen an den Präfekten von Nîmes. Der galt als intelligenter, menschenfreundlicher Herr. Die Dame erzählte, viele Frauen der Internierten belagerten den Generalstab, die Zivilbehörden, um etwas für die Männer zu erreichen. Die Dame war liebenswürdig, tatkräftig, zuversichtlich.
Dann, bei Madame L. trafen wir richtig die beiden Soldaten. Der eine war aus dem Süden, der andre aus Paris, sie waren gewitzte Burschen. Sie erzählten, sie seien eine Kameradschaft von vieren, und wenn sie oder auch nur einer oder zwei von ihnen Wache hätten, dann würden sie alles tun, unsre

Situation zu erleichtern. Wir könnten dann nach Belieben unsre Frauen treffen, das Lager verlassen, was immer. Sie nahmen kein Entgelt für ihre Dienste.

Überhaupt war der weitaus größte Teil der Bevölkerung auf unsrer Seite, und wenn die Behörden uns, Frankreichs Gäste, durch Schlamperei und verbrecherischen Leichtsinn in die lebensgefährliche Situation gebracht hatten, in welcher wir jetzt waren, so tat das französische Volk das seine, uns wieder herauszuhelfen.

Ich gab den Soldaten ein paar Zeilen mit an meine Freunde im Lager. Ich bat meine Freunde, Post für mich in Empfang zu nehmen und mir, über die Adresse Madame L.s, Nachricht zukommen zu lassen.

Dann machte ich mich auf den Weg zurück zu meinem Polizisten.

Wiederum ging ich, meine Aktenmappe unterm Arm, langsam durch die heiße, menschenwimmelnde Stadt, geteilten Gefühls. Die Gerüchte von der Anwesenheit einer deutschen Kontrollkommission in Nîmes – die Ängstlich-Energische wollte sie sogar gesehen haben – waren nicht angenehm, und es sah nicht so aus, als ob ich so rasch den Zweck meines Ausbruchs erreichen und nach Marseille kommen sollte. Andernteils war mir die Aussicht nicht unwillkommen, noch ein paar Tage bei meinem alten Polizisten zuzubringen, in Gesellschaft des klugen levantiner Juden und der freundlichen Tschechin, in dem schönen, friedlichen, verwilderten Garten.

Diese paar Tage freilich galt es erst noch zu erkämpfen. Wie sollte ich es vor Monsieur S. begründen, daß die Präfektur mir den für heute versprochenen Passierschein verweigerte? Bis jetzt war mir nichts Gescheites eingefallen. Ich fürchtete mich ein bißchen vor der Auseinandersetzung mit Monsieur S.

Um das peinliche Gespräch hinauszuschieben, ging ich erst einmal zu einem Friseur. Der Mann hielt es für seine Pflicht, mich zu unterhalten. Er erzählte mir, er habe seine besonderen Informationsquellen. Von denen habe er zum Beispiel die Wahrheit erfahren über die Zwecke, welche die deutsche Kontrollkommission verfolgte, die heute in Nîmes angekommen sei. Sie wollte nicht etwa die Flugplätze und Konzentrationslager inspizieren, sondern in Wahrheit arbeite sie zusammen mit den Insassen des Konzentrationslagers, die von Anfang an lauter ausgekochte Spione gewesen seien. Der Mann, während er das erzählte, schnitt mir die Haare ganz ordentlich; auch mit der Art, wie er mir den Kopf wusch, war ich zufrieden.

Nun aber hatte ich länger keinen Vorwand, mich vor der Aussprache mit Monsieur S. zu drücken. Langsam stieg ich den ländlichen Weg hinauf zu seinem Hause. Ich läutete. Mir öffnete der Levantiner. Er war erstaunt, mich wiederzusehen, ja, ein wenig betreten. Ich stoppelte mir eine Geschichte zusammen, sie geriet nicht recht. Mein Haus in Sanary sei requiriert und mit Flüchtlingen belegt worden, ich müsse warten, bis es wieder freigemacht werde. Der Levantiner erwiderte etwas Allgemeines, ja, jetzt in diesen Zeiten, gehe nichts mehr normal, und man könne heute nicht wissen, was einem morgen passiert. Während er so unverbindlich daherredete, sah er mich aus seinen schlauen Augen an, und in diesen schlauen Augen war alles zu lesen, was er dachte. Daß er mir nämlich natürlich kein Wort glaube, daß er vielmehr genau wisse, was los sei, daß er mir gerne helfen wolle, daß er indes nicht sicher sei, ob meine Argumente bei dem Alten verfangen würden, von dem er und die Tschechin abhängig seien. Laut werden ließ er nichts von dem allen, sondern er bat mich nur zu warten, und er ging ins Haus, um Monsieur S. Mitteilung zu machen, daß ich wieder da sei.

Da hockte ich also wieder auf den steinernen Stufen vor dem Haus des Polizisten, das mir so lieb geworden war. Aber diesmal spürte ich durchaus nicht das Groteske der Situation, in mir war nichts als die Angst, ob ich Asyl finden würde. Der Levantiner schien mir gar nicht zuversichtlich, und er hatte sicher gute Gründe. Der alte S. hatte seine Launen, er konnte störrisch sein, das hatte ich schon bemerkt. Sein Widerwille zum Beispiel gegen Madame L. wegen der Geschichte mit dem Hund war unbesiegbar, und die Tschechin hatte ihre Kaffeestunden mit Madame L. aufgeben müssen. Es war durchaus möglich, daß der Alte mich wegwies, und es war mir ein scheußlicher Gedanke, zurück zu müssen, entweder in das lärmende, stinkende Lager oder in die heiße Stadt Nî-

mes, in die wimmelnden Straßen, Angst im Herzen vor jedem Polizisten, herumirrend und grübelnd, wo ich wohl schlafen könne.
Die Tschechin kam heraus. Es war, wie ich gefürchtet hatte: in dem Alten war polizeiliches Mißtrauen wachgeworden. Doch die gutmütige Frau wollte mir helfen und gab mir einen Rat. Der Alte hatte einen Schwiegersohn, der war Staatsanwalt in Tunis. Wenn nun Tunis von den Italienern besetzt werden sollte, dann fürchtete der Alte, werde sein Schwiegersohn davongejagt werden. Ängstlich in Gelddingen wie so viele Franzosen, wollte Monsieur S. jetzt schon für diesen Fall vorsorgen und spielte mit dem Gedanken, seine Besitzung hier zu verkaufen. Wie wäre es, wenn ich ihm sagte, das Haus und der Garten gefielen mir, und wenn ich ihn fragte, ob er den Besitz nicht vielleicht veräußern wolle?
Da kam auch schon der Alte. Er sah finster drein und dachte angestrengt nach. »Zeigen Sie mir noch einmal Ihr Papier«, sagte er und war ganz Polizist. Lange beschaute er sich das Papier. »Ich begreife nicht«, sagte er, »wieso sie Ihnen darauf keinen Passierschein geben. Ich gehe jetzt selber mit Ihnen hinunter in die Stadt, ich kenne alle Beamten, den Inspektor X. und den Inspektor Y., und ich möchte sehen, ob sie Ihnen den Passierschein verweigern, wenn ich mitkomme.« Die Ämter seien geschlossen, wandte ich ein, ohne Schwung. Doch der Alte bestand. »Die Herren«, sagte er, »waren alle schon bei mir zu Gast. Wir können ohne weiteres in ihre Privatwohnung gehen.« Ich sagte, ich würde gerne noch die Nacht über bei ihm bleiben. In meinem Sanary könne ich ohnedies nur schwer unterkommen, da mein Haus, wie ich in der Stadt gehört hätte, mit elsässischen Flüchtlingen belegt sei. Seine Besitzung gefalle mir, die Stadt Nîmes gefalle mir, ja, ich hätte schon daran gedacht, ihn zu fragen, ob er nicht vielleicht die Besitzung verkaufen wolle. Er verstand nicht gleich, ich mußte meinen Satz wiederholen. Ich tat es mit schlechtem Gewissen; es war mir nicht lieb, den Alten beschwindeln zu müssen, noch dazu auf so plumpe Art. Der Levantiner und die Tschechin standen schlau und gespannt daneben. Man sah, wie es in dem Alten arbeitete. »Also bleiben Sie«, sagte er schließlich. »Aber morgen oder übermorgen gehe ich mit Ihnen auf die Präfektur, und dann werden

wir ja sehen, ob sie Ihnen den Passierschein nicht geben. Es ist eine schöne Besitzung«, fügte er noch hinzu, »und ich habe viel Arbeit hineingesteckt.«
Die Tschechin bereitete das Abendessen. Wir aßen lange und tranken gemächlich. Der Alte rühmte den Salat und das Gemüse, er hatte es selber gezüchtet. Dann erzählte er von seinem Schwiegersohn, dem Staatsanwalt, von der Stadt Tunis und von seinen Erlebnissen in Tunesien, und ich hörte interessierten Gesichtes zu. Dann zeigte er mir seine Hühner und seine Stallhasen, erörterte ausführlich, wieviel Arbeit er in diesen seinen Besitz gesteckt habe, und schließlich, mit sichtlichem Anlauf, schloß er, wenn überhaupt, dann könne er den Besitz nicht unter soundsoviel tausend Franken verkaufen; es war eine rührend bescheidene Summe. Ich schämte mich, als ich erwiderte, über den Preis würde sich reden lassen.
Die Gemütserregung hatte den Alten müde gemacht, er zog sich früh zurück. Ich ging mit dem Levantiner noch in der Stille des nächtlichen Gartens spazieren. Der Levantiner politisierte. Er meinte, es sei vollkommen ausgeschlossen, daß die Regierung des unbesetzten Frankreich jemals ihre Innenpolitik den Grundsätzen der Nazis anpassen werde. »Niemals«, erklärte er und wurde, der sonst so skeptische und ruhige Herr, pathetisch, »niemals wird es in Frankreich Judengesetze geben wie die euern.« Als später die Vichy-Regierung Judengesetze erließ, die denen von Nürnberg entsprachen, mußte ich an meinen Levantiner denken.
Wir gingen schlafen. Da mein Karl mir keinen Pyjama mitgegeben hatte, suchte mir die Tschechin einen aus dem Besitz des Polizisten heraus.
Am nächsten Morgen las ich in der Lokalzeitung, daß ein Richter Messia die Deutschen X., Y. und Z. zu Gefängnisstrafen verurteilt habe, weil sie ohne Papiere aufgegriffen worden seien, und daß jetzt jeden Tag Ausländer ohne solche Papiere aufgegriffen würden. Davon abgesehen aber verlief mir dieser Tag still und schön, es wurde ein richtiger Ruhetag. Ich ging nicht aus, ich genoß meinen Garten, ich schlenderte darin herum, machte mir ein paar Aufzeichnungen, schrieb ein paar Briefe. Die Tschechin nahm sich meiner mütterlich an, sie ging hinunter in die Stadt und besorgte mir Wäsche, Briefmarken, Zeitungen.

Dann machte sich der alte Polizist wieder an mich heran, um zu schwatzen. Mein Entlassungsschein, die Tatsache, daß ich im Lager gewesen war, hatte offenbar die Erinnerung an gewisse alte Erlebnisse in ihm geweckt. Er war, erzählte er, beim Ausbruch des Ersten Weltkrieges in der Stadt Tunis stationiert gewesen. Auch damals waren alle Deutschen interniert worden. Einigen indes war es geglückt, auf ein italienisches Schiff zu entkommen – Italien war damals noch nicht im Krieg –, auf die »Città de Messina«, die nach Palermo fahren sollte. Er nun, der Polizist, hatte Auftrag, diese Deutschen vom Schiff herunterzuholen. Er kannte ihre Kabinennummern, aber das Schiff war voll, die Deutschen ließen sich nicht finden, der italienische Kapitän drängte auf Abfahrt, man wollte die Italiener nicht verstimmen, man konnte die Suche nicht zu lange fortsetzen. Da kam ihm, dem Polizisten, eine gute Idee. Er ließ das Gepäck der gesuchten Deutschen wieder an Land bringen. Mehrere der Deutschen fielen darauf herein, gingen wieder an Land, reklamierten ihr Gepäck, wurden gefaßt. Einige freilich waren schlau, ließen ihr Gepäck Gepäck sein, gingen nicht mehr an Land, entkamen.
So erzählte der Polizist, und diesmal kostete es mich nicht viel Mühe, seiner Erzählung interessierten Gesichtes zuzuhören. Ich selber nämlich war einer jener Deutschen, die damals in Tunis interniert gewesen und auf das italienische Schiff entkommen waren. Ich selber war einer von den vieren, die ihr Gepäck preisgegeben und es vorgezogen hatten, in ihrem sicheren Versteck auf dem Schiff zu bleiben.

War dieser Tag in guter Ruhe verlaufen, so ließ sich der nächste um so bewegter an.
Schon des Morgens, als ich beim Frühstück saß, stürmte die Ängstlich-Energische herein. Sie hatte einige belastende Papiere – sie waren durchaus nicht belastend – im Hause des Polizisten untergebracht. Jetzt, infolge der Anwesenheit der deutschen Kommission, war ihr das noch immer zu gefährlich, und sie wollte die Papiere zurückhaben und vernichten. Als sie mich gar sah, geriet sie in Panik. Was? Ich war immer noch da? Die deutsche Kommission war doch in der Stadt. Hatte sie, die Ängstlich-Energische, mir nicht durch Madame L. strenge Weisung gegeben, sogleich aus dem Haus des Poli-

zisten zu verschwinden und für immer, damit sie, die Ängstlich-Energische, nicht kompromittiert werde? Mit zornigen Augen aus ihrem Celeoni-Gesicht blitzte sie mich an. Wütende Worte, sowie der Polizist den Rücken wandte, zischte sie mir zu. Als sie merkte, daß beides keinen starken Eindruck machte, forderte sie heftig, ich solle ihr mindestens sogleich für ihren Mann, den sie in den nächsten Tagen zurückerwarte, eine dringliche Empfehlung geben, damit endlich seine Angelegenheit beim amerikanischen Konsulat vorwärtsgehe. Ich tat es, aber sie grollte weiter.

Bald nachdem sie abgezogen war, kam Madame L., von dem Polizisten, wiewohl sie ihren Hund nicht bei sich hatte, mürrisch empfangen. Sie war, die Hilfsbereite, die Ungnade des Alten auf sich nehmend, in aller Eile den weiten, heißen Weg heraufgestiegen; sie hatte mir eine dringliche Botschaft zu überbringen, ein Briefchen eines meiner Freunde im Lager, das ihr unsre Soldaten überbracht hatten. Es waren im Lager Scheine ausgegeben worden für diejenigen, die sich berechtigt glaubten, in Frankreich Asylrecht in Anspruch zu nehmen. Diese Scheine mußten sogleich unterzeichnet und von den Fordernden spätestens heute abend persönlich bei der Lagerleitung abgeliefert werden. Bekanntgegeben worden war, daß, wer das nicht tue, jeden Anspruch auf Schutz verliere. Der Kommandant, der natürlich um meine Abwesenheit wußte, hatte meinen Freund, den Absender des Briefchens, kommen lassen und ihm bedeutet, er rate mir dringlich, zurückzukommen und den Schein zu unterzeichnen. Wenn es eine Möglichkeit gebe, mich zu verständigen, dann möge man das tun. Der Kommandant werde, falls ich zurückkäme, ein Auge zudrücken. Das also teilte man mir auf dem Weg über die Wachsoldaten und über Madame L. mit.

Ich überlegte. Nur ungern verließ ich das stille, gastliche Haus des freundlichen Polizisten. Andernteils war die Aufforderung des Kommandanten, ins Lager zurückzukehren, vernünftig und gut gemeint. Wenn die Franzosen einen Vorwand suchten, sich ihrer Verpflichtungen mir gegenüber zu entziehen, dann bot ihnen meine Flucht eine bequeme Handhabe.

Seufzend beschloß ich ins Lager zurückzukehren. Ich verabredete mit Madame L., daß ich um drei Uhr bei ihr sein würde. Für diese Stunde erwartete sie die beiden Soldaten; in deren Gesellschaft wollte ich den Weg zurück machen.

Der Polizist, nachdem Madame L. gegangen war, erzählte mir wieder die Geschichte von dem Hund und der Katze, zeigte mir die Narben der Kratzwunden, welche ihm die Katze beigebracht hatte und äußerte sich, während er seine Katze streichelte, in herben Worten über Madame L. Ich sagte, daß Madame L. mir Nachricht gebracht habe, ich könne nach Sanary zurückkehren und daß ich also nach dem Mittagessen aufbrechen würde. Der Polizist dachte scharf nach. Dann sagte er: »Sie gefallen mir, Monsieur, und ich möchte Ihnen gerne dienlich sein, aber der Preis, den ich für mein Haus gemacht habe, ist wirklich der äußerste.« Ich erwiderte, es sei ein sehr vernünftiger Preis und ich würde mir das Geschäft ernstlich überlegen.

Die Tschechin hatte ein Huhn gekauft. Sie wollte es auf österreichische Art backen; ein Backhendel zu bereiten, darauf verstand sie sich besonders gut. Sie hatte das Huhn bis morgen ablagern lassen wollen, heute war das Fleisch noch zu frisch. Gegen die Regel und gegen ihre Überzeugung entschloß sie sich, das Huhn noch vor meiner Abreise, also schon heute, zuzubereiten.

Während des Mittagmahls waren wir alle ein bißchen wehmütig. Die Tschechin war richtig unglücklich, sowohl wegen des Huhnes, das wirklich zäh und nicht geraten war, wie wegen meines unsicheren Loses im allgemeinen. Der Polizist, der die ganze Zeit ungewöhnlich einsilbig und grüblerisch geblieben war, erklärte, gemeinhin trage der Käufer eines Hauses die gesamten Umschreibungskosten; im speziellen Fall aber wolle er, um mir gefällig zu sein, fünfhundert Franken auf seinen Teil übernehmen.

Dann packte ich meine Aktenmappe, verabschiedete mich mit ehrlicher Herzlichkeit und sehr dankbar von den drei gutmütigen Leuten, ging ein letztes Mal, die Aktenmappe unterm Arm, durch die heiße Stadt, erstieg ein letztes Mal die schmale, dunkle Treppe, die zur Wohnung Madame L.s führte.

Ich fand das Zimmerchen gepackt voll. Der joviale Herr B. war da, der noch immer keine Gelegenheit gefunden hatte, nach Montpellier zu kommen und noch immer bei Madame

L. nächtigte. Die beiden Soldaten waren da, die französische Freundin des Berliner Rechtsanwalts, die Nervöse mit den Weinkrämpfen, Madame L., ich selber. Wir hockten einer auf dem andern, Bett, Stühle, Tisch, Boden waren besetzt.
Madame L. diktierte den beiden Soldaten eine kleine Liste von Dingen, die sie ihrem Mann ins Lager bringen sollten. Dr. L., ein Arzt von Namen, hatte während des Ersten Weltkrieges die sanitäre Einrichtung mehrerer Gefangenenlager organisiert und überwacht; er hatte seine Frau gebeten, ihm gewisse Präventivmittel gegen die um sich greifende Dysenterie zu schicken. Madame L. diktierte ihre Liste von der Küche aus; dort, immer diktierend, bereitete sie ein Gericht für ihren Mann, der selber unter den Nachwehen eines Dysenterieanfalls zu leiden hatte.
Die Soldaten überprüften die Liste. Sie erbot sich, auch für mich, wenn ich wirklich wieder ins Lager hinaufwollte, noch ein paar Dinge zu besorgen. Sie wollten mit dem Autobus um halb fünf zurückfahren und mich mitnehmen. Ich schlug ihnen vor, sie sollten eine Taxidroschke besorgen, dann würde ich sie mit hinaufbringen. Das nahmen sie gerne an.
Sie gingen. Auch Herr B. und die Nervöse entfernten sich. Madame L., die kluge Französin und ich sprachen noch einmal die Situation durch. War nicht die Aufforderung des Kommandanten, ins Lager zurückzukehren, vielleicht doch nur eine Finte? Eine deutsche Kontrollkommission war in Nîmes, selbst die Zeitungen berichteten darüber; auch lagen verbürgte Nachrichten vor, daß deutsche Kommissionen in Interniertenlagern erschienen waren. War der Kommandant wirklich ein wohlwollender Mann? Oder wollte er einfach einen Internierten, dessen gewaltsame Wiedereinbringung Aufsehen erregt hätte, ohne Aufsehen ins Lager zurückschaffen?
Die französische Dame war nochmals auf der Präfektur gewesen. Dort hatte sie den Eindruck gewonnen, daß die Behörden es gut mit uns meinten und uns vor den Deutschen schützen wollten. Man hatte ihr auseinandergesetzt, wir führen besser, wenn wir in unsern Lagern blieben. Wenn wir nämlich türmten und uns illegal im Lande herumtrieben, dann würden wir unausbleiblich von unverständigen Gendarmen gefaßt und in die jetzt besonders übeln französischen

Gefängnisse eingeliefert. Uns im Ernstfall einen Wink zu geben, uns verschwinden zu machen, sei viel schwerer in einem Gefängnis als in einem Lager.
Alles in allem war es schon klüger, ich ging wieder nach San Nicola.
Die Soldaten kamen zurück. Sie hatten alles treulich besorgt. Des weiteren hatten sie freundlich und klug mit dem unten wartenden Taxichauffeur einen vernünftigen Fahrpreis vereinbart. Gemeinhin nämlich wurde Fahrgästen, die man als Fremde oder gar als Internierte erkannte, ein hoher Überpreis abverlangt. Ihnen, den Soldaten, hatte der Chauffeur einen Preis gemacht, der zwanzig Franken unter dem üblichen lag.
Dann also fuhr ich mit den beiden hinauf. Wir führten vernünftige Gespräche über Krieg und Frieden und über unsere persönlichen Angelegenheiten, über unsre Aussichten und Sorgen für die nächste Zukunft. So, in guter Kameradschaft, gelangten wir in die Nähe des Lagers.
An einer geeigneten Stelle, von der aus wir noch etwa zwanzig Minuten zu gehen hatten, ließen wir den Wagen halten. Die Soldaten erlaubten nicht, daß ich den Korb mit meinen Einkäufen selber trug, sie bemächtigten sich seiner und erklärten, sie würden ihn mir im Lager wieder zustellen. Einen Teil des Weges konnten wir noch gemeinsam gehen, dann trennten wir uns. Sie nahmen die Hauptstraße, welche dem Eingang des Lagers zuführte, während ich mich in den Wald schlug.

Langsam durch das kleine Gehölz ging ich dem Lager zu. Schon roch ich den vertrauten Gestank. Ich gelangte an den Stacheldraht, ich kroch durch auf die gewohnte Weise.
Da war ich also wieder im Lager, das ich mit so viel Hoffnung und Angst verlassen hatte. Viel gewonnen hatte ich nicht mit meinem Ausflug, aber ich hatte fünf Tage der Stille und der Sammlung gehabt, ich hatte mich einmal in Ruhe mit mir selber beraten können. Unter allen Umständen war es so besser gewesen, als wenn ich die Zeit im Lager verbracht hätte.
Ich wurde herzlich begrüßt, eifrig befragt. Der Freund, der mir die Botschaft des Kommandanten übersandt hatte, drängte darauf, ich solle mich sogleich im Büro melden, mir einen jener Scheine geben lassen, ihn unterzeichnen.

Ein sehr junger Leutnant empfing mich. »Sie haben uns viel Sorgen gemacht, Monsieur«, sagte er. »Eigentlich sind die Listen geschlossen. Ich sollte Ihren Schein gar nicht mehr annehmen.« – »Aber Sie nehmen ihn an, Herr Leutnant?« fragte ich. »Natürlich«, sagte er.
Dann machte ich mich auf, mein früheres Zelt zu suchen. Es waren mittlerweile viele Flüchtlinge zurückgekommen, eine neue Einteilung war vorgenommen worden, ich fand meine frühere Gruppe nicht sogleich wieder. Wie ich so suchte, forderten mich zwei ältere Herren auf, ich solle doch in ihre Zeltgemeinschaft kommen. Es sei jetzt beinahe jedes Zelt voll belegt, mein früheres vermutlich auch; in ihrem Zelt aber seien sie nur elf Mann, und sie würden es mir so angenehm wie möglich machen. Mein Diener Karl war inzwischen wieder zu mir gestoßen, ein bißchen betrübt über das Mißglükken meiner Exkursion, doch im Grund erfreut über meine Rückkehr. Er bestätigte, daß mein früheres Zelt jetzt voll belegt sei. So dankte ich denn den freundlichen Herren und installierte mich mit Hilfe meines Karl bei ihnen.
»Gruppenführer« meiner neuen Zeltgemeinschaft war einer der beiden Herren, die mich eingeladen hatten, der lärmende, joviale Herr Cohn. Er war Fabrikbesitzer in Berlin gewesen, hatte in ererbtem Wohlstand gelebt, war gut erzogen, etwas verwöhnt durch Geld und Glück, sah noch jetzt, nahe den Sechzig, gut aus. Er war gewohnt zu befehlen, liebte es, Anordnungen zu treffen, zu »organisieren«. Er war laut, impulsiv, gutmütig, ein bißchen frech, doch stets bereit, ein unüberlegtes Wort zurückzunehmen und sich zu entschuldigen. Er hatte mit jedermann Streit, versöhnte sich mit jedermann, erwies Gefälligkeiten und nahm Dienste in Anspruch. Er litt bitter darunter, daß er kein Geld mehr hatte, führte aber auch im Lager das Leben derjenigen, die Geld hatten. Die Erfahrung, daß er dadurch in eine nie abreißende Kette von Schwierigkeiten geriet, machte ihn nicht weiser. Gewohnt, sich bedienen zu lassen, gab er meinem Karl immerzu Anordnungen. Nun fühlte sich aber Karl als mein Diener, er hatte es sich in den Kopf gesetzt, mich zu betreuen, mich und nicht etwa Herrn Müller oder Schulze oder Herrn Cohn. Es gab also zwischen den beiden immerzu Zwistigkeiten, die ich zu schlichten hatte.

Ein anderer, mit dem Herr Cohn in ständiger Fehde lebte, war unser Zeltgenosse L., ein Berliner Anwalt, ein zottiger, schmutziger Mensch mit einem mächtigen, verfilzten roten Bart. Dieser Mann war streit- und herrschsüchtig genau wie Herr Cohn, und der ewige Kampf der beiden verschaffte mir die Kenntnis vieler, vorher nie gehörter, urwüchsiger Berliner Wendungen. Denn der Anwalt L. hatte Witz und machte gute Witze. Wenn man ihn fragte, warum er sich so wenig wasche, dann etwa erklärte er, er sei von eiserner Gesundheit, Eisen aber roste, wenn man Wasser daran bringe. Und nicht vergessen werde ich, wie einmal des Nachts nach einigen gewaltigen Fürzen seine tiefe, schollerige Stimme aus der Dunkelheit kam, einen Vers von sich gebend: »Wer viel aufstößt und viel furzt, spart den Apotheker und den Urzt.« Er war sehr gefräßig; »mit seinen Zähnen gräbt er sich sein Grab«, pflegte von ihm ein Zeltgenosse zu sagen. Rechtsanwalt L. also liebte es, viel zu essen, andernteils aber hatte auch er kein Geld. So bat er denn, wenn einer der Händler vorbeikam und jemand von uns etwas erstand, beinahe regelmäßig: »Ach, nehmen Sie für mich auch gleich etwas mit.« Woraufhin er den größeren Teil des Erstandenen verzehrte, doch immer zu zahlen vergaß. Woraufhin Herr Cohn, der es seinesteils häufig ähnlich hielt, den Anwalt auf diese seine Vergeßlichkeit aufmerksam machte. Herr Cohn als Gruppenführer hatte zu regeln, wer jeweils das von der Lagerleitung gestellte Essen zu holen habe, und er beorderte häufig den Anwalt. Da gab es denn jedes zweite Mal Gezänk. Der Anwalt nämlich, wiewohl er einen großen Teil des für die Allgemeinheit bestimmten Essens für sich beanspruchte, weigerte sich mit Hinweis auf sein Alter, den Eimer zu schleppen.

Überhaupt war die Verteilung der Arbeit nicht ganz einfach. Es gab mehr Arbeit als seinerzeit in Les Milles. Das Zelt mußte sauber gehalten werden, die Zeltwände häufig neu gespannt, die Pflöcke fester gerammt, der Graben ringsum mußte immer von neuem vertieft werden, damit kein Regenwasser ins Zelt dringe. Die Eßkübel mußten gereinigt und das Wasser für diese Reinigung erkämpft werden, der Unrat in und vor dem Zelt mußte gesammelt und an eine ziemlich entfernte Stelle gebracht werden. Auch mußte man Reisig holen und des Abends Feuer und Rauch vor dem Zelt unterhalten, um die Moskitos zu vertreiben. Die älteren Herren unseres Zeltes waren nicht geschickt für diese Art von Arbeiten. Herr Cohn und der Anwalt wären dafür vielleicht nicht unbegabt gewesen. Doch der Anwalt fühlte sich wohl im Schmutz und schimpfte, wenn er zu Reinigungsarbeiten herangezogen wurde, und Herr Cohn erklärte, er als Gruppenführer sei der Arbeit enthoben.

Es gab viele Leute, die gegen Bezahlung jede Arbeit verrichteten, doch weder der Anwalt, noch Herr Cohn wollten und konnten zahlen.

Jemand, der sich auch gern von der Arbeit drückte, war jener Mann, der von dem Anwalt zu sagen pflegte, mit seinen Zähnen grabe er sich sein Grab. Dabei war dieser Herr selber reichlich gefräßig. Er war ein weiland Richter des höchsten Berliner Gerichtshofes, ein etwas wehleidiger Herr, von zimperlichen Sitten, verwöhnt, nicht recht begreifend, daß er hier in diesem Zelt nicht Mitglied eines Gerichtshofes war. Der Anwalt und Herr Cohn zogen den alten Herrn gerne und grausam auf. Er hatte dann eine merkwürdig indignierte, neckische, altjüngferliche Art, die Angriffe abzuwehren. Zuweilen wurden die Späße recht plump. »Wer stinkt denn heute wieder so?« begann etwa Herr Cohn. »Ich bin es heute nicht«, erklärte der Anwalt. »Es ist bestimmt der Kammergerichtsrat, ich hab es schon die ganze Nacht gerochen. Hören Sie«, wandte er sich geradezu an den armen alten Richter, »das muß anders werden. Sie sind in diesem Zelt nicht allein.« – »Ich stinke nicht, ich habe auch nicht gestunken«, erklärte spitz und würdig der alte Richter. »Sagen Sie, Herr V.«, wandte er sich an seinen Nachbarn im Stroh, einen ältern Kantor aus Berlin, »haben Sie etwas gerochen?« – »Ich habe geschlafen«, wich diplomatisch der Kantor aus.

Ich persönlich hatte für den alten Richter viel übrig. Er war gebildet, er hatte sein humanistisches Gymnasium mit Liebe absolviert, er hatte noch alles im Kopf, was er damals gelernt hatte, und er hatte seine Freude daran, es zu zeigen. Mit gerührter Verwunderung nahm ich wahr, daß er auf die gleiche Art »humanistisch« erzogen worden war wie ich. Bei ihm indes hatte jene humanistische Erziehung ihr Ziel vollkommen erreicht. Sie hatte ihn gänzlich eingekrustet, ihn abgesperrt von der übrigen Welt. Sein Geist hatte genau die Form angenommen, welche seine Erzieher ihm hatten geben wollen. Er hatte gelernt, was er hatte lernen sollen, und die ganzen wilden Ereignisse der Folgezeit hatten nicht vermocht, ihn etwas zuzulehren. Er glaubte an den Humanismus der klassischen deutschen Epoche, wie er ihm beigebracht worden war und wie er sich spiegelte in den Gedichten aus der idealistischen Periode Schillers.

Ich versuchte, mich hineinzuversetzen in die Seelen jener, die sich vor diesem Richter zu verantworten gehabt hatten. Er war bestimmt ein ausgezeichneter Jurist, doch wie sollte er sich mit seinen Angeklagten und wie sollten sie sich mit ihm verständigen? Es war keine Brücke von ihm zu ihnen. Es war nicht einmal eine Brücke von ihm zu mir; denn diesem sehr gebildeten Manne waren Sigmund Freud und Karl Marx leere Namen, er hatte niemals ein Buch von ihnen gelesen.

Er liebte es leidenschaftlich, zu zitieren. Er hatte lange Strekken auswendig lernen müssen aus den Gedichten und Stücken deutscher und antiker Klassiker, er konnte wie ich, auch gewisse, sehr abgelegene Gedichte auswendig, und was dem einen von uns fehlte, konnte der andre ergänzen.

Es wurde überhaupt viel zitiert im Lager. Ich fragte oft, worin wohl diese Passion, die langsam zur Manie wurde, begründet gewesen sein mag. Vielleicht wollte man sich, da man sonst so wenig oder nichts hatte, wärmen an dem Gefühl, gebildet zu sein. Vielleicht wollte man das erworbene Wissen immer wieder auffrischen, um es nicht völlig zu vergessen. Vielleicht war es einfach Gelehrsamkeitsdünkel. Man sah einander so gleich, man lebte unter genau den gleichen Bedingungen; so wollte man sich und den andern auf diese Art beweisen, daß man trotzdem etwas Besseres sei.

Manchmal kam bei dieser Zitiererei etwas ganz Amüsantes heraus; nur wurde durch häufige Wiederholung des gleichen spaßhaften Zitates der Spaß bald lau und abgestanden. Ich habe schon erzählt, daß wir gelegentlich in den Versammlungen in den Katakomben von Les Milles von Offizieren überrascht wurden und daß wir dann als Vorwand angaben, wir seien auf dem Weg zum Abort. Nun lautet der Text des Schmugglerchors in »Carmen«: »Ein falscher Tritt zum Abgrund führt«, und einmal, bei einer solchen Gelegenheit, variierte ihn einer: »Ein falscher Grund zum Abtritt führt.« Das

war ganz lustig. Doch als es das fünfundzwanzigste Mal geschah, wirkte es nicht mehr komisch.
Es wäre verlockend, hier einige Anmerkungen zu machen über den Gebrauch von Zitaten und die Lust am Zitieren, wie sie vor allem unter Deutschen und unter Juden üblich ist und wie sie also unter den deutschen Juden der Konzentrationslager besonders wild grassierte. Aber ich will bei meinem Zelt bleiben und seinen Bewohnern.
Da waren noch zwei Kaufleute, ruhige, wohlbestallte Herren, die den größten Teil des Tages mit Überlegungen verbrachten, wie sie sich am besten schmackhaft, reichlich und billig nähren könnten. Sie ergingen sich in langen Erinnerungen an verschiedene Gerichte der verschiedenen deutschen Gegenden, und manchmal kam es zu Meinungsverschiedenheiten darüber, wie und wo das oder jenes Gericht am schmackhaftesten zubereitet worden sei.
Unvergeßliche Insassen unseres Zeltes waren dann zwei Kantoren aus der Stadt Berlin. Sie waren beide gute, ja berühmte Kantoren gewesen, angestellt von großen Berliner Synagogen-Gemeinden. Sie waren sehr verschieden von Art, und wiewohl eigentlich einer kaum ohne den andern auskommen konnte, lebten sie in ununterbrochener Fehde, die von Herrn Cohn und dem schmutzigen Anwalt L. tückisch gestachelt wurde.
Der eine Kantor war mürrisch. Er hielt immer den Kopf wie zum Angriff gesenkt, sein Schicksal zehrte an ihm, er fühlte sich als entthronter Fürst. Der andre war ein betulicher, betriebsamer Herr, der sein Leben noch keineswegs als abgeschlossen betrachtete. Er suchte selbst vom Lager aus Verbindung anzuknüpfen mit südfranzösischen Synagogengemeinden, in denen er allenfalls als Kantor tätig sein könnte, zumindest als Aushilfs- und Ergänzungskantor an den hohen Feiertagen, wiewohl eine solche Betätigung, maß man sie an seiner Berliner Stellung, ein furchtbarer Abstieg gewesen wäre. Nichts konnte ihm seine Zuversicht und seine Vitalität rauben, auch nicht eine böse Erfahrung, die er gerade jetzt hatte machen müssen. Er hatte Gepäck, letzte Teile seines Besitzes, im Bahnhof von Nîmes untergestellt, und einer der Fremdenlegionäre hatte versprochen, ihm daraus einen dringlich benötigten Koffer herauf ins Lager zu schaffen. Der Kan-

tor hatte dem Legionär zu diesem Zweck den Gepäckschein ausgehändigt; doch der Legionär hatte, wie es schien, die ganze letzte Habe des Kantors für seine eigene Tasche verkauft. Jetzt machte er allerlei Ausreden, jedenfalls kam der vertrauensselige Kantor nicht in den Besitz seines Koffers. Er gab aber seine Sache noch lange nicht auf. Er war nicht dumm, er sah ein, daß er sich durch eine Anzeige bei der Lagerleitung oder bei der Polizei zwar Rache an dem Legionär, aber kaum seine Sachen hätte beschaffen können. Er zog es vor, weiter freundliche Beziehungen zu dem Legionär zu unterhalten. Niemals verdächtigte er ihn, er stellte sich vielmehr, als glaube er ihm alles, überlegte mit ihm immer wieder, was man denn tun könne, damit die Sachen endlich herausgegeben und heraufgeschafft würden, bot ihm kleine Beträge an, angeblich zur Bestechung der Beamten, damit sie das Gepäck endlich freigäben, in Wahrheit natürlich als Lösegeld für das von dem Legionär gestohlene und zurückgehaltene Gepäck. Niemals zweifelte er daran, daß er es wiederbekommen werde.
Beide Kantoren erzählten gern von ihrer Berliner Vergangenheit. Sie hatten gute Gehälter bezogen und überdies aus der Mitwirkung bei Hochzeiten, Beerdigungsfeierlichkeiten und dergleichen reichliche Nebeneinnahmen gehabt. Prahlerisch schilderten sie, wieviel sie da und dort verdient hätten, sie überboten einander und zweifelten jeder die Angaben des andern an. Herr Cohn und der schmutzige Anwalt nahmen an diesen Debatten eifrig teil und stachelten tückisch den Kampf der beiden Sänger.

Ich verweile gern bei der Darstellung der grotesken Erlebnisse im Zeltlager von Nîmes. Während der ganzen Zeit, die ich dort verbrachte, richtete ich mein Augenmerk mehr auf die grotesken Details als auf die bittere Gesamtsituation. Wäre ich nicht immer bemüht gewesen, das Groteske meiner eigenen Lage und der Lage der andern wahrzunehmen, dann hätte ich schwerlich jenes trübe, erniedrigende Dasein ohne innere Schäden überstanden.
Das Zeltlager von Nîmes nämlich, so bunt und lieblich es hersah, war kein angenehmer Aufenthalt. Es war, glauben Sie es mir, Leser, schauerlich.
Es gab keine Ordnung. Es gab keine Instanz, bei der man eine

Klage, eine Bitte hätte anbringen können. Alles verkam in Schmutz und Schlamperei. Hilflos war man dem Dreck und der Indolenz ausgeliefert. Man lebte nicht im Lager von Nîmes, man vegetierte. Man sehnte sich nach dem Tod. Man ertrug das Dasein im Lager lediglich, weil man sich immer wieder vorsagte, man dürfe nicht nachgeben, man müsse diese Periode überleben. Einmal werde man wieder herauskommen, einmal werde man wieder ein menschenwürdiges Leben führen.

Allein da gab es Leute – und das war vielleicht unter allem Erbärmlichen, was ich in jenem Zeltlager erlebte, das Erbärmlichste –, da gab es unter uns Leute, die nur *eine* Furcht kannten: das Zeltlager könnte aufgelöst, sie könnten entlassen werden. Ja, es gab unter uns Menschen, und nicht einmal wenige, die sich fürchteten vor dem Augenblick der Entlassung. So elend die Zelte von Nîmes waren, man hatte etwas wie ein Dach über sich. So eintönig und wenig schmackhaft das Futter von Nîmes war, es war doch Futter, man konnte es schlingen, man konnte es schlucken. Wenn sie aber das nicht mehr hatten, das Lager von Nîmes, dann hatten sie gar nichts, dann hatten sie kein Geld, keinen Anspruch, nichts, nichts, nichts. Wenn sie aus dem Lager ausgestoßen sein werden, dann stehen sie, diese ganz Armen, im Freien, im Leeren, mit nichts als ein paar Lumpen auf dem Leib, Fremde, Feinde in einem Land, das, besiegt, den eigenen Söhnen kaum dasjenige bieten kann, was unentbehrlich ist zur Fristung des nackten Lebens.

Entschuldigen Sie diesen Ausbruch, Leser. Ich spreche Ihnen sogleich von Erfreulicherem. Ich berichte Ihnen von Bernhard Wolf, dem Angenehmsten unter den Insassen unseres Zeltes.

Wenn Herr Cohn dem Namen nach ›Gruppenführer‹ war, so war er, Herr Wolf, der eigentliche Chef unsrer kleinen Gemeinschaft. Er war ein dicklicher Herr von etwas über sechzig Jahren mit einem schweren, gutmütigen, jüdischen Gesicht. Bücherwissen besaß er nicht viel, wohl aber ein gutes Hirn, ein gutes Herz, gesunden Menschenverstand, gesunde Skepsis. Ihm eignete Urteil, Schlauheit, Güte. Wieso eigentlich: eignete? Er hat das alles heute noch.

Herr Wolf war der Älteste unter ziemlich vielen Geschwi-

stern, die sich aus kleinen Anfängen zu ansehnlichem Wohlstand heraufgearbeitet hatten. In unserm Lager war noch ein zweiter von den Brüdern. Sie fanden sich beide ziemlich souverän mit ihrer Lage ab. Sie hatten manches Böse überstanden, sie rechneten damit, auch aus dieser Situation herauszukommen, vielleicht mit Narben, doch mit heiler Haut.
Herr Wolf besaß Fabriken und ein Landgut in der Nähe von Marseille. Er hatte viele Angestellte, und die Gewohnheit, mit Menschen umzugehen, hatte ihn zu einem guten Menschenkenner gemacht. Man hörte auf ihn, ohne daß er die Stimme hätte heben müssen. Die Fabriken, das Landgut und die Angestellten hat er nicht mehr; aber noch hat er Ruhe, Geduld, Autorität.
Herr Wolf und ich hielten vom ersten Augenblick an gute Kameradschaft. Herr Wolf ist praktischer als ich, er hat mir in vielen kleinen Dingen mit Rat und Tat beigestanden, auch in einer recht schweren Lage, von der ich bald zu berichten haben werde. Andernteils gab es einiges, worin ich ihm wirksam helfen konnte. Ich denke, wir haben uns beide in guter Erinnerung.
Herr Wolf ist ein Lebenskünstler. Er strebt nicht Unmögliches an, aber er holt aus jeder Lage das Bestmögliche heraus. Er verbesserte zum Beispiel unsre Unterkunft. Er ließ von einem Internierten, der sich darauf verstand, vor unserm Zelt einen primitiven Tisch zimmern und so etwas wie eine Bank. Da konnten wir im Schutz eines Baumes bequem halb im Schatten, halb in der Sonne sitzen und essen. Auch ließ Herr Wolf für sich und mich aus ein paar Pflöcken so etwas wie Bettstellen zimmern. Sie waren niedrig, sonst hätte die Zeltwand das Gesicht ganz bedeckt und wund gerieben. Immerhin war jetzt ein bißchen leerer Raum zwischen unserm Stroh und dem kalten, feuchten Erdboden. Großartig war Herr Wolf in der Beischaffung von Nahrungsmitteln, unsere Mahlzeiten wurden schmackhaft und abwechslungsreich.
Das Lager hatte sich verändert in den paar Tagen, die ich in der Stadt Nîmes zugebracht hatte. Es war jetzt ein einziger, großer Rummelplatz. Cafés, Verkaufsbuden, eine neben der andern, säumten die Straßen der Zeltstadt. Hausierer zogen durch die Straßen von fünf Uhr morgens bis ein Uhr nachts und schrien ihre Waren aus: »Die verbotene Kondensmilch,

nirgends in Frankreich mehr zu haben, nur hier bei mir.« – »In zehn Minuten bei Zelt 54 gebackenes Huhn mit frischem Gurkensalat und Tomaten.« »Drei Füllfederhalter, so gut wie neu, zu unerhört niedrigen Preisen.« – »Die neuesten Pariser Zeitungen, eingeschmuggelte Schweizer Zeitungen.« – »Braune Lederschuhe, die letzten, sehr solid, geeignet für Märsche durch ganz Frankreich bis über die Grenze.« – »Ausgezeichnet nachgemachter polnischer Paß, geeignet für Herren zwischen vierzig und fünfzig, für nur 3000 Franken.« – So ging es den ganzen Tag und die halbe Nacht.

Auch kleine Restaurants waren aufgemacht worden. Sie waren gut, es kochten geübte österreichische Köche, die ihre Kunst in der Schule Frankreichs verbessert hatten. Natürlich waren diese Restaurants verboten, aber Offiziere des Lagers holten sich ihr Essen bei uns. Sie brachten sogar Bekannte aus Nîmes zu uns herauf, denn man aß bei uns besser als in Nîmes.

Unsere Händler wußten verborgene Stellen aufzustöbern, sie trieben wirklich das meiste auf, was man sich wünschte. Da war vor allem einer, ein orthodoxer Jude. Von Freitag abend bis Samstag nacht machte er keine Geschäfte, um so intensiver arbeitete er in der übrigen Zeit. Er war ehrlich, er nahm einen Aufschlag von zweiundzwanzig Prozent auf den Einkaufspreis, nicht mehr und nicht weniger. Er beschäftigte drei oder vier Unterkommissionäre, zwei Taxidroschken waren immer für ihn unterwegs. Er besorgte zu erstaunlich niedrigen Preisen edelste französische Weine und, wiewohl doch Paris versperrt war, Bücher in genau den Ausgaben, die man haben wollte; von Hosenträgern, Schuhlitzen, Rucksäcken und Ähnlichem ganz zu schweigen. Er hatte Einfühlung und Verständnis für die Bedürfnisse des einzelnen. Herrn Wolf und mich betreute er mit besonderer Passion.

Mit der zunehmenden Desorganisation wurde der Zustand unseres Lagers immer phantastischer. Wenn einer im Film oder auf der Bühne unser Lager so aufbaute, wie es wirklich war, das Publikum lehnte eine solche Darstellung als unglaubhaft ab. Des Abends vor allem, wenn die Sonne unterging, bot die Zeltstadt einen übertrieben romantischen Anblick. Da waren die weißen, spitzen Zelte inmitten der lieblichen Landschaft, die rauchenden Feuer vor den Zelten,

die zerlumpten Kerle, in den Feuern herumstochernd. Da war die Musik und der Gesang aus den Caféausschanken und Speisebuden. Da waren die Kabaretts und die Spieltische. Da war rings um dies alles der Stacheldraht und der Gestank, und inmitten von dem allem war wohl auch ab und zu ein Polizeiwagen, der Wiedereingefangene gefesselt einlieferte.
Unwahrscheinlich wie dieses Ganze waren die Schicksale, die Sorgen und Hoffnungen der einzelnen. Da war einer unter uns, der war in Deutschland Polizist gewesen und hatte das Pech gehabt, bei einem der vielen Scharmützel zwischen Nazis und Linksleuten einen Nazi zu erschießen. Er war nach einer umständlichen Untersuchung freigesprochen worden. Doch die Nazis hatten ihm Rache geschworen, und als sie an Macht kamen, hatte er es, sicher mit Recht, für klüger gehalten, sich davonzumachen. Hier im Lager war seine größte Sorge die Angst um seine Frau, von der er seit seiner Einlieferung nichts mehr gehört hatte. Jetzt, endlich, nach über zwei Monaten, bekam er Nachricht. Sie war vor den vordringenden Nazis geflohen, krank, ohne Geldmittel, und war schließlich, wie viele, erschöpft auf der Straße liegengeblieben. Die vorrückenden Deutschen hatten sie aufgelesen, gut behandelt, ihr freigestellt, nach Deutschland zurückzukehren. Nach langem Hin und Her, da sie keinen andern Ausweg sah, hatte sie sich entschlossen anzunehmen. Dies also teilte sie ihrem Mann loyal mit. Der Mann trug den Brief drei Tage herum, er las ihn jedem vor, der ihn hören wollte oder nicht. Am vierten Tag ging er hin und erhängte sich. Den Strick hatte ihm einer der Kommissionäre für drei Franken geliefert.
Dann war da ein anderer, ein Kunsthändler. Der hatte, als er ins Lager mußte, seine kostbaren Bilder überall herumverschickt, bahnlagernd, sorglich versteckt, zwischen den Wänden von Koffern und ihren Stoffbezügen. Da fuhren die wertvollen Leinwände alter Meister überall im Lande herum, lagerten an dieser Station, an jener, der Mann konnte sich mit seiner Frau nicht verständigen, er wurde aufgefressen von der Sorge, was mit den edlen Bildern geschah, zu denen in Form von Gepäckscheinen er allein den Schlüssel hatte.
Dann war da ein bekannter Chemiker, ein deutscher Universitätsprofessor, welcher der Heeresleitung im ersten Krieg durch seine Erfindungen große Dienste geleistet hatte. Er war

ein Herr von etwa sechzig Jahren, klein, straff, schmal, er trug gewöhnlich einen unsäglich schmutzigen Tennisanzug und ein Monokel. Er hatte das Gehaben und die Ausdrucksweise eines deutschen Offiziers aus der Kaiserzeit, knappe, abgehackte, höfliche Manieren, merkwürdige Vokabeln, telegrammartig abgekürzte Sätze und Wendungen. Er ging stets herum in einem leichten Dunst von Alkohol, und wann immer er einen traf, bot er einem Schnaps an oder sonst ein Getränk, stieß mit einem an, den Arm scharf eckig gehalten, einem eindringlich ins Auge blickend und darauf rechnend, daß man sich revanchierte. Manchmal packte ihn der Cafard, dann sagte er wohl: »Kommen Sie mir heute nicht nahe, ich habe einen Cafard.« Im allgemeinen aber trug er eine heitere, wohltemperierte Verzweiflung zur Schau, eine gewisse Erhabenheit über die Lage. Einmal vertraute er mir an, daß er Zyankali in der Tasche seines Tennisanzuges habe; es sei gutes Zyankali, ein französischer Fachkollege habe es ihm besorgt.

Viele, in der Breughel-Hölle unseres Lagers, hätten viel dafür gegeben, Gift in der Tasche zu haben.

Denn immer größer inmitten des bunten Jahrmarktlärms wurde die Verzweiflung. Was an einem fraß, war nicht nur die höchst gegenständliche Gefahr der Auslieferungsklausel, sondern auch die erzwungene Untätigkeit, die augenscheinliche Sinnlosigkeit unseres Aufenthalts in diesem Lager. Man ging herum und schwatzte, immer das gleiche, und wartete darauf, daß man erkranke und daß man den Nazis ausgeliefert werde.

Das war erträglich ein paar Tage lang, eine Woche lang, einen Monat lang. Aber auf die Dauer und ganz unversehrt ertrug es keiner. Immer wieder traf man einen, der mit finsterm Gesicht herumging und heftig abwinkte, wenn man ihn fragte, was ihm fehle, immer wieder einen, der still vor sich hinflennte, immer wieder einen, der laut heulte.

In noch anderen, seltsameren Formen äußerte sich der Cafard. Einmal, in tiefster, stockdunkler Nacht, als ich irgendwo in der Nähe des Lagers hockte, meine Notdurft zu verrichten, hörte ich aus der Dunkelheit eine Stimme, monoton, besinnlich und gleichwohl verbissen: »Und zu denken, daß meine Voreltern seit 1400 in Rothenburg ob der Tauber saßen.« Die Stimme äußerte nicht mehr, ihr Besitzer rechnete bestimmt nicht damit, daß jemand ihn höre, ich habe auch nie erfahren, wem diese Stimme zugehörte.

Es war Sommer und um die Höhe des Tages gewöhnlich sehr heiß. Am Morgen aber und am späten Nachmittag war es angenehm, Spaziergänge in der lieblichen Gegend zu machen.
Ich ging viel spazieren, manchmal in Gesellschaft des Schriftstellers R., manchmal mit Herrn Wolf, der einen behaglichen Schritt liebte und ein behagliches Gespräch, manchmal auch mit Herrn Cohn, dem man nie schnell genug gehen konnte. Herr Cohn kannte bald alle Bauern der Umgebung, er führte mit ihnen joviale Gespräche, sie luden einen, wenn man mit ihm kam, zum Wein ein, und gewöhnlich brachte man von solchen Spaziergängen Eier, Butter oder auch ein Huhn mit nach Hause, zu billigen Preisen erstanden.
Es war natürlich verboten, spazierenzugehen, und man mußte beim Überqueren der Landstraße vorsichtig sein, um sich nicht von einer Gendarmeriepatrouille erwischen zu lassen. Es war ein bißchen unwürdig, wie man sich da im Straßengraben duckte, dann vorsichtig den Kopf hinausstreckte, dann über die Straße lief und durch irgendeinen Zaun kroch oder ihn überkletterte, in unziemlicher Eile und von einem gelegentlich vorüberfahrenden Automobilisten mit Mißtrauen betrachtet. Aber die Spaziergänge lohnten die Entwürdigung. Die Gegend war anmutig und bot von jedem Punkt aus einen andern Aspekt. Es gab alte Bauernhäuser, bewohnte und unbewohnte, es gab Buschland und weite Hochflächen, blaue, schön geschwungene Berge, Ausblicke auf die Städte Uzès und Nîmes, es gab einen schnellen Fluß, der sich in vielen Windungen durch ein tiefes Tal schlängelte, es gab hohe Brücken und alte Klöster.
Einer hatte eine große Fertigkeit darin entwickelt, aus starkem Schilfrohr knorrige, knotige Spazierstöcke zu schnitzen, die sehr nützlich waren. Da gingen, liefen, kletterten wir denn herum, halbnackt, mit einem zerlumpten Hemd und zerflickten Hosen, mit Sandalen aus Tuch oder Hanf, mit unsern sonderbaren Spazierstöcken. Noch lieber hätten wir Shorts oder gar Badehosen getragen, aber das durften wir nicht, das verbot die französische Sittlichkeit.

Neben Wein, Schnaps und Fraß konnte man im Lager auch Amüsierbetrieb haben, so viel man wollte und für wenig Geld. Man fand Partner für jede Art von Kartenspiel. Geschäftstüchtige Unternehmer schlugen Roulettetische auf. Allein das Hazardspiel wurde von vielen mißbilligt. Immer wieder taten sich welche zusammen, hielten Razzien ab, stürmten die Tische, zerschlugen das Spielgerät, konfiszierten das Geld, verprügelten Bankhalter und Spieler.

Musikalische Veranstaltungen gab es vielerlei. Zwei-, dreimal die Woche wurde man durch Anschläge an Bäumen zu einem großen Kabarettabend eingeladen. Dann versammelten sich mehrere Hundert vor der improvisierten Bühne. Was geboten wurde, war nicht eben schlecht, doch ziemlich vulgär. Erheblich besser waren die gelegentlichen Darbietungen in den kleinen Cafés oder Restaurants.

Solch ein Restaurant oder Café war eine Hütte, errichtet aus einigen Pflöcken oder Baumstämmen, gedeckt mit einem losen Laubdach. Unter diesem Laubdach standen zwei oder drei improvisierte Tische und ein paar Bänke. Platz zum Essen hatten in einem solchen Ausschank ein gutes Dutzend Menschen. Außerhalb der Hütte konnten, wenn gesungen oder gespielt wurde, fünfzig bis sechzig zuhören.

Einen solchen Kabarettabend in einem dieser Restaurants habe ich genau in Erinnerung. Ich war da mit dem Schriftsteller R. und Herrn Wolf. Einer aus unserm Nachbarzelt hatte uns Fische verkauft, die er in dem kleinen Fluß gefangen hatte, wir hatten sie uns zubereiten lassen, sie waren gut geraten, und zu den Fischen hatten wir einen kleinen, angenehmen Landwein getrunken. Jetzt also, nach dem Essen, begann der Kabarettabend. Zuerst spielte ein sehr guter Violinist, statt des Orchesters begleitete ihn ein Harmonikaspieler. Dann trat ein Kabarettsänger auf, der in Berlin großen Namen gehabt hatte. Die Nazis hatten ihn erst in ein norddeutsches Konzentrationslager gebracht, dann nach Dachau, und wenn er erschöpft war nach den Strapazen seines Tages, hatte er noch des Nachts den Nazis seine Kunst zeigen müssen. Jetzt rezitierte und sang er uns jene scharfen, von gutem Haß erfüllten Gedichte und Lieder, die damals in Berlin sein Stolz und seine Stärke gewesen waren.

Dann war da ein ausgezeichneter Wiener Kabarettist. Wir baten ihn, »Die Moorsoldaten« zu singen, jenes simple Lied der von den Nazis internierten Deutschen, ein Lied, das keiner vergißt, der es gehört hat, eines der schmerzhaftesten Lieder der Welt, und wir sangen und summten das Lied mit. Dann sang der Mann noch ein Lied, das er hier im Lager von San Nicola gemacht hatte, ein Wiegenlied für ein Kind, geboren von einer Deutschen in Frankreich, während ihr Mann im Konzentrationslager saß. Auch dieses Lied, ein böses, trauriges Lied von der französischen Hospitalität, war volkstümlich, der Refrain sang sich leicht, und von der dritten Strophe an sangen wir mit.

So saßen wir und hörten und sangen und tranken, und durch das Laub unserer Hütte sahen wir einen sehr roten, großen, vollen Mond, und um uns war Gestank und Geschacher und Geschrei und Gelächter und Verzweiflung und Krankheit, und in der vorigen Woche hatte sich einer umgebracht, und einer in dieser.

Jeden Tag gingen über unsere Auslieferung neue Gerüchte im Lager um. Die Nazis hatten ihre Liste überreicht. Diese Liste enthielt zweitausend Namen. Nein, die Liste enthielt nur vierzig Namen. Nein, es standen auf der Liste überhaupt keine Namen von uns, sondern nur die Namen abtrünniger Parteimitglieder. Die Gerüchte wurden geglaubt, eine Stunde lang, einen Tag lang.

Oft wurde die genaue Quelle angegeben, von der die Meldung stammte. Diese Meldung stammte aus der Präfektur in Nîmes, jene aus dem Generalstab in Marseille. In manchen Fällen stammte die Nachricht wirklich von solchen Quellen; denn in allen Ämtern saßen noch Gegner der Nazis, und manche hielten uns auf dem laufenden über das, was sie erfuhren. Aber was sie erfuhren, war unzuverlässig und widerspruchsvoll.

Einige von den Unsern, denen es geglückt war, nach Marseille zu gelangen, hatten dort, gegen die Vorschrift, von städtischen Beamten Aufenthaltserlaubnisse erhalten. Die Polizei kümmerte sich aber nicht um die Genehmigungsscheine, sie verhaftete rücksichtslos alle Mitteleuropäer, die sie bei ihren häufigen Razzien erwischte. Die Behandlung der so Gefangenen war übel. Die Polizei erlaubte ihnen nicht, ihre Sachen aus ihren Quartieren zu holen; fast immer war die Habe der Gefangenen verloren. Unter den alten Fremdenlegionären erboten sich welche, die auf solche Art in den Hotels oder in den Privatquartieren zurückgebliebenen Sachen zu beschaffen. Aber nur selten bekamen die Besitzer ihre Sachen zurück. Waren sie nicht schon im Quartier gestohlen worden, dann stahl sie der Kommissionär.

Trotzdem ging die Sehnsucht der meisten von uns nach Marseille. Dort war der größte Teil der Bevölkerung uns wohlgesinnt, dort gab es opferwillige Freunde. Mit ihrer Hilfe mußte man verschwinden können, untertauchen in der großen, verwinkelten Stadt. Und dann war dort das Meer, der Hafen, der einzige Weg, ins Ausland zu kommen oder zumindest in eine der Kolonien.

Und wenn die meisten Entflohenen wieder eingefangen und ins Lager zurückgebracht wurden, einige schafften es, einige entkamen über See. Da war die Geschichte eines gewissen W., der in Marseille einen jungen Araber getroffen hatte, den er von früher her kannte. Der Araber, der auf einem algerischen Schiff diente, hatte ihn und noch einen auf dieses Schiff geschmuggelt, und nun waren sie in Casablanca oder wahrscheinlich schon weiter. Berichtet wurde die Geschichte von einem, dem W. und der Araber angeboten hatten, ihn mitzunehmen. Er aber hatte es nicht gewagt. Jetzt erzählte er vom Glück seiner mutigeren Freunde, er erzählte voll von Reue und Neid, und voll von Neid und Sehnsucht hörten wir ihm zu.

Disziplin gab es nicht mehr im Lager. Ohne Scheu zeigten sich jetzt die Frauen in der unmittelbaren Umgebung, und die Männer gesellten sich zu ihnen. Offiziere und Wachpatrouillen wiesen die Frauen fort. »Sie dürfen hier nicht bleiben«, sagten sie, und: »Das möchten wir alle«, meinten sie derb und gutmütig, »mit unsern Frauen schlafen«, und halblaut fügten sie hinzu: »Gehen Sie doch etwas weiter weg oder tiefer in den Wald, daß ich Sie nicht sehen muß.« Unser Kamerad Weinberg, der sich schon nach Les Milles seinen Hund hatte kommen lassen, hatte jetzt auch fast immer den Besuch seiner Frau, einer Französin. Einträchtig gingen die drei spazieren, er wieder in Zipfelhaube und schmutzigem Pyjama, sie

hübsch und adrett angezogen, und kläffend und vergnügt der Hund.
Auf der Wiese, am Waldrand, wo sich Männer und Frauen zu treffen pflegten, sah ich auch die hilfreiche Madame L. wieder. Sie war in Gesellschaft der französischen Dame, mit der ich damals in der Stadt Nîmes zu Mittag gegessen hatte, der Freundin des Berliner Anwalts. Die Damen saßen zusammen mit den zugehörigen Männern und picknickten, behindert durch die Fliegen und Moskitos. Madame L. war in der Zwischenzeit in ihren Bemühungen für mich nicht säumig gewesen. Sie hatte überall hingeschrieben, um auszufinden, wo meine Frau steckte. Sie hatte ermittelt, daß Frau Feuchtwanger in Gurs gewesen, von dort entlassen, dort wieder eingeliefert worden war. Jetzt, so schien es, war sie ein zweites Mal entlassen worden und auf dem Weg nach Sanary. Zu reisen war eine umständliche Angelegenheit im Frankreich jener Tage, und es war wohl möglich, daß meine Frau Wochen brauchen werde, ehe sie unsre Gegend oder unser Sanary erreichte.
Ich muß hier ein paar Sätze einschalten zum Lob unsrer Frauen. Sie bewährten sich großartig in dieser ganzen bösen Zeit. Wohl schimpften und klagten sie zuweilen, doch Weinkrämpfe, Zusammenbrüche, Hysterie gab es nicht. Die Frauen hielten tapfer zu ihren Männern, die deutschen sowohl wie die französischen, und taten besonnen, was sie konnten. Sie hatten mehr Bewegungsfreiheit als wir Männer, man faßte sie weniger scharf an, der Franzose war selbst in dieser verzweifelten Situation galant. Mit List, ein wenig gutem Aussehen und etwas Koketterie konnten sie mancherlei für uns erreichen. Die weitaus meisten scheuten nicht die Strapazen und Gefahren der Reise nach Nîmes. Aus allen Teilen Frankreichs kamen sie, uns zu besuchen, ganz ohne Papiere oder mit erlisteten Papieren, sie schlugen sich durch bis in unsere Zeltstadt.

Das Erotische spielte eine überraschend geringe Rolle im Lager. Natürlich wurden immerzu die ungeheuerlichsten Zoten erzählt, und man sah die Wände beschmiert mit primitiven obszönen Zeichnungen; aber es war nicht so, daß die Gefangenen, wie ich es erwartete, unter erotischen Entbehrungen besonders schwer zu leiden gehabt hätten.

Auf der anderen Seite zeigte es sich, wie fest in fast allen Fällen die familiäre Bindung hielt, die Bindung zwischen Mann und Frau. Es kam öfters vor, daß sich der Mann oder die Frau allein hätten retten können, ohne den Ehepartner. Nur ganz wenige taten es.

Dabei mehrten sich in unserm Lager die Kranken, und der Gesundheitszustand aller wurde immer schlechter. Die Ärzte erklärten, die Hospitäler der Umgebung seien überfüllt, und Opium und was man sonst an medizinischen Mitteln brauche, sei nicht da. Die Ärzte gaben uns einfach auf.

Viele Soldaten liefen fort, sie wollten nicht in dieser Pesthölle bleiben. Neue Ärztekommissionen kamen, schüttelten den Kopf, ließen die Latrinen mit Chlor überschütten, meinten, es sei zum Weinen, ordneten an, daß einige Dutzend von uns in Hospitäler überführt würden. Das war alles, nichts Durchgreifendes geschah. Immerzu litten reihum einbis zweihundert unter uns an Dysenterie. Wer sie noch nicht hatte, rechnete mit fatalistischem Gleichmut darauf, morgen davon befallen zu werden oder übermorgen.

Es waren unter uns viele gute Ärzte, einige von europäischem Namen. Dr. L., Madame L.s Mann, hatte – ich sagte es schon – während des Ersten Weltkrieges mehrere Gefangenenlager ärztlich betreut, er galt als Fachmann für die sanitäre Organisierung solcher Lager. Er setzte der Lagerleitung auseinander, daß man mit Aufwendung geringer Mittel das Übel ausrotten könnte. Der Kommandant, die französischen Ärzte hörten ihm höflich zu und erwiderten, leider sei auch dieses Geringe nicht zu beschaffen.

Wenigstens trat die Krankheit unter uns in milder Form auf. Todesfälle gab es nur wenige. Gewöhnlich war es so, daß der Kranke in den ersten Tagen sehr hohes Fieber hatte, das indes rasch nachließ. Zurück blieb ständiger, blutiger Durchfall und eine ungeheure Schwäche. Die Kranken sahen erbärmlich aus, abgezehrt, sie konnten sich kaum auf den Beinen halten.

Zu mir kam die Krankheit so.
Ich hatte mittags noch gut gegessen. Nachmittags hatte ich einen Spaziergang gemacht. Der Tag war dunstig schwül, die Moskitos, die sonst erst abends kamen, quälten uns heute schon vom Morgen an. Des Nachmittags hatte ich mich mehrmals in die Zone des Gestankes begeben müssen, gegen Abend verspürte ich Schwäche und Schwindel. Doch wir hatten, Herr Wolf und ich, auf dem Weg über den orthodoxen Händler eine Flasche besonders guten Weines aufgetrieben, wir hatten den Schriftsteller R. zum Abendessen geladen, von dem wir wußten, er werde die Qualität dieses Weines zu schätzen wissen. Ich wollte kein Spielverderber sein. Ich gab es mir selber nicht zu, daß ich krank sei, und setzte mich mit den andern zu Tisch. Bald indes hielt ich es nicht mehr aus und zog mich zurück ins Zelt.
Dort hatte man das übliche Abendfeuer gegen die Moskitos angezündet, und der Rauch, der das ganze Zelt füllte, quälte mich. Aber ich konnte einfach nicht länger stehen, ich mußte mich hinlegen, ich legte mich in den Rauch. Karl kam, um die Vorbereitungen für die Nacht zu treffen. Mein Zustand gefiel ihm nicht. Er rief einen unserer Ärzte, den jungen Österreicher Dr. L. Der machte ein bedenkliches Gesicht, gab mir eine Medizin, fürchtete indes, es werde zu spät sein.
Trotz des Rauches und trotz des Lärms fiel ich in einen dumpfen Halbschlaf. Ich sah meine Zeltgenossen kommen, sich ausziehen, sich hinlegen. Mein Fieber stieg. Die grünen und roten Gazeschleier, mit denen sich die Männer zum Schutz vor den Moskitos die Gesichter bedeckten, die flackernde Beleuchtung, der noch immer ziemlich volle, rote Mond, das breughelhafte Durcheinander ringsum, alles schwamm mir ineinander. Ineinander schwammen mir die Umrisse der beiden Kantoren, des bärtigen, erdgeisthaften, rothaarigen Anwalts, des alten zimperlichen Richters, des gutmütigen, dicklichen Herrn Wolf. Ich litt kläglich unter dem Fieber, unter meiner Schwäche, unter dem Lärm ringsum.
Trotz aller Schwäche mußte ich hoch, meine Eingeweide pei-

nigten mich, ich mußte hinaus in die heißdampfende Nacht. Die Zeltstadt hindurch wankte ich der Latrine zu, hockte nieder, Blut und Kot kam. Dann schleppte ich mich wieder zurück. Der Weg war hart, der Weg war lang, wann werde ich wieder in meinem Zelte sein? Endlich war ich angelangt, kroch hinein, fiel erschöpft auf mein Stroh.

Da lag ich in großer Not. Von außen kam immer noch Lärm, und rings um mich die Männer schnarchten, stöhnten, furzten. Ich glaubte nicht, daß ich mich je erholen würde, ich war schwach auf den Tod, das Fieber verwirrte meine Gedanken, ich sehnte mich danach, zu sterben.

Bilder tanzten um mich herum. »Tanzten« ist nicht das richtige Wort, sie taumelten, sie flogen unbestimmten Fluges wie Fledermäuse. Es waren keine Fledermäuse, sie waren überhaupt nicht wirklich, sie waren von Goya.

Es war wurst, ob sie wirklich waren oder von Goya. Sie waren Dreck, sie waren Scheiße. Alles war Dreck. Alles war erbärmlich. Nicht nur mein jetziger Zustand, nicht nur meine Hilflosigkeit, nicht nur das stumpfe, niedrige Leben des Konzentrationslagers, nicht nur der Zwang, immer mit Menschen zusammen und nie allein zu sein, nein, das ganze Leben, das ich bisher geführt hatte, die ganzen sechsundfünfzig Jahre, die mir, wenn ich gesund und bei voller Vernunft war, gut und erfüllt vorgekommen waren, schienen mir jetzt sinnlos, leer, schmutzig.

Verse aus dem Nachtgebet kamen mir, das ich als Junge viele Jahre hindurch Abend für Abend hatte plappern müssen, beschwörende, hebräische Verse gegen das Grauen der Nacht: »Siehe da, da ist Salomons Lager. Drei Reihen von Helden stehen ringsum, von den Helden Israels. Alle halten sie Schwerter, kampfgeübt sind sie. Jeder hat sein Schwert an seiner Hüfte, den König zu schützen gegen die Schrecken der Nacht.« Ich plapperte die Verse vor mich hin. Sie kamen und gingen und wurden deutsche Verse, und sie hießen: »Wo wird einst des Wandermüden letzte Ruhestätte sein? Unter Palmen in dem Süden, Unter... an dem Rhein?« Es fiel mir durchaus nicht ein, was das für trochäische Bäume sein könnten an dem Rhein: Eichen, Birken, Buchen? Nichts paßte recht, und es quälte mich, daß ich den rechten Baum nicht finden konnte.

Ich sagte mir: wenn ich den rechten Baum und das rechte Wort finde, dann komme ich durch. Wenn ich es nicht finde, dann muß ich sterben.
Ich fand den Baum und das Wort nicht, und eigentlich war ich ganz einverstanden, daß ich also jetzt sterben würde. Nur schien es mir ungerecht, daß ich hier sterben sollte, in diesem schmutzigen Lager und unter soviel Menschen, und daß das Schicksal mir nicht einmal vergönnte, allein zu sterben und in Ruhe.
Eine ungeheure Sehnsucht überkam mich nach einem weißen, reinlichen Krankenzimmer. Ich erinnerte mich früherer Krankheiten, gewisser Operationen, und was für eine Tröstung in all der Pein es gewesen war, daß ich mich behütet wußte, daß ich kundige Ärzte um mich wußte, die Sorge meiner Frau, weißgekleidete, behutsame Krankenschwestern. Es war vor allem dieses Weiße, Reinliche, nach dem ich mich schmerzhaft sehnte.
Dann trieb es mich von neuem hoch, von neuem mußte ich hinaus in die feuchte, heiße, dampfende Nacht. Viel hätte ich darum gegeben, wenn ich mich gleich hätte hinhocken können, jetzt, aber das durfte ich nicht, das war nicht erlaubt. Die andern, wenn sie einen so inmitten der Zelte betrafen, verprügelten einen, und wenn man noch so krank war; mit Recht, auch so war die Ansteckungsgefahr groß genug. Ich mußte mich also weiter hinausschleppen. Der Weg zur Latrine war weit, fünf Minuten weit, fünf Stunden weit, fünf Jahre weit. Wankend, mit zitternden Knien, immer wieder stehenbleibend und verschnaufend, ging ich diesen Weg. »Ein falscher Grund zum Abtritt führt«, sagte ich vor mich hin, grimmig, trotzig. Dann endlich war ich halbwegs angelangt, nicht mehr im Bereich der Zelte, doch noch lange nicht an der Latrine. Aber nun ging es nicht länger, ich hockte nieder. Sofort, in dicken Schwärmen, überfielen Moskitos die entblößten Schenkel. Ich hatte nicht die Kraft, sie abzuwehren. Schweißüberdeckt hockte ich, und schließlich klappte ich zusammen, jämmerlich, in Blut und Kot.
Ich schleppte mich zurück. Ein Zelt schaute aus wie das andere, Schnarchen und Stöhnen kam aus allen, und Moskitos waren um alle, und Zelt 67 war da, und 59: aber wo ist Zelt 54? Wo ist mein Zelt?

Und dann wieder lag ich und freute mich auf den Tod. Es war ein unnützes Leben gewesen. Oft, solang ich gesund gewesen war und bei voller Vernunft, hatte ich mich in Debatten eingelassen, ob es Sinn habe, Bücher zu schreiben. Was bewirkte man durch Schreiben, was änderte man, was machte man besser? Nihilistische Literaturen hatten die These verfochten, Schreiben, das sei ein Zeitvertreib wie jeder andere, ein leeres, subjektives Vergnügen wie Sport oder Saufen oder Huren oder was immer. Ich hatte das nicht wahrhaben wollen. Ich hatte erklärt, ein guter Satz, zur rechten Stunde gegeben und empfangen, könne das Leben des Empfangenden für immer bestimmen. Ich hatte wirklich solche Erfahrungen gemacht, an mir und an andern. Jetzt aber, in dieser bittern Nacht, vergaß ich sie, und grimmig recht gab ich denjenigen, die alle Schreiberei und unser ganzes Leben und alles Große, was je gedacht und getan wurde, für Dreck erklärten und für Unsinn.
Dann wurde ich sentimental. Ach, wenn ich nur einmal diese Frau noch sehen könnte und jenen Freund und noch einmal in den Prado gehen und die Bilder des Velásquez beschauen und die des Goya. Und warum muß ich gerade jetzt sterben, so kurz vor der endgültigen Niederlage der Barbaren? Und »Carmen« möchte ich noch einmal hören in der Moskauer Oper. Und es wird ein Wein sein, und wir werden nimmer sein, und es wird schöne Mädel geben, und wir werden nimmer leben.
Dann mußte ich wieder auf, und noch mehrmals mußte ich auf in jener Nacht und den bösen Weg machen, dem Zentrum des Gestankes zu.
Es war eine Nacht im Juli. Sie dauerte keine sieben Stunden. Mir dauerte sie viele Jahre.

Karl kam, um mir beim Anziehen zu helfen. Herr Wolf fragte, wie es mir gehe und was ich frühstücken wolle. Ich erwiderte, ich fühle mich hundeelend. Im Halbdunkel des Zeltes konnte man einen nicht recht sehen. Sie beugten sich herunter, um mich zu betrachten. Sie erschraken.
Der junge österreichische Arzt kam, ein zweiter Arzt. Sie machten bedenkliche Gesichter, überlegten. Sie kannten die französischen Hospitäler, sie schickten ihre Kranken selbst in normalen Zeiten nicht hin, geschweige in diesen.
Unser Lagerhospital hielten sie für eine Anstalt, dem Sterben

mehr förderlich als dem Genesen. Die Kranken lagen da in einem kahlen, feuchten Raum, einander behindernd, einander ansteckend. Wer zur Latrine wollte, mußte sich über eine hohe, steile Treppe schleppen. Die Ärzte fanden, es wäre das beste, wenn ich im Zelt bleiben könnte. Wie aber sollte ich, erschöpft wie ich war, im Tag zwei Dutzend Mal den Weg durch die Zeltstadt zur Latrine zurücklegen? Man müßte einen Kübel im Zelt aufstellen; Karl, abwechselnd mit einem zweiten, könnte ihn jeweils leeren.

Aber werden die andern Insassen des Zeltes dergleichen dulden? Kann man es ihnen zumuten? Die Ärzte muteten es ihnen zu, und die Zeltgenossen erklärten sich ohne Zögern einverstanden. Darüber hinaus stellten sie einen Teil ihrer Wasserration zur Verfügung, damit der Kübel gereinigt werden könne.

Ich werde die jämmerliche und groteske Situation nicht vergessen, wie ich, von Karl unterstützt, schwach und kläglich auf dem Kübel hockte, während der dicke Herr Wolf wie ein Erzengel im Zelteingang stand und niemand hereinließ. Überhaupt bewährte sich Herr Wolf großartig in dieser bösen Zeit. Er beschaffte, weiß der Himmel wie, das notwendige Opium, das die französischen Ärzte nicht auftreiben konnten. Er steckte mich in seinen Schlafsack, daß ich des Nachts nicht fröre, und fror selber. Meine Krankheit war eine der nicht vielen Gelegenheiten in meinem Leben, da ich es erleben durfte, daß andere mich selbstlos unterstützten und betreuten. Eine Mutter hätte mich nicht besser umsorgen können als der dickliche Herr Wolf. Auch mein Karl und der junge österreichische Arzt blieben Tag und Nacht hindurch um mich bemüht.

Ich lag die meiste Zeit über in dumpfem Halbwachen. Ich träumte viel Unsinn zusammen und mag auch viel Unsinn geschwatzt haben. Unablässig grub ich aus meinem Gedächtnis Verse aus, Gedichte, halbe Dramen, die ich einmal auswendig hatte lernen müssen. Sehr nagte es an mir, daß ich nicht ausfinden konnte, wie der trochäische Baum jenes Heine-Verses hieß.

Um die Mittagszeit war es im Zelte furchtbar heiß. Ich spürte es kaum, ich lag Tag und Nacht in Fieber und Hitze. Ab und zu, mit Erlaubnis Herrn Wolfs oder des Arztes, schaute einer

meiner Freunde herein, blieb etliche Minuten bei mir, sprach ein paar Worte, ging wieder. Alle erschraken über mein Aussehen.
Zu essen bekam ich so gut wie nichts, Tee, Opium, Alkohol. Mir wurde es bald zuwider, daß meinem Tee immer so viel Alkohol beigemischt war, mein Schädel war an sich dumpf genug. Doch die Ärzte bestanden darauf.
Am vierten Tag ging das hohe Fieber jäh herunter. Da aber fühlte ich mich besonders schwach, und ein wölfischer Hunger riß an meinen Eingeweiden. Man wollte indes nicht erlauben, daß ich äße, und als ich am fünften Tag des Morgens und des Abends einen Zwieback zu meinem Tee bekam, war das ein großes Zugeständnis.
Dann hockte ich ein erstes Mal wieder in der Sonne vor dem Zelt. Viele gingen vorüber und blieben stehen und bezeigten mir Teilnahme. Und wieder waren alle erschrocken über mein Aussehen.
Es kam ein kleiner Rückfall, dann wurde es endgültig besser. Man gab mir mehr zu essen, Kakao mit Zwieback, dann Wein mit Ei.
Sich genesen fühlen, das war mir immer als Seligkeit erschienen. Auch jetzt spürte ich es mit ganzem Bewußtsein, wie Kraft in mich zurückkehrte. Leben, Herrschaft über den Körper. Als ich gar wieder ein wenig gehen, als ich die Zone des Gestanks verlassen konnte, stieg mein Glücksgefühl. Ich atmete die freie, schöne Luft mit voller Brust, ich genoß den Geruch des Waldes und der Heide, den Anblick der Berge und des Himmels, ich spürte, daß ich lebte.

An einem der nächsten Tage wurde ich unvermutet zum Kommandanten gerufen. Es ereignete sich selten, daß jemand zum Kommandanten beschieden wurde, der nicht darum gebeten hatte, empfangen zu werden. Gespannt machte ich mich auf den Weg. Während ich in dem mit Kopfsteinen gepflasterten Hof wartete, fragte ich den Dolmetscher, was wohl los sei. Er wußte nur, daß der Generalstab meinetwegen angerufen hatte. Hoffnung stieg in mir hoch. Vielleicht hatten die Bemühungen meiner Freunde doch gewirkt, vielleicht wurde ich, versehen mit einem echten Entlassungsschein, in mein Sanary zurückgeschickt, vielleicht gar über die Landesgrenze, über See.

»Sie haben mich rufen lassen, Herr Kapitän?« sagte ich. »Ja«, erwiderte er, »ich wollte mich überzeugen, ob Sie da sind. Ich rate Ihnen, entfernen Sie sich nicht vom Lager.« Betreten stand ich da. Was meinte er? Was sollte das heißen? Ich bemühte mich, eine Frage zu formulieren, deren Beantwortung es ihm ermöglichen sollte, mir einen Wink zu geben, was man eigentlich von mir wolle. Allein: »C'est ça, das ist alles«, sagte er, bevor ich fragen konnte, »ich danke Ihnen.« Ich mußte wohl gehen.

Der schöne Tag war mir grau geworden. Was stak hinter der merkwürdigen Warnung? War die gefürchtete Liste eingetroffen? Verlangten die Deutschen meine Auslieferung? Sollte der Rat, mich nicht zu entfernen, das genaue Gegenteil besagen? Ich wiederholte mir das kurze Gespräch, prüfte Satz um Satz, drehte jedes Wort um und um. Ich konnte nicht klug daraus werden. Ich fragte andere um ihre Meinung. Auch sie konnten nichts daraus machen. Bedrückt ging ich umher.

Am Tag darauf, während ich auf einer nahen Wiese herumschlenderte, hörte ich, wie man mich suchte, mich rief. Ich ging den Stimmen nach. Als man mich sah, rief man mir zu: »Kommen Sie, Ihre Frau ist da.«

Ich beschleunigte den Schritt. Ich lief. Ich kam zu den ersten Zelten, ich kam zu meinem Zelt. Da saß sie auf der Bank unter dem Baum, die andern waren um sie herum, Herr Wolf, Herr Cohn, noch etliche. Sie sah mich kommen, sie stand auf. Wir hatten uns zwei Monate nicht gesehen, wir hatten nur vage Nachrichten übereinander gehört. Jetzt schritten wir uns entgegen, lebendig, heil. Sie stand da, ihr Mund zitterte ein wenig. Sie ist, Marta, eine sportliche, gut aussehende Frau. Sie trug einen derben Rock, eine derbe Bluse, ihr Haar war ergraut. Mein Herz schlug ihr entgegen.

Diesen ganzen Tag über waren wir eitel glücklich. Wir waren nicht mehr gefangen, nicht mehr eingeschnürt durch tausend Verbote, nicht mehr hing die drohende Sorge der Auslieferung über uns, dieses Lager war nicht mehr lärmend, stank nicht mehr, da wir wieder beisammen waren. Sie lachte viel und übererregt und aß viel von dem, was unsere Händler zu bieten hatten; sie war in ihrem Lager und während der mühseligen Fahrt hierher sehr dünn geworden

und furchtbar ausgehungert. Auch schwatzte sie viel und viel durcheinander und viel schwer Verständliches.
Durch Martas Ankunft klärte sich auch auf, was es mit meiner geheimnisvollen Berufung zum Lagerkommandanten auf sich gehabt hatte. Sie hatte nämlich nicht mit Bestimmtheit erfahren können, wo ich zu finden sei, sie war auf gut Glück nach Nîmes gekommen und dort zur Militärbehörde gegangen, um Auskunft über mich einzuholen. Ein wohlwollender Offizier hatte sich mit dem Lagerkommandanten ins Benehmen gesetzt. Meine Berufung zu dem Kommandanten war als freundlicher Akt gedacht gewesen, der Mann hatte mich einfach auffordern wollen, im Lager zu bleiben, da der Besuch meiner Frau bevorstehe.
Marta klagte nicht viel, im Gegenteil, sie erklärte, infolge ihres guten Trainings habe ihr der Aufenthalt im Lager nicht sehr zugesetzt. Doch ihr Aussehen und ihre Zerfahrenheit straften ihre Worte Lügen. Dazu kam, daß sie sich geradezu mit Heißhunger über die Speisen hermachte, die man ihr vorsetzte. Sie war ihr Leben lang im Essen besonders maßvoll gewesen; so kam mich doppeltes Mitleid an, als ich sah, wie sie beim Sprechen immer wieder mit unbewußter Gier nach den Speisen schielte. Sie selber hatte Obst und voll großen Stolzes auch Schokolade mitgebracht, und sie war beinahe enttäuscht, als sie wahrnahm, daß sie uns damit kein großes Geschenk machte; was sie unten in der Stadt nur mit Mühe hatte auftreiben können, besaßen wir hier oben in Fülle.
Marta, wie gesagt, jammerte nicht über das, was sie hatte erleben müssen, doch gerade die sachlichen Details, die sie über das Frauenlager in Gurs erzählte, waren dazu angetan, einem das Herz zusammenzuschnüren. Da hatte man zum Beispiel auch hochschwangere Frauen ins Lager gebracht, und es waren Kinder zur Welt gekommen. Nun fehlte es in Gurs wie in den meisten französischen Lagern an Wasser, und so erhielten, wenn dort ein Kind geboren wurde, sehr viele Frauen keinen Frühstückskaffee, weil dann ein großer Teil des Wassers für die Wöchnerinnen benötigt wurde.
Die Latrinen scheinen ähnlich wie die unsern gewesen zu sein. Der Grund des Lagers Gurs ist lehmig, und wenn es regnete – es regnet häufig in den Pyrenäen –, dann war das Lager ein einziger Sumpf. Es blieben dann viele Frauen im

Schlamm stecken, man mußte ihnen heraushelfen, ihre Schuhe waren verloren.
Die Zahl der Frauen, die in Gurs interniert waren, schwankte, sie lag um zehntausend herum. Die Franzosen internierten einfach und blind alle Frauen, die irgendwann irgendwas mit Mitteleuropa zu tun gehabt hatten. (Nur das Departement, in dem die Stadt Nîmes lag, machte eine rühmliche Ausnahme). Interniert worden waren zum Beispiel auch meine Sekretärin, wiewohl sie Schweizer Staatsangehörige, und ihre Schwester, wiewohl sie Engländerin war. Interniert worden waren selbst französische Mütter französischer Soldaten, wenn diese Mütter in Deutschland geboren oder mit in Frankreich lebenden Deutschen verheiratet waren. Immer deutlicher wurde es, daß hinter der ganzen Maßnahme von Anfang an kein vernünftiger militärischer Grund gestanden hatte, sondern daß ihre letzte Triebfeder der Haß gewesen war, der Haß der heimlichen französischen Hitler-Anbeter gegen die deutschen Antifaschisten. Wie schamlos weit die französischen Faschisten zu gehen wagten, sah ich, als einige Wochen später die Abendzeitung der Stadt Marseille »Le Soleil« in einem Leitartikel mit der harmlosen Überschrift: »Postalische Schwierigkeiten zwischen der besetzten und der unbesetzten Zone« verlangte, die Nazis sollten doch auch die bisher freien Teile des Landes besetzen.
Ich glaube nicht, daß Marta und ich während der vier Tage, da sie jeweils einige Stunden bei mir sein konnte, auch nur ein einziges Mal auf die französischen Behörden schimpften, auf den im besten Fall verbrecherischen Leichtsinn der Maßnahmen, die uns in diese Situation gebracht hatten. Wir hatten beide längst gelernt, die Dummheit und Herzensträgheit der Menschen als etwas Gegebenes hinzunehmen, über das zu sprechen überflüssig war.
Hingegen versuchte Marta ihren Aufenthalt in Nîmes auszunutzen, um mir zu helfen. Sie ließ nicht ab, die zuständigen Zivil- und Militärbeamten zu bedrängen, sie sollten mich befreien. Sie fand die Herren höflich und wohlwollend. Man sah mir die Folgen der überstandenen Krankheit noch an. Marta war über mein Aussehen sehr erschrocken, sie verstand es, ihre Besorgnis auf die Herren zu übertragen. Das gab einem der Offiziere eine Idee. Er meinte, aus dem Lager

könne ich nicht ohne weiteres entlassen werden, da meine Befreiung einen unwillkommenen Präzedenzfall schüfe. Würde ich aber in ein Hospital überführt, so konnte ich von dort aus ohne viel Aufsehen unbegrenzten Urlaub erhalten, um mich auf eigene Rechnung auszukurieren.

Eines Tages wurde ich denn auch zum Lagerarzt gerufen. Der Arzt, ein neuer, fragte mich: »Wie fühlen Sie sich?« Ich hatte Martas Erzählung von dem Plan des Offiziers nur mit halbem Ohr gehört, ich gab längst nichts mehr auf das tröstliche Gerede der französischen amtlichen Stellen, ich hatte das ganze Projekt vergessen und wußte durchaus nicht, was der Arzt, der mich so unerwartet hatte rufen lassen, von mir wollte. Ich glaubte, er habe Vorwürfe bekommen wegen meines schlechten Gesundheitszustandes und wollte mich in die schauerliche Krankenbaracke stecken. Ich erwiderte also: »Ich fühle mich leidlich wohl.« Der Arzt hieß mich die Hosen herunterlassen, drückte etwas an meinem Bauch herum und fragte: »Tut es weh?« Ich verneinte eifrig. Er brummte: »Na ja, dann ist ja alles gut. Ziehen Sie sich wieder an. Danke.« Damit ging ich. Weder er noch ich hatten die List des Generalstabs begriffen, und der Versuch des findigen Offiziers, mich zu entlassen, war gescheitert.

Die Lagerleitung erlaubte uns, im Fluß zu baden. Es gingen also in diesen heißen Tagen jeden Nachmittag ein paar hundert Leute hinunter zum Fluß. Es war eine gute Stunde Wegs. Ein Sergeant und ein paar Soldaten wurden mitgeschickt, sie kümmerten sich nicht um uns, sondern besorgten ihre eigenen Geschäfte.

Der Fluß, ich weiß nicht mehr, ob er le Gard heißt oder le Gardon, windet sich in jener Gegend durch ein tiefes Tal. Die Schlucht, in der wir badeten, bot vielerlei Abwechslung. An dieser Stelle gab es eine starke Strömung, an jener floß das Wasser so unmerklich, daß man schwamm wie in einem Teich, hier gab es hohe, felsige Ufer, hier grasige Hänge, hier bewaldete. Das Wasser war grün und klar, bald fünf oder sechs Meter tief, bald ganz seicht.

Wer die paar hundert Männer sah, Männer jeden Alters, die sich da nackt im Wasser und in der Sonne tummelten, lachend, schwatzend, sich jagend, schwimmend, tauchend, ihre Künste zeigend, wäre schwerlich auf den Gedanken gekommen, daß er es hier mit Gefangenen zu tun hatte, von denen manche am Leben bedroht waren und von denen kaum einer wußte, was aus ihm werden sollte. Vor allem für meinen Karl waren diese Badestunden große Zeit. Er war ein leidenschaftlicher, geübter Schwimmer und Taucher, er holte jede Münze aus dem Wasser, die man hineinwarf, und wenn sie sich noch so tief versteckt hatte. Auch für mich waren diese Badestunden eine gute Zeit. Freilich war mir der lange Rückweg oft beschwerlich, andernteils war es mir recht, wenn ich mich abmüdete; ich konnte dann des Nachts eher schlafen.

Im Lande herrschte Anarchie. Niemand wußte recht, wer zu befehlen hatte. Die Präfekten, soweit sie nicht sogleich durch andere waren ersetzt worden, rechneten damit, in nächster Zeit davongejagt zu werden, und scheuten sich, einschneidende Maßnahmen zu treffen. Von der sogenannten Zentralregierung kamen ungenügende Weisungen. Die faschistische Zentralregierung selber war der Mehrzahl der Bevölkerung und der Beamten verhaßt; man warf ihr vor, sie trage die Hauptschuld an der Niederlage und zettle mit den Nazis. In allen Büros saßen Feinde der neuen Regierung, welche ihre Verfügungen sabotierten, und die neuen Beamten, welche von dieser Regierung eingesetzt waren, fanden sich nicht zurecht. Die Kontinuität der Amtsführung bestand nur darin, daß die neu eingesetzten, schlecht bezahlten Beamten ebensogerne Schmiergelder nahmen wie die früheren.
In den Zeitungen standen strenge Mahnungen an die Soldaten, sie sollten sich nicht selber demobilisieren. Wer keinen ordentlichen Demobilisierungsschein besitze, werde es schwer haben, Arbeit zu erhalten. Allein viele Soldaten gingen trotz dieser Warnung einfach nach Hause. Diejenigen, die blieben, taten und ließen, was ihnen beliebte. So machten es auch unsere Wachsoldaten. Man schickte, um sie zu verstärken, ein Detachement Garde Mobile, Gendarmerie, die verläßlichste Truppe, über die das Land noch verfügte. Doch als die Gendarmen sahen, daß es in unserm San Nicola keine Betten für sie gab und daß sie Gefahr liefen, Dysenterie zu bekommen, zogen auch sie einfach wieder ab.
Die Offiziere machten kein Hehl daraus, daß sie unsere

Überwachung als eine lästige Pflicht ansahen, für sie selber kaum weniger erniedrigend als für uns. Sie fühlten sich als Zivilisten, ihre Uniformen als schieres Kostüm. Einer, ein Bankier, ging in allen Zelten herum, fragte, wer Dollars zu verkaufen habe, versprach auch meinem Karl eine Provision, wenn der ihm Leute brächte, die Dollarnoten zu verkaufen wünschten.

Wohl war der Stacheldraht noch da, wohl standen noch Wachen davor, doch niemand kümmerte sich mehr darum. Unsere Frauen und Kinder besuchten uns in den Zelten. Vorüber waren die Zeiten, da sie sich außerhalb des Lagers gehalten hatten, ängstlich solche Plätze aufsuchend, wo sie von Gendarmen und Wachsoldaten nicht erwischt würden. Jetzt begaben sie sich ungescheut ins Lager und blieben dort die Tage und wohl auch die Nächte über.

Es wäre unter diesen Umständen sehr leicht gewesen, das Lager zu verlassen und irgendwo im unbesetzten Frankreich unter viel angenehmeren Bedingungen zu leben. Aber es ging uns ja um mehr, es ging uns darum, aus dem Lande, aus Frankreich fortzukommen. Denn dieses ganze Land Frankreich war ein einziges großes Gefängnis geworden, und seine Wärter waren unsre grimmigsten Feinde, die Nazis. Voraussetzung aber eines jeden Versuchs, aus Frankreich herauszukommen, war der Besitz ordentlicher Papiere. Wenn es für die Soldaten nicht ratsam war, die Truppe ohne Demobilisierungsschein zu verlassen, so war es noch viel weniger ratsam für uns, aus dem Lager illegal davonzugehen. Denn der nicht ›en règle‹ war, mochte sich zwar mehrere Tage oder Wochen komfortableren Lebens verschaffen, aber er verbaute sich die Aussicht, jemals aus dem feindlichen Europa herauszugelangen. Es war einfach unmöglich, ohne Papiere aus dem feindlichen Frankreich heraus durch ein feindliches Spanien und ein wenig freundliches Portugal und von dort nach einem bürokratisch umständlichen Überseeland zu gelangen.

Von neuem also bestürmten wir die Behörden, uns doch endlich, endlich zu entlassen. Mit Telegrammen überfluteten wir alle jene, von denen wir annahmen, sie könnten uns helfen, vor allem die großen amerikanischen Hilfsorganisationen. Wenn wir hörten, es sei eine Delegation des Roten Kreuzes oder der Unitarier oder der Quäker ins Land gekommen,

dann schlug unser Herz höher, und auf vielen Wegen suchten wir mit ihr Verbindung aufzunehmen.
In der Nähe unseres Lagers war ein Konzentrationslager für Italiener gewesen. Manche von ihnen hatten uns besucht, vor allem zu unsern Konzertabenden waren sie gern herübergekommen. Jetzt wurde dieses Lager aufgelöst, die Insassen mit ordentlichen Scheinen entlassen. Das steigerte unsere Nervosität. Wann, wann endlich wird man uns befreien?
Die französischen Behörden vertrösteten uns. Unsere Entlassung sei eine Frage von Tagen, höchstens von Wochen. Dann hieß es, die Regierung habe beschlossen, zunächst alle diejenigen zu entlassen, die einen festen Wohnsitz hätten und sich selbst ernähren könnten. Wieder einmal wurden Listen angelegt, und wir schrieben und telegraphierten herum, um Beweise zu erhalten, daß wir Vermögen hätten, regelmäßige Einkünfte, einen festen Wohnsitz.
Es kam jetzt vor, daß der eine oder andere, Fabrikanten gewöhnlich oder Kaufleute, einen Urlaub von drei oder vier Tagen erhielt, um nach seinen Geschäften zu sehen. Einmal kam einer zurück voll freudiger Erregung. Er hatte ein Gespräch mit einem Minister gehabt. Der hatte ihm versichert, wir würden alle in vierzehn Tagen entlassen sein. Man glaubte und man glaubte nicht. Der Mann, der das Gespräch mit dem Minister gehabt hatte, schloß Wetten ab. Es war eine Mondnacht, und er wettete fünf zu eins, daß wir den nächsten, und zehn zu eins, daß wir den übernächsten Vollmond nicht mehr im Lager erleben würden. Er hat seine Wetten verloren.
Eines Nachmittags hieß es, jetzt sei endgültige Order von der Regierung in Vichy eingetroffen. Im Lauf von vierzehn Tagen würden alle, morgen schon würden die Fremdenlegionäre entlassen werden. Die Meldung stammte aus der Schreibstube, sie trat mit aller Bestimmtheit auf.
Die Legionäre glaubten. Sie packten, und am Abend, also am Vorabend ihrer Entlassung, veranstalteten sie eine große Feier. Sie soffen sich sternhagelvoll, sie lärmten noch mehr als sonst. Sie sangen ihre aus französischen Obszönitäten und französischem Patriotismus gemischten Lieder. Die Saarländer ihresteils glaubten, unmittelbar nach den Fremdenlegionären würden sie entlassen werden, so feierten denn auch sie. Sie hatten sich im Lager eine Art Hymne zurechtgedichtet

und komponiert, ein Lied voll von Sentimentalität, Heimatliebe, Unflat. Die Legionäre und die Saarländer suchten sich an Inbrunst und Lautstärke des Gesanges zu übertreffen. Dann fingen sie an, zu krakeelen und sich zu schlagen, es wurde eine wüste Nacht.

Entlassen wurde niemand, weder die Fremdenligionäre noch die Saarländer.

Wer einen längeren Spaziergang nicht scheute, der fand in einer Entfernung von etwa sieben Meilen in der Nähe einer angenehmen Badestelle ein ländliches Restaurant von bester französischer Tradition. Wenn man sich gar einen Tag zuvor ankündigte oder ankündigen ließ, dann konnte man sicher sein, dort ein mit Sorgfalt und Geschmack zusammengestelltes Mahl zu erhalten.

Gegen Ende Juni wollten Herr Wolf und ich einmal wieder einen Ausflug dorthin machen. Ein Bruder und ein Neffe von ihm wollten mithalten, sowie der Schriftsteller R. und ein anderer gemeinsamer Freund. Geplant war, etwa um neun aufzubrechen, ohne Eile die zwei Stunden schönen Weges zu gehen, zu baden, in dem guten Wirtshaus zu Mittag zu essen, auf der Wiese dahinter Siesta zu halten, dann gemächlich zurückzugehen.

Da es ein heißer Tag war und da man an jener Badestelle scharf hinunterzuklettern hatte, wollte ich es mir möglichst bequem machen. Ich zog nichts an als ein dünnes, schäbiges, kurzärmeliges Hemd, eine uralte helle Hose und Sandalen mit dikken Gummisohlen. Die Hose zeigte viele Löcher. Der Schneider des Nebenzeltes setzte ihr noch rasch ein paar Flikken auf.

Dann machten wir uns auf den Weg. Wir stiegen zunächst der Höhe eines breiten Hügels zu, folgten, hoch über dem Fluß, dem Kamm dieses Hügels, durchquerten dann auf steinigem Pfad einen wilden Hain verkümmerter Eichen, stiegen hinunter in ein hübsches Tal, wieder hinauf auf einen zweiten Kamm. Dann endlich, immer mit der Aussicht auf eine hohe, kühne Brücke und auf ein schönes Kloster, kletterten wir steil hinunter zum Fluß.

Wir badeten und legten uns ins Gras. Dann gingen wir in jenes Restaurant. Der Wirt setzte uns beflissen die Speisenfolge auseinander, die er sich ausgedacht hatte, und wir billigten sein Programm. Es gab zunächst vielerlei Hors d'Œuvre, dann ein ausgezeichnetes Fischgericht, dazu einen leichten Elsässer, dann gab es Perlhuhn mit Salat und Kartoffeln, dazu einen anständigen Burgunder, dann eine Süßspeise, dazu einen schweren, algerischen Wein, dann vielerlei Obst und eine wohlaussortierte Käseplatte, dann Kaffee und alten Kognak. Bei Tisch sprach man von Politik, Literatur und französischer Küche. Der Wirt gab einige politische Meinungen zum besten, die erheblich klüger waren als diejenigen, welche die maßgeblichen französischen Berufspolitiker die ganze Zeit über hatten verlauten lassen. Er ließ es sich nicht nehmen, den Kognak auf eigene Rechnung beizusteuern.

Nach dem Essen fühlten wir uns schwer und müde und streckten uns, wie es geplant war, auf die Wiese hinterm Haus. Da lagen wir, ziemlich hart. Aber es war eine schöne Wiese, und sie stank nicht, auch gab es ein wenig mit Sonne gesprenkelten Schatten.

Ich schlief nicht gut. Zum ersten Mal seit langer Zeit hatte ich wieder über die Stillung des Hungers hinaus gegessen und reichlich getrunken. Der Wein machte mir Kopfschmerzen. Ich wachte bald auf. Ich starrte hinauf in den Himmel, der heiß und dunstig durch das spärliche Laub schaute. Ich betrachtete mir die andern, die noch schliefen. Vor allem den schweren, blauroten, gescheiten, musischen, vom Trinken etwas gedunsenen Kopf des Schriftstellers R. betrachtete ich lange und genau. Es war das letzte Mal, daß ich ihn sehen sollte.

Bald darauf erwachte auch Herr Wolf. Er machte mir Zeichen, und wir standen auf, leise, um die andern nicht zu wekken. Herrn Wolfs Neffe stieß zu uns, er hatte nicht geschlafen. Wir hatten nach dem schweren Essen Lust zu gehen, tranken nochmals Kaffee, hinterließen den andern Bescheid und machten uns auf den Rückweg.

Wir schlugen den etwas längeren, doch leichteren und gleichmäßigeren Weg über die Landstraße ein. Es gab jetzt nur wenig Automobilverkehr und wenig Staub, und die Landstraße führte zum Teil durch Schatten. Wir gingen langsam. Erst schwatzte ich mit Herrn Wolf, dann sprachen wir nicht mehr.

Meine Kopfschmerzen hatten zugenommen, ich war müde, der Weg zog sich, ich sehnte mich danach, »nach Hause« zu kommen, ins Lager, mich auf mein Stroh zu legen. Wie weit haben wir wohl noch? Dort vorne zweigte der Pfad ab zu der dem Lager nächstgelegenen Badestelle. Beinahe zwei Drittel des Weges hatten wir also hinter uns.

Da, vielleicht fünfzig Meter vor der Abzweigung zur Badestelle, kam mir Madame L. entgegen; sie hatte mich offenbar abgepaßt. »Ich habe erfahren, daß Sie zum Baden gegangen sind«, sagte sie hastig, »ich habe auf Sie gewartet. Ich bringe Ihnen Nachricht von Ihrer Frau«, erklärte sie weiter und übergab mir einen Brief. Ich war verblüfft, ich wußte nicht, was ich aus ihrem unvermuteten Erscheinen machen sollte. »Danke«, sagte ich und nahm den Brief. »Lesen Sie«, drängte sie, »lesen Sie gleich.«

Ich riß den Umschlag auf, las. »Tu, was man Dir sagt«, schrieb mir Marta, französisch, »überleg nicht lange, es ist alles durchaus solid und seriös.« Ich las, las zweimal, schaute fragend auf Madame L.

Die wies auf einen hübschen Wagen, der in der Nähe am Straßenrand hielt. Und da stieg auch schon jemand aus dem Wagen, ein jüngerer Herr, den ich gut kannte. Er war eine überraschende Erscheinung auf dieser Straße und zu dieser Stunde, er war elegant angezogen, ich entsinne mich genau jedes Details seines weißen Anzuges und seiner Netzhandschuhe.

»Bitte«, sagte er zu mir, englisch, »fragen Sie nicht, steigen Sie ein, zögern Sie nicht, ich erkläre Ihnen alles auf der Fahrt.« Ich schaute ihn an, ich schaute mich selber an, mein schäbiges Hemd mit den kurzen Ärmeln, meine zerflickte Hose, meine Gummisandalen. Er drängte: »Steigen Sie schon ein, im Wagen ist ein Mantel.« Herr Wolf wartete in der Nähe, man sah seinem schlauen, gutmütigen Gesicht an, wie es in ihm arbeitete, wie er sich den Vorgang zu erklären suchte. Ich drückte ihm noch rasch die Hand. »Leben Sie wohl«, sagte ich, »und Dank nochmals für alles, und geben Sie Karl ein paar hundert Franken und schicken Sie, was von mir im Lager ist, nach Sanary.«

Dann stieg ich in den Wagen, auch Madame L. stieg ein. In dem Wagen war richtig ein leichter Damenmantel, ich nahm ihn um, es war ein englisches Abzeichen an dem Mantel; eine dunkle Brille war auch da und ein bunter Schal. »Ziehen Sie schon alles an«, sagte, während wir bereits fuhren, der elegante Herr, und ich tat es, und ich sah aus wie eine alte englische Dame, und so fuhren wir davon, sehr schnell, in dem guten hübschen Wagen, fort aus dem Bereich des Teufels in Frankreich.

DIE GÄRTEN VON MARSEILLE

Und sie hörten die Stimme des Herrn, der sich erging in dem Garten in der Kühle des Abends.

Ich habe diesen vierten Teil geschrieben, doch ich kann ihn nicht veröffentlichen.* Noch stehen Leute, über die ich auf diesen Seiten zu berichten hatte, mitten in den Ereignissen, und es könnte diese Ereignisse ungünstig beeinflussen, wenn man erfährt, was sie damals getan haben.

Es tut mir leid, daß ich den Schluß meines Buches nicht veröffentlichen kann. Denn wenn ich auch von vielem Kleinmut zu berichten hatte, von vieler Feigheit, Schwäche und Niedrigkeit, so konnte ich doch darin weit mehr erzählen von Mut, Güte, Opferbereitschaft.

Es sind fünf Männer, denen ich zu besonderem Dank verpflichtet bin. Ohne sie hätte ich schwerlich die Gefahren und Strapazen überstanden, welche ich zu erdulden hatte in der schlampigen Hölle, in die sich das schöne Frankreich verwandelt hat. Nennen kann ich von diesen fünf Männern zwei. Sie heißen B. W. Huebsch und Waitstill Hastings Sharp.

Ich stehe an der Schwelle des Alters. Meine Süchte werden schwächer, schwächer wird mein Unmut, schwächer meine Begeisterung. Ich bin Gott in vielen Gestalten begegnet, doch auch dem Teufel in vielen Gestalten. Meine Freude an Gott ist nicht geringer geworden, wohl aber meine Furcht vor dem Teufel. Ich habe erfahren müssen, daß die Dummheit und die Bosheit der Menschen wild und tief ist wie die Sieben Meere. Aber ich habe auch erfahren dürfen, daß der Schutzdamm, welchen die Minorität der Guten und Weisen errichtet hat, höher und fester wird von Tag zu Tag.

* Nach Auskunft von Marta Feuchtwanger existiert kein Manuskript von diesem vierten Teil. »Lion Feuchtwanger hatte die Absicht«, schreibt sie am 20. August 1981 an den Aufbau-Verlag, »wenn alle Gefahr für die noch in Europa Zurückgebliebenen überstanden war, das Ende von ›Unholdes Frankreich‹ niederzuschreiben. Diese Gefahr bestand aber länger, als man erwartete, und inzwischen hatte sich L. F. längst mit anderen Plänen und deren Ausführung beschäftigt...« (Anm. des Aufbau-Verlags).

MARTA FEUCHTWANGER

Die Flucht

Nachwort

Nur zögernd, aus einem Gefühl der Pflicht schreibe ich dieses Nachwort. Das Gefühl der Pflicht hat viele Verästelungen. Ich glaube, der Leser, der diese dokumentarische Erzählung bis hierher las, hat ein Recht, den Ausgang der Episode, die ein kleiner Teil der damaligen Zeitgeschichte war, zu erfahren. Und so bemühe ich mich, da weiterzuberichten, wo L. F. aus gewichtigen Gründen anhalten mußte. Viele gehetzte Flüchtlinge befanden sich noch auf dem feindlichen Boden der Vichy-Regierung Frankreichs, durchsetzt mit den Schergen des Hitler-Überfalls. Ich selbst wartete im Hafen von Lissabon – auch da noch in Gefahr, entführt zu werden. Und ich wäre nicht die einzige gewesen.
Ich beginne mit den Versuchen der amerikanischen Hilfsorganisationen – zum Teil sabotiert durch exilfeindliche Konsularbeamte –, soviel wie möglich von den Beladenen, die das rettende Ufer Amerikas suchten, der heranziehenden Macht des Dritten Reiches zu entreißen. Von den Entführungen der Abgeordneten Severing und Breitscheid, von Theodor Wolff, dem Chefredakteur des Berliner Tagesblattes, flüsterte man in den Boulevard Cafés.* Wir glaubten uns für den Augenblick sicher, waren wir doch auf amerikanischem Boden im Konsulat, nicht ahnend, daß die Privatvilla des Konsuls Hiram Bingham keineswegs dazugehörte. Ich wußte, daß seine Schweizer Haushälterin, die der Familie treu ergeben war, die Schwester eines Nazis war. Das tschechische Dienstmädchen warnte mich davor. Ich habe den guten Willen der Haushälterin durch Geschenke zu kaufen versucht. Ausschlaggebend aber war, daß ich sie an vielen Abenden in der Küche vertrat, so daß sie ihren Bruder, der Koch in einem Hotel war, regelmäßig besuchen konnte. Derartige groteske Situationen wa-

* Sie gingen in den Nazilagern elend zugrunde.

ren nicht selten, und ich versuchte, sie aus meinem Gedächtnis zurückzurufen. Ich mußte oft in die Stadt, um bei den verschiedenen Konsulaten Einreise- oder Durchreisevisa zu erhalten. Ich fuhr stets mit der Straßenbahn, ein zuckelndes Überbleibsel, aber am wenigsten auffallend. Einmal fand ich nur auf der Plattform Platz, als mich jemand von hinten auf die Schulter klopfte. Mein Herz blieb stehen, ich glaubte, ich würde verhaftet. Es war aber nur der Schaffner, der das Fahrgeld verlangte. Auf den Treppen des Konsulats – wenn man Glück hatte, war noch ein Platz zum Sitzen frei – traf man Bekannte und Freunde, die von allen Seiten Frankreichs in Marseille zusammentrafen. Der namhafte Heidelberger Statistiker Emil Gumbel war unter ihnen. Als Pazifist nach dem Ersten Weltkrieg prägte er den Ausdruck: »auf dem Felde der Unehre gefallen«. Er wurde dafür von den Studenten verprügelt und als Professor entlassen. Leo Lania traf ein, zusammen mit Leonhard Frank. Walter Mehring wurde in Marseille auf der Straße verhaftet, gekettet in Gesellschaft von Verbrechern von einem Lager ins andere geschleppt, bis er erschöpft und krank durch Lions und Binghams Intervention befreit werden konnte. Die einfallsreiche Hertha Pauli, seine Freundin, hat von da an die Rettungsaktion übernommen. Man wartete endlos in der Hitze und Staub. Aber alles war vergessen, wenn man das rettende Dokument in den Händen hielt.
Lion, den Bingham nur nach Sonnenuntergang für ein paar Schritte aus dem Haus ließ, war in den dritten Teil seines Josephus-Romans vertieft und vergaß Gegenwart und Umwelt. Oder ließ sich zumindest nichts anmerken. Nur Bingham war niedergeschlagen, oft von einer grenzenlosen Verzweiflung erfüllt über seine Machtlosigkeit. Es war ihm vom State Department verboten, die nötigen Visa den Menschen auszuhändigen, die das Konsulat belagerten.
Ich selbst erinnere mich, als ich nach meiner Flucht aus dem Lager von Gurs in der glühenden Sonne lange Straßenzüge von Menschen antraf, Junge und Alte und sehr Alte, die mir sagten, so sei das jeden Tag. Um fünf Uhr werden alle nach Hause geschickt. Ich tat darauf etwas, das mich bis zum heutigen Tag bedrückt. Ich ging die endlosen Reihen entlang – die Wartenden sahen mich nur stumpf an – bis ich an der Tür des

Konsulats einen Zettel abgab, auf dem mein Name stand. Bald darauf wurde ich eingelassen. Einer der Konsuln, der uns früher einmal in Sanary besuchte, hat mich nicht wiedererkannt, so abgerissen und verhungert sah ich aus. Und dann geschah etwas Merkwürdiges. Während der Internierung – was auch geschah – hatte ich nie meine Haltung verloren. Ich mußte den andern Mut machen; aber hier – das erste Mal wieder in Sicherheit –, ich dachte an Lion, und ich brach in Tränen aus.

Die Amerikaner können keine Frau weinen sehen. Sie sagten: Es muß etwas geschehen. Und Miles Standish, der jüngere der beiden Konsuln, ging zur Mafia. Er ging in die berüchtigte Hafengegend, fand Kontakt. »O gern«, sagte man ihm. »Wollen Sie, daß wir Ihre Schwiegermutter umbringen – für Geld tun wir alles.« Nur mit den Nazis wollten sie sich nicht einlassen.

Miles Standish sagte: »Wenn niemand etwas tut, tu ich es selber.« Und er erklärte, er wolle L. F. entführen. Er fragte mich nach den Details im Lager von San Nicola bei Nîmes. Ich war ja selbst dort und konnte mit Hilfe eines russischen Taxichauffeurs, der mich als Schwarzhändlerin mitnahm, in Lions Lager einschleichen. Der erste, den ich dort traf, war der Maler Max Ernst, abgemagert bis zum Skelett, der mich zu Lion führte.

Ich sagte zum Vizekonsul Miles Standish, am besten wäre es, sich dem Lager nachmittags zu nähern, da es manchen Internierten erlaubt war, sich außerhalb des Lagers am Fluß zu waschen. Sie waren dort wenig bewacht – wer würde es wagen, nur mit einer Hose bekleidet zu entfliehen. Auch gab ich ihm ein Zettelchen, das er in der hohlen Hand halten konnte. Ich schrieb darauf: »Frag nichts, sag nichts, geh mit«, ohne Namen. Lion wird meine Handschrift erkennen. Und so geschah es. Das Auto war hinter einem Busch versteckt. Standish gab Lion einen weiten Mantel und ein Kopftuch. Als der Wagen angehalten wurde – Standish hatte seinen amerikanischen Diplomatenausweis –, wurde er gefragt, wer das im Rücksitz sei, und Standish antwortete: »Das ist meine Schwiegermutter.«

Als Lion in Marseille dem Wagen entstieg – noch in der Verkleidung – fand er mich vor dem Hause des Konsuls, ihn zu

empfangen. Miles Standish war verschwunden, wir sahen ihn nie wieder. Es drängte uns, ihm zu danken vom sicheren Amerika aus. Niemand wußte seine Adresse. Ich hörte nur, er habe das Konsulat verlassen – war seine Tat zu kühn, nicht vorschriftsmäßig? Kaum ein Tag vergeht, an dem ich nicht dankbar seiner gedenke. (Was tun Gedanken, warum finden sie nicht die richtige Wellenlänge?)
Bald kamen Besucher, Besucher seltener Art, geschickt von Hilfsorganisationen, den Quäkern und Mrs. Roosevelt. Als ich damals weinend zusammenbrach, sagte Bingham, er wußte schon von Lions Fall, das Konsulat ebenso wie die Botschaft hatten Weisung, Lion zu finden und nichts unversucht zu lassen, ihn zu retten. Später erfuhren wir, es war eins der kleinen Steinchen, das ins Rollen kam, Hitlers persönlichen Feind, den Verfasser des Romans »Erfolg«, zu retten. Ohne L. F.'s Wissen hatte ihn jemand von außerhalb des Lagers Les Milles hinterm Stacheldraht stehend photographiert. Der Unbekannte schickte das Bild an Huebsch, den Verleger der Viking Press in New York. Dieser, tief erschrocken, fuhr sofort zu Mrs. Roosevelt nach Washington. Sie zeigte das Bild dem Präsidenten, und die Rettungsmaschine wurde in Bewegung gesetzt. Es erschien zuerst Mr. Frank Bohn, ein Gewerkschaftler. Er hatte durch Mrs. Roosevelt gehört, daß Lion in Frankreich in Gefahr sei. Dr. Bohn, ein energischer Ire mit viel Humor, erfuhr von Konsul Bingham, daß wir bei ihm versteckt sind. Frank Bohn war voll Zuversicht. Er sagte: »Ich krieg Sie raus, koste es, was es wolle.« Er mietete ein italienisches Schiff, das allerdings ziemlich weit weg in einem Hafen lag und mit dem wir nach Afrika fahren sollten.
Mit Bingham hatte Lion ein seltsames Gespräch. Er sagte: »Wir müssen aus Nizza Heinrich Mann, den Bruder von Thomas Mann, herausholen, und außerdem ist da noch ein Sohn von Thomas Mann, Golo, auch der muß gerettet werden.« Da sagte Bingham: »Ich weiß nicht, ob eine so große Gruppe vorgesehen ist. Wir müssen uns wahrscheinlich entscheiden, welchen von beiden wir einschließen können. Finden Sie, man solle lieber den Jüngeren retten, den Golo, oder Heinrich Mann, der zwar der Bedeutendere ist, aber doch schon sein Leben gelebt hat?«
Lion sagte: »Ich kann keine Kompromisse machen, man muß

beide retten.« Und Bingham ließ sich überzeugen. Golo kam und war dann auch bei Bingham versteckt.
Wir wußten damals noch nicht, daß auch die Werfels in Marseille waren.
Es wurde beschlossen, daß wir dreißig Kilometer zu Fuß zu einem Hafen gehen, an dem das Schiff vor Anker lag. Heinrich Mann sagte zu Lion: »Da Sie es mir raten, gehe ich mit.« Er war schon recht alt damals und nicht sehr kräftig.
Auf einmal kam Herr Bohn und sagte: »Es ist alles aus.« Das Schiff wurde von den Italienern beschlagnahmt. Sie beobachteten, daß dort Proviant eingeladen wurde. Wir hatten großes Glück, daß wir noch nicht an Bord waren.
Dann kam Varian Fry, Quäker und Professor an der Columbia Universität, und sagte, er arbeite mit dem Roten Kreuz und ist beauftragt, uns zu retten. Auch er wußte von Lion und sagte, Lion und mich und Golo und Heinrich Mann und die Werfels werde er nach Amerika bringen, komme, was da wolle. Er hatte vorher schon den Nobelpreisträger Otto Meyerhof nach Amerika gerettet, und so wäre er gut vorbereitet. Man müsse nach Cerbère fahren an die spanische Grenze und dann durch einen Tunnel unter den Pyrenäen nach Spanien.
Als er wiederkam, war er sehr verstört. Er sagte: »Plötzlich sind die Vorschriften verschärft worden. Man kann nur durch den Tunnel fahren, wenn man eine Ausreise-Erlaubnis hat.« Und niemand von uns hatte ein solches Papier. Es blieb nichts anderes übrig, als über die Pyrenäen zu steigen. Alle waren besser daran als wir; Werfel war Tscheche, Heinrich Mann hatte ein tschechisches Papier, ebenso Golo Mann.
Dann nahm Varian Fry Lion beiseite, um ihm zu sagen, daß alles in Ordnung sei, aber er, Lion, wäre zu gefährlich für die andern. Die ganze Rettungsaktion könne durch uns mißglükken. Lion hat die Gründe gut verstanden.
In der ersten Ausgabe seines Buches »Surrender on Demand« (»Auslieferung auf Verlangen«) schrieb Varian Fry: »Feuchtwanger saß unbeweglich an dem kleinen Gartentisch, als wir ihm sagten, was geschehen war. Er nahm die Nachricht mit Ruhe auf. Viele Wochen hatte er gewartet – und nun war alle Hoffnung verloren. Während des Abendessens war er heiter, als wäre nichts geschehen.«

Lion sprach kein Wort zu mir. Er setzte sich an seinen Tisch in unserm Dachzimmer und schrieb weiter am letzten Teil der »Josephus-Trilogie«. Er schlief, als ich in der Mitte der Nacht aufstand, um Golo zu wecken und ihm sein Frühstück zu bringen. Golo war so verschlafen, daß ihm dies alles gar nicht zu Bewußtsein kam. Ich verschwand, ohne ihm Adieu zu sagen.

Ein neues Steinchen setzte sich in Bewegung. Um auszureisen aus Frankreich, brauchte man ein amerikanisches Einreisevisum. Der Name Feuchtwanger war zu gefährlich. Bingham hatte einen Einfall. Er fragte Lion, ob er nicht einmal unter einem Pseudonym veröffentlicht hätte. Und da fiel Lion ein Scherz ein, den er sich in Berlin geleistet hatte. Es war lange her, als er, angeregt durch Sinclair Lewis' Buch »Babbitt«, im Berliner Tageblatt amerikanische Balladen veröffentlichte, gezeichnet J. L. Wetcheek. Das war die englische Übersetzung seines Namens. So konnte das amerikanische Konsulat ein Papier ausstellen auf den unauffälligen Namen Wetcheek. Alles, was nötig war, wurde von Bingham vorbereitet. Doch wie kamen wir aus der Falle?

Endlich ein Durchbruch.

Es traf aus Amerika ein Herr Sharp ein. Dr. Fritchman, Pastor der Unitarischen Kirche in Los Angeles, hatte direkte Beziehungen zu Mrs. Roosevelt und wurde von ihr gebeten, sich für Feuchtwanger einzusetzen und alles zu tun, was irgend möglich war. Er veranlaßte Waitstill Sharp, Pastor der Bostoner Unitarischen Kirche, sich unverzüglich nach Marseille zu begeben. Da stand er nun im Garten und sagte zu Lion: »Ich bin nur für Sie hergeschickt worden«, und er schien voll Zuversicht. Auch seine Frau war in Marseille. Sie kam gerade aus der Tschechoslowakei, wo sie Hunderte von jüdischen Kindern gerettet hatte.

Zunächst: wie kommt man auf den Bahnhof?

In Marseille waren Wachen an der Sperre, und man mußte einen Ausweis haben, um reisen zu können. Diese Schwierigkeit hat Frau Sharp auf geniale Weise gelöst. Sie fand heraus, daß ein Hotel direkt in den Bahnhof gebaut war. Sie mietete dort ein Zimmer für sich, und da kam ihr noch ein Zufall zu Hilfe. Das Gepäck der Reisenden wurde innerhalb des Hotels durch eine kleine Unterfahrt direkt an die Rampe gebracht, während die Reisenden selber um das Hotel zur Sperre gehen mußten.

Wir gingen in der Nacht zu dem Hotel und auf ihr Zimmer und von da direkt in den Keller und durch diesen Tunnel an die Rampe. Als wir dann im Zug waren, schien uns, als sei eine große Schwierigkeit überwunden. Wir fuhren nach Narbonne, mußten dort den Zug wechseln und sahen uns die schöne alte Stadt an. Sharp war etwas nervös, aber er ging tapfer mit. Dann weiter nach Cerbère am Fuß der Pyrenäen. Und jenseits der Berge war Spanien. Sharp machte Erkundigungen und kam bestürzt zurück. Es hatte sich bewahrheitet: ohne Ausreiseerlaubnis konnte man nicht mit dem Zug nach Spanien. Wir mußten über die Berge steigen.

Zunächst glaubte unser Mr. Sharp, er könne vielleicht die Wachen bestechen an der Grenze, so daß wir über die Landstraße gehen könnten. Einige waren auch interessiert und wollten gern den Emigranten helfen, aber andern hat er nicht getraut. Außerdem wurden die Wachen ständig abgelöst. Es war zu unsicher.

Sharp kam mit einem jungen Amerikaner namens Ball zurück. Er war von Varian Fry beauftragt, sich unser anzunehmen, und zeigte mir die Route auf der Landkarte. Er selbst wagte nicht mitzukommen. Er sagte, wir müssen ohne Weg so steil wie möglich heraufklettern und die Straße nicht benützen. Wir waren beide gute Bergsteiger, und ich war es gewohnt vom Skilaufen, mich auf fremdem Gelände zurechtzufinden. Ich prägte mir alles ein, denn eine Landkarte durfte nicht an uns gefunden werden.

Zuerst ging es durch Weinberge, und dann gab es nurmehr Geröll. Das Wichtigste war, daß man das Zollhaus fand. Sonst wird man als Schmuggler kurzerhand erschossen. Als wir eine ziemlich lange Zeit gestiegen waren, hörten wir plötzlich unter uns Stimmen, und da war das Zollhaus. Wir konnten es aber nicht zusammen betreten, weil ich kein Visum hatte, auch kein Papier auf einen andern Namen. Lion hingegen hatte die amerikanische Einreiseerlaubnis mit dem Pseudonym Wetcheek.

So ging er allein voraus, und ich, gut versteckt, schaute von oben zu, wie er in das Zollhaus ging, sehr bald wieder herauskam und muntern Schrittes den Berg hinuntermarschierte.

Dann ging auch ich in das Zollhaus – und da hatte sich Bingham wieder ungeheuer bewährt. Er sagte, man kann in Spanien viel erreichen mit Camel-Zigaretten, und er hat mir den Rucksack vollgesteckt mit vielen Päckchen, auch die Taschen in meinem Kostüm. So bin ich in das Zollhaus gegangen und hab erklärt, ich hätte diese Zigaretten gern mitgenommen, aber ich hörte, es sei hoher Zoll darauf, da laß ich sie lieber gleich hier, und warf einen ganzen Haufen von den Päckchen auf den Tisch. Alle stürzten sich auf die Zigaretten, und einer hat schnell mein Papier abgestempelt, ohne mich oder den Namen anzuschauen. Ich bin noch nie so schnell einen Berg hinuntergelaufen.

Wir hatten vorher mit Herrn Sharp ausgemacht, daß wir uns in Port Boû bei dem Reisebüro Cook treffen. Es befand sich im ersten Stock eines bescheidenen Hauses und war ein bekannter Treffpunkt. Ich bin hingegangen, aber Lion war nicht da, nur Herr Sharp. Ich war erschrocken. Ich hab alle Restaurants abgesucht – es waren sehr viele und eine Unmenge Leute in jedem. Dann kam ich endlich zum besten Restaurant, und da saß Lion vergnügt und aß und sagte: »Setz dich hin und iß mit.« Auf Cook hatte er vergessen.

Am nächsten Morgen fuhren wir weiter nach Barcelona. Dort erwarteten uns neue Schwierigkeiten. Wir mußten nach Lissabon, aber wir konnten das Flugzeug nicht nehmen; es war die Maschine der Deutschen Lufthansa. Dazu war es Sonntag, und wir brauchten Geld; das konnten wir nur beim amerikanischen Konsulat bekommen, doch das war geschlossen. Aber da war ja unser energischer Reverend Sharp. Er hat einfach den Konsul in seiner Privatwohnung aufgesucht und sich so viel Geld verschafft, daß wir den Zug nehmen konnten.

Bevor wir aber abfuhren, hatte Sharp ein Anliegen. Er bat Lion, mit ihm zu der protestantischen Gemeinde zu fahren. Sie hatte eine kleine Universität außerhalb der Stadt. Die Protestanten wurden in dem katholischen Spanien Francos unbarmherzig verfolgt. Sie mußten die Schulen schließen, da alle Lehrer eingesperrt waren. Und – so sagte Sharp – es wäre ein großer Trost für die Kirche, wenn Lion sie aufsuchte. Vielleicht könnte man auch Lion überreden, etwas in Amerika für sie zu tun. So fuhren wir zu den Protestanten, und es war für alle ein großer Tag.

Sharp erfuhr, daß man ungefährdet nur im Schlafwagen fahren könnte, die würden von der Polizei nicht untersucht. Das Geld reichte aber nur für zwei Plätze. So fuhr ich dritter Klasse; denn Sharp wollte Lion natürlich nicht aus den Augen lassen. Er gab Lion auch seine Aktenmappe mit dem großen roten Kreuz darauf. Dies sollte Lion mit sich tragen, wo immer er gehe. Und das war gut so.

Denn als Lion in den Waschraum des Schlafwagens ging, tat sich die Türe des andern Abteils auf, und ein Nazi-Offizier in voller Uniform stand da. Er grüßte militärisch und sagte auf englisch: »Ah, das Rote Kreuz«, und Lion bejahte es. Der Offizier sprach englisch mit preußischem Akzent und Lion mit bayrischem.

Die dritte Klasse war vollkommen besetzt, und ich mußte stehen. Ich war immer noch nicht ganz erholt vom Konzentrationslager; vor allem, wenn ich länger stehen mußte, sind mir die Beine stark angeschwollen. Und da stand ich und sah offenbar sehr elend aus, denn es kam ein älterer Mann und sagte: »Was ist denn mit dieser jungen Frau? Die muß doch einen Sitzplatz haben«, und er ging durch den Zug, um für mich zu suchen. Als er wieder zurückkam, wir sprachen beide französisch, sagte er: »Sehen Sie, ich hab Platz gefunden. Jetzt kommen Sie gleich mit mir.« Mir war das gar nicht recht, ich wollte kein Aufsehen erregen. Doch ich bin mit ihm gegangen, und wirklich, da war ein leeres Coupé. Aber kaum saßen wir, kam die Polizei und sagte: »Das ist unser Abteil. Sie haben sofort hinauszugehen.« Da schimpfte der Mann fürchterlich auf deutsch. Die beiden Schutzleute wurden bleich und verschwanden. Die deutschen Laute, die Sprache der Nazis, hat ihnen Angst gemacht. Der Mann war Schweizer und sprach deutsch und französisch. Außerdem war er sehr schlau. Nun konnte ich mich ausstrecken, die Holzbänke schienen mir nicht zu hart.

An der Grenze von Portugal mußte alles aussteigen, es wurden die Züge gewechselt, und die Papiere wurden uns abverlangt. Lion und ich standen an den entgegengesetzten Enden des Bahnsteigs, wir durften uns nicht kennen. Ich hatte ja das gefährliche Ausweispapier mit dem Namen Feuchtwanger.

Als ich da ganz allein stand, kam eine Dame auf mich zu und sagte auf englisch mit ziemlich lauter Stimme: »Ist es wahr, daß Lion Feuchtwanger im Zug ist?« Ich fragte: »Wer ist das?« Und sie antwortete: »Wie kann man nur so unkultiviert sein und nicht wissen, wer Lion Feuchtwanger ist.« Von weitem aber hat Mr. Sharp gesehen, daß da etwas los ist, und kam und fragte die Frau: »Was wollen Sie von der Dame? « Da sagte sie: »Ich bin Journalistin und will einen Scoop haben.« Das heißt eine sensationelle Nachricht. »Und da ich hörte, daß Feuchtwanger im Zug ist, wollt ich das gern meiner Zeitung telegraphieren.« Sharp sagte ziemlich grob, sie solle den Mund halten, ob sie denn nicht wüßte, daß man jeden gefährden kann, wenn man über diese Sachen spricht. Sie wurde sehr verlegen und sagte kleinlaut: »Ja, ich hab doch nur einen Scoop gewollt.« Dann löste sich wieder alles in Wohlgefallen auf. Der Zug kam. Wir bekamen unsere Papiere zurück. Nichts war einfach oder unkompliziert.

Als wir nach Lissabon kamen, führte uns Sharp sofort zu der amerikanischen Hilfsstelle für die Flüchtlinge. Ein freundlicher Herr namens Joy erklärte sofort, Lion könne nicht in Lissabon bleiben, er müsse so schnell wie möglich auf ein Schiff. Die Stadt sei angefüllt mit Nazispionen, die sogenannte Fünfte Kolonne; es wurden viele Leute entführt. Die portugiesische Regierung sei unparteiisch, sie kümmere sich um nichts; aber sie würde auch nicht einschreiten, wenn jemand entführt wird.

Wir gingen zur Schiffsgesellschaft, und da hieß es, vor vierzehn Tagen sei keine Kabine zu haben. Wie Sharp das gemacht hat, weiß ich nicht – auf jeden Fall waren plötzlich zwei Schiffskarten da, und Lion konnte mit Sharp, der eiligst zurück mußte, abfahren.

Lion und Sharp schifften sich ein, ich brachte sie an den Dampfer. Überall war gelber Schwefelstaub, er war von trüben Wasserpfützen unterbrochen. Man sah abgerissene Menschen, nicht viele – ach, viel zu wenig.

Das war das Ende von Europa – Lion auf dem Schiff, allein, ohne mich. Es war schwer für ihn. Ich aber fühlte, daß es gut war, er war in Sicherheit.

Nach zwei Wochen und einigen Abenteuern verließ auch ich den ungastlichen Kontinent, wissend, daß Lion mich am Hafen von New York erwartete.

Thomas Mann

Die Essaybände

Essays
Band 1: Ausgewählte Schriften zur Literatur Begegnungen mit Dichtern und Dichtung
In Zusammenarbeit mit Hunter Hannum herausgegeben von Michael Mann
Band 2: Politische Reden und Schriften
Ausgewählt, eingeleitet und erläutert von Hermann Kurzke
Band 3: Schriften über Musik und Philosophie
Ausgewählt, eingeleitet und erläutert von Hermann Kurzke
3 Bände: 1906, 1907, 1908

Goethe's Laufbahn als Schriftsteller
Zwölf Essays und Reden zu Goethe
Band 5715

Wagner und unsere Zeit
Aufsätze, Betrachtungen Briefe
Herausgegeben von Erika Mann
Mit einem Geleitwort von Willi Schuh
Band 2534

Die Briefbände

Thomas Mann Briefwechsel mit seinem Verleger Gottfried Bermann Fischer 1932–1955
Herausgeben von Peter de Mendelssohn
Band 1566

Briefe
Herausgegeben von Erika Mann
Band 1: 1889–1936
Band 2136
Band 2: 1937-1947
Band 2137
Band 3: 1948-1955 und Nachlese
Band 2138

Eine Chronik seines Lebens
Zusammengestellt von Hans Bürgin und Hans-Otto Mayer
Band 1470

Fischer Taschenbuch Verlag

fi 119/1

Lion Feuchtwanger

Erfolg
Roman. Band 1650

Die Geschwister Oppermann
Roman. Band 2291

Exil
Roman. Band 2128

Jud Süß
Roman. Band 1748

Goya
Roman. Band 1923

Die häßliche Herzogin Margarete Maultasch
Roman. Band 5055

Die Jüdin von Toledo
Roman. Band 5732

Jefta und seine Tochter
Roman. Band 5730

Simone. Band 2530

Ein Buch nur für meine Freunde
Eine Auswahl aus den Essays. Band 5824

Heinrich Heines »Rabbi von Bacherach«
Eine kritische Studie
Band 5868

Der Teufel in Frankreich
Erlebnisse. Band 5918

Josephus-Trilogie
Bd. 1: **Der jüdische Krieg**
Roman. Band 5707
Bd. 2: **Die Söhne**
Roman. Band 5710
Bd. 3: **Der Tag wird kommen**
Roman. Band 5711

Die Füchse im Weinberg
Bd. 1: **Waffen für Amerika**
Roman. Band 2545
Bd. 2: **Die Allianz**
Roman. Band 2546
Bd. 3: **Der Preis**
Roman. Band 2547

Die Brüder Lautensack
Roman. Band 5367

Der falsche Nero
Roman. Band 5364

Narrenweisheit oder Tod und Verklärung des Jean-Jacques Rousseau
Roman. Band 5361

Panzerkreuzer Potemkin
Erzählungen. Band 5834

Das Haus der Desdemona
oder Größe und Grenzen der historischen Dichtung. Band 5708

Fischer Taschenbuch Verlag

fi 223 / 6